ちくま学芸文庫

明の太祖 朱元璋

檀上 寛

筑摩書房

プロローグ

清代《しんだい》の著名な考証学者である趙翼《ちょうよく》（一七二七〜一八一四）は、その著『廿二史箚記《にじゅうにしさつき》』巻三六「明祖嗜殺《しさつ》せざるを以て天下を得たり」の中で、明の太祖朱元璋《しゅげんしょう》のことを次のように評価している。

蓋《けだ》し明の太祖は、一人で聖賢と豪傑と盗賊の性格をかね備えていた。

一見とらえどころのない評価ではあるが、この言葉は朱元璋の人格を物語って余りあるものがある。

歴代の皇帝中、漢の高祖劉邦《りゅうほう》と並んで最下層の出だといわれる朱元璋（一三二八〜九八）は、元末の反乱軍の中から身を起こし、最後は皇帝にまで登りつめた稀代の人物である。当初は盗賊まがいの活動をし、やがて地方政権を樹立すると一方の豪傑となり、皇帝となってからは諸々の制度を制定して聖賢の働きをした。彼の七一年間の生涯をふり返ってみれば、たしかに趙翼の評価は当を得たものだといわねばならない。

しかし趙翼が指摘した三つの性格は、決して時間の経過にともなって順次現れたわけではない。皇帝になってからのちにも、盗賊の性格はひんぱんに顔を見せたし、盗賊でしかなかった頃にも、すでに聖賢の素地は示されていた。つまりこの三つの性格は、朱元璋という人物の中に同時に併存していたのであり、それがまた彼の人格の複雑さを生み出している理由でもある。そしてさらにいえば、そうした複雑怪奇な性格であったからこそ、元末の争覇戦に勝ち抜き、強大な専制国家の創設にも成功したといえる。

中国では宋代に皇帝独裁体制が成立し、明の初めに朱元璋によって最終的に確立されたといわれる。だがそのためには一〇万人以上の官僚・地主等を粛清し、機構の大改革を断行して皇帝一身に権力を集中させねばならなかった。この時、盗賊としての性格が遺憾なく発揮されたことはいうまでもない。

彼は明朝の基礎を作り上げるのに治世のすべてを費やし、制定した諸制度はほとんどそのまま明代を通じて踏襲された。それればかりではない。明朝に続く清朝も基本的には明の制度を継承したため、彼を明清両王朝の創建者とみなすこともある意味不可能ではない。

清朝第三代皇帝の世祖順治帝《じゅんちてい》（在位一六四三〜六一）が、ある時侍臣に向かって次のように尋ねたという。

「漢の高祖から明代までの皇帝の中では、誰が一番優れていると思うか」。

それに対する侍臣の答え。

「漢の高祖、文帝、光武帝、唐の太宗、宋の太祖、明の洪武《こうぶ》（朱元璋）、彼らはみな賢君と申せましょう」。

「なかでも最も優れているのは誰か」。

大学士《だいがくし》の陳名夏《ちんめいか》が答えた。

「唐の太宗が一歩抜きんでているものと思われます」。

太宗は「貞観《じょうがん》の治」を現出した名君中の名君と讃えられる皇帝で、その意味では陳名夏の返答は当たり障りのない常識的なものであった。だが順治帝の考えは違った。

「どうして唐の太宗だけであろうか。朕は歴代の賢君の中では、洪武に及ぶ者はいないと考えておる。なんとなれば、先の数君は徳による善政を敷いたが、いまだその善を尽くしておらぬ。しかるに洪武の定めた条例・章程は規則の鑑ともいうべきで、はなはだ周密である。歴代の君主が洪武に及ばぬゆえんはこの点にある」（『清世祖実録』巻七一）。

また順治帝の次の有名な康熙帝《こうきてい》（在位一六六一〜一七二二）が南巡した際、南京にある朱元璋の陵墓である孝陵《こうりょう》に参拝した。彼はその時、朱元璋の事績を偲んで書をしたためたが、そこには「治、唐宋より隆《たか》し」と書かれていた。朱元璋は唐宋の大帝国以上の盛時を現出したという意味である。今でも康熙帝直筆の書は石碑に刻まれ、孝陵の亭殿《こうでん》の前門の中にそびえ立っている。康熙帝にとって朱元璋は、一つの理想像でもあったわけだ。

朱元璋が清朝の皇帝たちから高い評価を受けた理由はどこにあるのか。その解答の一端は、先の順治帝の言葉の中に示されている。朱元璋は心血を注いで独裁体制を完成させ、それを子孫に残した。たしかに彼は帝室である朱家の永続を願い、そのために全身全霊現実と格闘したといえなくもない。だが果たしてそれだけだろうか。もしそうであれば、清朝の皇帝たちの評価もまた違ったものになっていたはずである。彼の目指したものは何なのか。そしてそこに彼の三つの性格は、どう関わっていたのか。朱元璋という人物を一四世紀の中国社会に置いて考えてみることが、本書の大きなテーマである。

中国の学界での朱元璋に対する評価は、時代とともに変遷している。かつて中華人民共和国が誕生したころには、モンゴル人を駆逐して中華を回復したということで民族的英雄の扱いを受けていた。階級闘争史観はなやかなりし六〇年代には、農民階級を裏切った転向者としての烙印が捺された。近代化に邁進しだした八〇年代以降は、彼の治績を近代化への功罪両局面から論じる傾向が強い。一口に朱元璋の人物像を描き出すといっても、これだけ複雑な要素がある。それほど彼は人間的にスケールの大きな皇帝であり、一筋縄でいかぬところがある。

だが本書では、あえて彼に評価を下すことは避け、できるだけ客観的に述べることにした。評価はあくまでも後世の価値観に基づくもので、本人の与り知らぬことだからである。彼が何を見、何を考え、どう行動したか。それを徹底して当時の社会において再構築してみる。そこから彼の目指したものも、見えてくるのではなかろうか。それはあるいはきわめて非人間的なものであったかも知れないし、また見方によればきわめて合理的なものであったかも知れない。それをどう評価するかははなはだ困難な問題だが、本書を読み終えた読者の判断に委ねたいと思う。

目次

明の太祖　朱元璋

朱元璋半身像

一　順帝とその時代

天暦の内乱

致和《ちわ》元年（一三二八）七月（月日は旧暦。以下同じ）、元朝第六代皇帝泰定帝《たいていてい》（在位一三二三～二八）が夏の都である上都《じょうと》（現在の内モンゴル自治区ドロンノール付近）で病没した。当時朝廷で実権を握っていたのは宰相のダウラト・シャという人物で、彼は皇帝不在を好いことに上都で専権をふるったため、一カ月経っても新皇帝は決まらなかった。この間隙をついて先手を打ったのが、大都《だいと》（現在の北京）の留守《りゅうしゅ》を命じられていた僉枢密院事《せんすうみついんじ》のエル・テムルである。かねて泰定帝の即位に不満を抱いていた彼は、この好機にかつて仕えた第三代皇帝武宗《ぶそう》カイシャン（在位一三〇七～一一）の遺児の担ぎ出しをもくろんだ。

八月四日の早朝、大都の官僚たちは国事を話し合うということで興聖宮《こうせいきゅう》に呼び出された。しかしそこで彼らを待ち構えていたのは、武装した近衛兵を率いるエル・テムルであった。

「祖宗の正統は武宗の子孫に帰属すべきである。あえて異を唱える者は、斬る」（『元史』燕鉄木児《エルテムル》伝）。

こう宣言するや、彼はダウラト・シャに近いと目される数名の大臣を縛り上げ、官僚たちに恫喝を加えた。あっという間のできごとであった。官僚たちが事態の重大さに気づいた時には、大都の大勢はすでに決していた。あとは武宗の遺児を迎えるだけであった。

やがてエル・テムルは武宗の長子コシラが遠く中央アジアにいて、すぐには帰京できないことを知ると、建康《けんこう》（現在の南京）にいたその弟トク・テムルを呼び寄せ、大都で即位させて天暦《てんれき》と改元した。トク・テムルは兄コシラの到着を待って譲位することを条件に、エル・テムルの申し出を承諾した。第七代皇帝文宗《ぶんそう》（在位一三二八〜二九・一三二九〜三二）である。

大都での動きが上都に伝わると、宰相のダウラト・シャは泰定帝の皇子アリギバ（天《てん》順帝《じゅんてい》）を擁立して大都に対抗した。当時アリギバはわずかに九歳。トク・テムルは二五歳になっていたとはいえ、この対立は明らかにそれを裏で操るダウラト・シャとエル・テムルとの権力をめぐる争いであった。そしてそれを解決するには、すでに武力による方法しか残されていないことを、両人とも認識していた。ここに両派の間に戦闘の幕が切って落とされるが、これが世に名高い「天暦の内乱」である。

もともと皇位継承制度の確立していない元朝では、皇帝の代替りごとに内紛が起こり、その間政治は麻痺して大混乱に陥るのが常であった。クリルタイという大集会で、次代の皇帝が選出される運びにはなっていたが、クリルタイ自体が時の実力者によって左右されたため、最後にものをいうのはけっきょく武力であった。元朝の創始者である世祖《せいそ》クビライも、弟アリク・ブケとの骨肉の争いを演じて皇帝となっており、この伝統は元朝が南宋を滅ぼし全中国を支配するようになっても変わることはなかった。近くは第六代皇帝泰定帝、あるいは第三代皇帝武宗の即位の際にも、血で血を洗う流血の惨事を見ている。

しかし今回の混乱はそれらに比べてもけたはずれに大規模なものであった。上都派と大都派に分かれたモンゴル軍団は、天下を二分して死闘を繰り広げ、馬蹄に蹂躙された華北

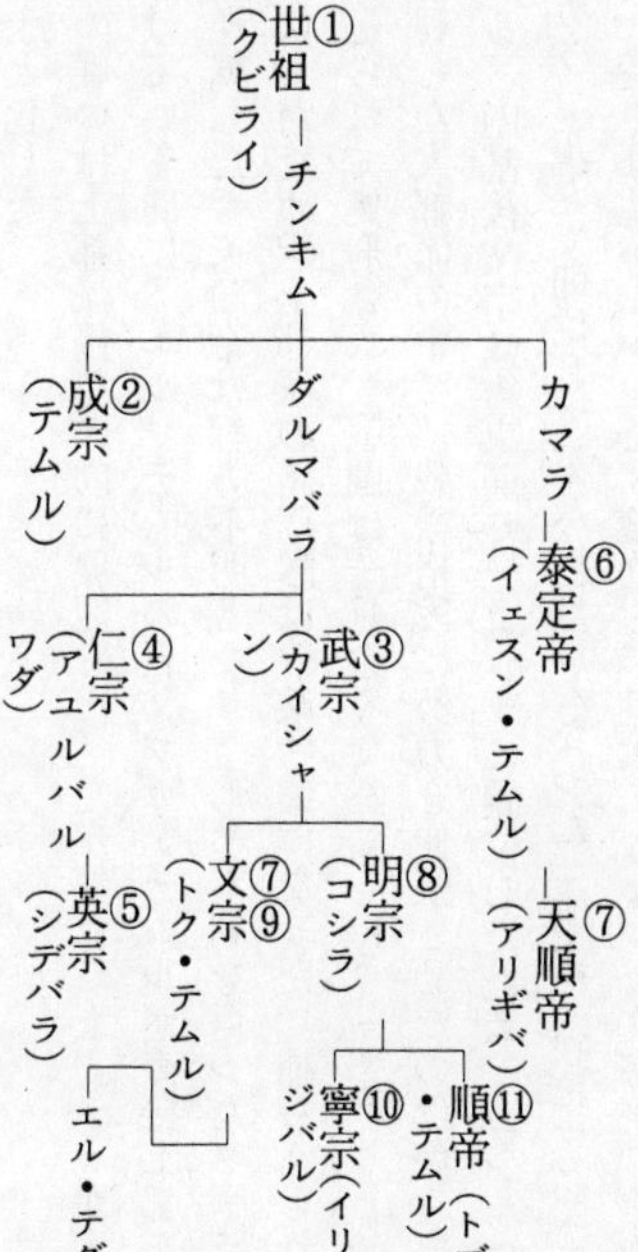

図１　元朝世系図

の大地は廃土と化した。

当初、この戦いは上都派優勢の内に展開した。だがダウラト・シャが大都の攻撃に向かい上都を空けている間に、エル・テムルの叔父ブカ・テムルが直接上都を衝いたことで形勢は一気に逆転した。天順帝は行方不明となり、形勢不利を悟ったダウラト・シャも玉璽を抱いて降伏したため、上都派の諸部隊は壊滅状態になった。捕らえられたダウラト・シャは大都に送られて処刑され、戦闘は一月余りで終結した。

内乱に勝利した大都派の中で、戦後格段に勢力を伸張させたのはいうまでもなくエル・テムルである。内乱後文宗は約束通り兄コシラに譲位したため、コシラは翌天暦二年(一三二九)にカラコルムで即位して第八代皇帝となった。明宗《めいそう》(在位一三二九)である。だが、明宗の時代も長くは続かなかった。譲位して皇太子となった文宗が、その後も皇帝の地位に未練を持ち、またエル・テムルも明宗の近臣に権力を奪われることを恐れて、明宗の暗殺を計画したからである。

天暦二年五月、文宗はカラコルムを発った明宗を迎えるために、大都を出発した。上都の郊外で合流した二人は、久しぶりの再会を祝って何日も宴を張った。明宗の喜びようはひとしおで、彼は何度も文宗に感謝の言葉を述べたという。ところが、数日後のある日、明宗急死の知らせが降って湧いたように発表された。病名は不明であった。混乱のさなかエル・テムルは明宗の皇后から皇帝の玉璽を受け取ると、文宗ともども一斉に大都に引き

図2　モンゴルの兵士

返し始めた。彼ら二人によって明宗は毒殺されていたのである。

　文宗は元朝の皇帝には珍しく漢語にも通じ、漢詩を作る能力も持ち合わせていた。彼の時に設置された奎章閣《けいしょうかく》はさまざまな文化事業を担当し、漢籍のモンゴル語訳や元朝の典故・制度をまとめた『経世大典《けいせいたいてん》』の編纂もそこでなされている。元朝の中国化が目に見えて進んだのが彼の時代で、そこには文宗の漢文化に対する深い理解が影響を及ぼしていた。文宗という廟号もそれに因んで命名されたのだが、そんな文人皇帝である文宗にも人知れぬ暗い過去があったわけだ。

順帝トゴン・テムルの即位

　元朝最後の皇帝順帝《じゅんてい》トゴン・テムルが即位したのは、天暦の内乱から五年経った至順《しじゅん》四年（一三三三）六月のことであった。明宗の長子であるため政争に巻き込まれ、高麗《こうらい》・広《カン》西《シー》を転々とさせられたあと、明宗謀殺を悔いながら死んだ文宗の遺詔により、至順三年末に中央に呼び戻された。当時トゴン・テムルはまだ一四歳。年端《としは》もいかない少年は、初めてエル・テムルと対面した時、恐怖で一言も発せられなかったという。

　それはエル・テムルも同様であった。明宗暗殺の発覚を恐れたエル・テムルは、これより以前、トゴン・テムルの幼い弟イリンジバルを先に皇位につけたが（第一〇代寧宗）、在位わずか四三日で死んでしまう。やむなくトゴン・テムルを桂林（広西省）から召喚したのだが、彼の即位をなかなか認めようとせず、そのためトゴン・テムルが正式に皇帝となるのは、それから六カ月後のエル・テムルの死を待ってのことであった。以後、明《みん》軍に大都を追われる至正二八年（一三六八）までの三五年間、トゴン・テムルは元帝国に君臨し、最後は中国の奪回を夢見つつ漠北の地で悲憤の中に没した。

彼の三五年（モンゴルへの遁走後の在位年数を加えると三八年）という治世は元朝の皇帝の中でも最長で、世祖クビライの三四年よりも一年長い。といって彼の時代がよく治まり平穏無事であったかといえば、決してそうではない。事実は正反対であった。もちろんまったく無策であったというわけではなく、その間さまざま国家再建策が施された。しかし三五年という治世はあまりにも長い。彼の政治に対する姿勢にも変遷があった。明初の学者権衡《けんこう》は、順帝トゴン・テムルについて記した『庚申外史』という書物の中で、彼の心が時代とともに移ろったさまを、「恐懼《きょうく》の心」「寛平《かんぺい》の心」「驕惰《きょうだ》の心」という言葉で表現している。まことに当を得た

図3　順帝トゴン・テムル

見方である。

順帝の治世の最初の数年間は、権臣バヤンが政治を壟断した時代であった。中書右丞相（宰相）のバヤンはエル・テムルとともに文宗の擁立に功のあった人物で、エル・テムルの没後は宿敵であったその子タンキシュを屠り、宮廷内に確固たる勢力を築いた。彼の行った政策は、一言でいってモンゴル第一主義の再建であり、徹底した漢族抑圧策が実施された。

もともと元朝は征服王朝の例にもれず自民族第一主義を取り、中国を支配するに当たり漢族あるいは漢文化に対しても冷淡な態度で臨んだ。支配民族のモンゴル人が色目人《しきもくじん》（西域諸国出身者）の協力を得て、漢人（旧金朝治下の華北の住民）と南人（旧南宋治下の江南の住民）とを統治した。最後まで元朝に抵抗した南宋領の南人はとりわけ冷遇され、当初政治的にはほとんど疎外された位置にあった。しかし中国支配も時が経ち元朝の中国化も次第に進んでくると、伝統的中国王朝の色彩を強めるのも当然である。儒者が重用され、科《か》挙《きょ》も復活されて、漢人・南人の政界への進出も漸次増えつつあった。

こんな流れを断ち切ったのがバヤンである。彼の漢族嫌いは尋常ではなく、ある時には漢族中の張・王・劉・李・趙の五姓の者を皆殺しにするよう順帝に要請したほどであった。これだけの者を殺したならば、一体どれだけの漢族が生き残れるだろう。さすがにこの申し出はしりぞけられたものの、この言葉には当時のバヤンの専権ぶりと、漢族の置かれた境遇とが端的に示されている。バヤン時代には科挙は廃止され、漢人・南人は政府の要職から追放されて、漢族にとってはまったくの暗黒の時代に逆戻りしてしまったわけだ。

やがてバヤンは順帝をも無視して、独断で政治を行うようになった。詔勅を待たずに皇族を処刑するなど、その行為は目に余るほど昂じていった。もともとバヤンの祖先は、憲《けん》宗《そう》モンケ・カアンの家内奴隷であったと伝えられる。奴隷は主人のことを使長《しちょう》と呼んで、この関係は永久に不変のものとされていた。ある時、憲宗の子孫である郯《たん》王がこのことを口にすると、怒ったバヤンは声を荒げて言った。

「わしはすでに位人臣を極めておる。わしに主人などあろうか」(『元史』伯顔《バヤン》伝)。

こう叫ぶと、郯王が不軌《ふき》を謀ったと誣告《ぶこく》し、王および王子数人を処刑してしまったのである。それればかりか最後には順帝を廃して、故文宗の子エル・テグスを即位させようとするが、無力な順帝はどうすることもできない。

ところがバヤンにも一つだけ大きな誤算があった。それは順帝の起居を探らせるために宿衛に入れた甥のトクトが、バヤンの専横をこころよく思っていなかったことである。トクトはバヤンの実弟マジャルタイの長子ではあったが、常日頃から伯父バヤンの行動には批判的であった。彼は自分がバヤンの一族であることから順帝の信頼を得ていないことを知ると、自分には二心なきこと、ただ報国の念から順帝に仕えている旨を切々と訴え、順帝の信頼を得ることに成功した。ここにバヤン追放の計画が決定した。

至元《しげん》六年（一三四〇）二月、バヤンは文宗の子エル・テグスを誘って狩猟のため都をあとにした。この千載一遇の機会に、計画は一気に本格化する。トクトは順帝に決断を迫《せま》ると、密旨を受けて都の城門を閉鎖し、信任している軍隊を配置した。その夜、バヤンを河南行省《なんこうしょうしょう》 左丞相《さじょうしょう》 に左遷する旨の詔勅が発せられた。驚いたバヤンは翌朝になって使者を遣わし謁見を求めてきたが、トクトは城門の上に仁王立ちになって、大声で詔勅を読み上げた。

「丞相一人を退けるのみ。おつきの者は一切罪なし。おのおの各自の所領に戻るべし」。

トクトの策謀に対して、バヤンの部下の中には挙兵すべきだと主張する者もいた。しかしバヤンはそれを制して言った。

「陛下は私を殺そうとなされているわけではない。ただ賊子トクトの為せるわざじゃ」（『新元史』脱脱《トクト》伝）。

こうしてあれだけ権勢をふるったバヤンも失脚した。左遷先に向かう途次、真定《しんてい》（河北省）のある村の父老（長老）が酒を用意してバヤンを迎えた。バヤンはその父老に尋ねた。

「汝は子が親を殺すのを見たことがあるか」。

父老は答えた。

「ございません。ただ奴隷が主人を殺すのは見たことがございます」（『元史』伯顔伝）。

バヤンは返す言葉がなかった。翌三月、広東《カントン》の南恩州《なんおんしゅう》に移され、道中で病死した。権衡のいう「恐懼の心」の時代の終焉である。

至正の新政

バヤンに代わって新宰相の中書右丞相になったのは、トクトの父マジャルタイであった。しかし、実権はその子トクトが握っていたといってよい。マジャルタイがその年の一〇月に辞職すると、名実ともにトクトが最高実力者となり、翌年には年号も至正《しせい》と改元された。この至正という年号には、順帝やトクトの新時代への期待が強く示されている。不正を廃し真正に生きる、これが至正という言葉の本意である。当時順帝は二二歳、トクトは二七歳。青年皇帝と青年宰相の目には、輝かしい未来が描かれていたはずである。

彼らが真っ先に手がけたのは、バヤン時代の政策の撤廃であった。すでに前年の至元六年（一三四〇）一二月には科挙の復活が果たされ、再び漢族にも政界進出の道が開かれていた。こうした動きは至正改元以後には経筵《けいえん》（天子の面前で経書《けいしょ》を進講する儀式）の開講、儒者の重用等となって表れ、やがては伝統的な中国王朝にならった前王朝の正史の編纂へと向かう。至正三年（一三四三）、トクトを総責任者として『宋史』『遼史』『金史』の編纂が開始されたが、この事実は元朝が漢族にも容認される伝統的な王朝になろうとしていたことを示している。

じつはこれらの政策の裏には、トクトのブレーンとして集賢大学士《しゅうけんだいがくし》の呉直方《ごちょくほう》という人物

図４　金華市内を流れる金華江

が存在していたことが大きい。呉直方は江南の金華《きんか》（浙江省《せっこうしょう》）出身の儒学者で、トクトは幼少の頃から彼について学び、漢文化についても深い造詣を持っていた。トクトがバヤンの追放に当たり秘密裏に相談したのが呉直方であり、特に至正改元以後は、国に重大事があるごとに順帝とトクトは呉直方に諮ったという。いわば順帝＝トクト体制の影の顧問的存在であった。

ちなみに、呉直方の故郷の金華だが、この地は宋が南渡して以来、景観がかつての都である開封《かいほう》（河南省）に似ているところから、多くの知識人が移り住んだといわれる。そのため文化的先進地の江南《こうなん》の中でも独特の伝統を生み、正統朱子学を継承する「金華学派」なるものが形成されていた。この学派の特徴は「経世済民（世を経《おさ》め民を済《すく》う)」を重視することで、それは呉直方の思想にもうかがえる。

かつて大都で不遇をかこっていた頃、江南に帰郷するよう忠告する友がいた。それは上京して仕官を求めても、南人にはきわめて困難である現実を慮ってものであった。しかし呉直方は「どうして南北を区別する必要があろうか」(宋濂《そうれん》『宋文憲公全集』故集賢大学士栄禄大夫致仕呉公行状)と反論し、忠告を拒絶して最後はトクトの父マジャルタイに認められている。江南士大夫《したいふ》としての気概と強い経世の意識を、その言葉に認めないわけにはいかない。

このような雰囲気を反映してか、この時代の政界には著名な南人官僚が多い。黄溍《こうしん》・柳貫《りゅうかん》・掲傒斯《けいけいし》・欧陽玄《おうようげん》等、数え挙げれば切りがない。彼らは主に翰林院《かんりんいん》(帝国アカデミー)・国子《こくし》学《がく》(首都の国立大学)・宣文閣《せんぶんかく》(皇帝の学問所)などの文教関係の任についただけであったが、トクトの推し進めた中国化政策に大きく与っていた。彼らの協力があればこそ、トクトも思い切った政策を取ることができたのである。その意味ではこの時期の元朝は、たしかに伝統的中華王朝を彷彿とさせるものがある。権衡が「寛平の心」の時代と呼ぶゆえんである。

だがこのような時代も長くは続かなかった。至正四年(一三四四)五月、トクトは突然辞職を願い出た。疾病のためということだが、詳しい理由はよく分からない。七年三月には御史の弾劾で、呉直方も免職されていることからすれば、恐らく誰かの讒言があったことは間違いない。いずれにせよようやく軌道に乗りかけていた至正の新政は、これを機に頓挫し二度と正常さを取り戻すことはなかった。

のちに再びトクトは宰相となるが、その時には昔日の面影はもはや望むべくもなかった。何よりも順帝自身がすでに政治に興味を失い、トクトの辞職の頃を境に快楽の中に身を持ち崩していったからである。いわゆる「驕惰の心」の時代の始まりである。順帝とトクトによって始められた至正の新政は、わずか四年で終わりを告げたのであった。

悲惨な民衆の生活

政界内部で熾烈な権力闘争が繰り広げられていた頃、一般社会の民衆の状況はどのようであったろうか。元朝の歴史を記した『元史《げんし》』の本紀《ほんぎ》(皇帝の伝記)を瞥見《べっけん》するだけで、その間の事情は容易に理解できる。例えば天暦の内乱の勃発した天暦元年(一三二八)には、元朝は全国的な大飢饉に見舞われた。政争に明け暮れる為政者にはなすすべもなかったらしい。各地では飢民や流民の群れが食を求めて大移動を開始し、翌天暦二年には次のような報告がなされている。

まず四月には、陝西省《せんせい》一帯で飢民一二三万四〇〇〇人、流民数十万人が発生した。安徽《あんき》省から江蘇省《こうそ》にかけての地域では飢民六〇余万戸、大都から河南省一帯にかけての地では六七万六〇〇〇余戸。

五月。陝西省鳳翔府《ほうしようふ》の飢民一九万七九〇〇人。同じく豊楽《ほうらく》の軍士で餓死する者六五〇人、万戸府《ばんこふ》の軍士は一三〇〇人。

六月。浙江省東部で飢民一一万八〇九〇戸。陝西・河北・河南一帯で流民一〇数万人。

七月。真定・河間《かかん》・永平《えいへい》（河北省）・大寧《だいねい》（内モンゴル自治区）・開封（河南省）・淮安《わいあん》・廬州《ろしゅう》（安徽省）・遼陽《りょうよう》（遼寧省）等の地で蝗《イナゴ》（じつはトビバッタ）による被害。

この状況は好転するどころか悪化の一途をたどり、順帝の即位した至順四年（一三三三）には六月に大雨が降り、皇帝のお膝元の京畿《けいき》地方は水浸しとなって、四〇万人の飢民が発生。同月、雨で増水した河川の氾濫で陝西・甘粛《かんしゅく》・河北・河南の諸省が水災。逆に江南の江蘇・浙江両省では雨が降らず、旱魃によって大量の飢民が生まれたと記録されている。とどまるところを知らぬ水旱・飢饉は、元朝の無策もあってなかば慢性化し、人々は人肉を食らって飢えをしのいだというおぞましい記録も、数限りなく残されている。

こうした自然災害に追い打ちをかけたのが、元朝の経済政策の失敗であった。元朝は歴代の王朝の中でも唯一紙幣一本立ての貨幣制度を採用したことで有名である。紙幣は交鈔《こうしょう》と呼ばれ、世祖クビライの中統元年（一二六〇）に通行交鈔および中統元宝交鈔が発行された。元朝は鈔本《しょうほん》（兌換準備金）として絹や銀を用意し、しかも流通をスムーズにするために絶えず回収を行うことも忘れなかった。

回収に利用されたのは、元朝の税収の中でも大きな比重を占める商税・塩税・茶税等で、それらを紙幣で徴収することによって民間での流通量を調節したのである。クビライ時代には紙幣発行額に見合う銀の準備、発行額の制限、徴税による回収がなされたため、貨幣経済はかなり健全であったらしい。

しかしながらモンゴル第一主義を掲げ、自民族の伝統・習慣を維持し続けた元朝は、モンゴルの故地に留まる北方諸王への莫大な金銀等の賜与や、モンゴル人の信仰するチベット仏教の寺院建立・仏事供養の出費で、にっちもさっちもいかなくなってしまう。とりわけ北方諸王への賜与は、中国王朝となった元朝への彼らの反発を和らげる意図もあり、懐柔策としても必要不可欠なものであった。銀についていえば、定例の賜与の他、種々の名目で臨時に与えることも多く、その額は元朝の歳入銀を上回ることもまれではなかった。

またチベット仏教に至っては、華美な儀礼や神秘的な教義が皇帝や貴族をとりこにし、チベット仏教の帝師《ていし》は皇帝に次ぐ地位を得て宮廷内で権力をほしいままにした。彼らは受戒と称しては貴族の夫人たちを一室にとじこめて逸楽に耽り、地位を利用しての不正蓄財も跡を絶たなかった。しかしチベット仏教を盲信する皇帝・貴族には、それを抑制する力はなく、むしろ湯水のように金を使って造寺・造塔を行い、盛大な法要を営むばかりであった。その額は年々増加し、国家財政に大きな負担を与えることになった。

この事態を打開するために増税や新種目の課税がなされたが、膨れあがる国家財政はとどめようがない。いきおい紙幣を乱発してなんとか糊塗しようとしたことが、貨幣価値の

図5　チベット仏教の本尊（北京の雍和宮）

下落、即ちインフレーションを招来することになった。すでに世祖の至元二四年（一二八七）に第一回目の平価切り下げが行われて以来、何度もそうした措置がとられたが、一時的には持ち直しを見せても持続することができない。

不換紙幣となった交鈔は、打ち続く戦乱・飢饉による出費、果ては官吏の不正による収入の減少も加わり、ますます発行額を高めて順帝の頃にはほとんど無価値になってしまった。国初には一石《せき》の米を六、七〇〇〇文《もん》で買えたのに、この頃には一斗《と》の米に五〇〇貫《かん》（一貫は一〇〇〇文）も費やすありさまであった。民衆は交鈔を紙くず同様にみなし、民間では物々交換が盛んに行われるようになる。貨幣経済は完全に破綻し、自然経済に戻ってしまったわけである。

しかも民衆にとっていっそう不幸なことは、官吏の搾取や官吏と結託した地主の横暴が、どの王朝にもまして厳しかったことだ。これは元朝の為政者の多くが、中国を搾取の対象としてのみ捉えていたことと関係する。元末明初の人葉子奇《しょうしき》の著『草木子』雑俎《ざっそ》篇は、その間の事情を次のように伝える。

例えばモンゴル人や色目人が地方官として赴任すると、彼らはさまざまな名目を設けて賄賂を貪った。所属の役人が初めて彼らに目通りした時には「拝見銭」を納め、その後は理由もなく「撒花銭《さんか》」というものを取られた。節句ごとに納めるのは「逢節銭《ほうせつ》」、自分の誕生日には「生日銭」、何かの事務を行うと「常例銭」、上司の接待に「人情銭」、捕盗のために「賷発銭《せいはつ》」、訴訟に際しては「公事銭」が求められた。

このようにして賄賂を貪ることを「得手《とくしゅ》」といい、実入りの良い地方を「好地分《こうちぶん》」と呼んだ。「好地分」にあたる江南の浙西《せっせい》（江蘇省南部と浙江省北部の江南デルタ地帯）や江西《こうせい》では、新任の地方長官が来ると拝見銭として一〇〇〇錠《じょう》（一錠は交鈔五〇貫）を納めねばならず、時には三〇〇〇錠要求されることもあった。しかも長官だけでなく、次官以下も金額にランク付けがなされていた。

支配層のモンゴル人や色目人がこのありさまだから、その下ではたらく漢族の役人たちはなおさらのことである。彼らの多くは正式の官僚（正官）ではなく、首領官《しゆりようかん》と呼ばれる事務担当の下級役人であった。漢族は特別のコネがない限り出世の道は閉ざされていたが、逆にそのことが彼らの功利心を煽ることになった。出世という名誉が望めない以上、不正な手段を弄してでも金儲けに専念するしかない。

これは役人にならず地主として民間で生活している者も同様だった。彼らは役人と結託して租税の帳簿をごまかしたり、戸籍を偽ってでも税を逃れようとした。特にこのような傾向の強かったのは、経済的先進地の江南である。当地では富豪・地主と役人との癒着が慢性化し、賄賂の横行は日常茶飯事と化していた。そのつけは誰に回されたか。いうまでもなく一般庶民である。なかでもその大多数を占める農民は、役人と地主の二重の搾取に苦しまねばならなかった。

このように元末の民衆は連年の天災と支配者による人災に悩まされつつ、毎日を苦闘の中で生きていた。だがそれにも自ずと限界がある。その限界が飽和点に達した時、民衆に残された道は二つしかなかったはずである。ただ黙々と自分の宿命として、あるがままの現実を受け入れて泣き寝入りするか。あるいはまた、おのれに降りかかる厄災を払うために、新しい世界を求めて起ち上がるか。すでに民衆自身が決断を下さねばならぬ段階に突入していたといえる。

二　元末の反乱と紅巾軍

白蓮教徒の活動

　順帝が即位して数年経った至元三年（一三三七）正月、広東省増城県の民朱光卿《しゅこうけい》が反乱を起こした。仲間の石昆山《せきこんざん》・鍾大明《しょうだいめい》等が民衆を率いて従い、反徒はまたたくうちに数千人に膨れあがった。彼らは大金国《たいきんこく》を樹立し、赤符《せきふ》と建元して元朝への反抗を明確にしたため、これに呼応する形で同じ広東の帰善県の民聶 秀 卿《じょうしゅうけい》・譚景山《たんけいざん》らも、定光仏《じょうこうぶつ》を奉じて起ち上がった。

　翌二月には、河南の汝寧《じょねい》で棒胡《ぼうこ》なる人物が香を焚き衆を集めて反旗を翻した。棒胡は本名を胡閏児《こじゅんじ》といい、棒術に長《た》けていたところからこうあだ名されていた。彼は決起に際して弥勒仏《みろくぶつ》を描いた小旗を作り、皇帝の地位を示す宣勅・金印も用意して、約一年にわたって河南一帯で猛威をふるった。また四月には四川合州《しせんごうしゅう》の民韓法師《かんほうし》が、南朝の趙王《ちょうおう》と称して反乱し、翌年六月には江西袁州《えんしゅう》の僧彭瑩玉《ほうえいぎょく》が、弟子の周子旺《しゅうしおう》とともに蜂起した。

　これらの反乱に特徴的なことは、韓法師が南朝の趙王と自称したことからも分かるように、モンゴル族に対する漢族の反抗、すなわち民族的抵抗の色彩が濃厚であったことだ。南朝の趙王とは、元に滅ぼされた南宋の帝室趙氏に他ならない。彼らはモンゴル族に対する民族的敵愾心を煽ることで、元朝の世に不満を抱く民衆を糾合しようとしたわけである。反乱集団に対して、元朝はもちろん手をこまねいて傍観していたわけではない。即時に軍隊が派遣され、短期間のうちに反乱は鎮圧されてしまった。最も元朝を悩ませた棒胡にしても、一年後には捕らえられ都で処刑された。しかし元朝はそれで安心するわけにはいかなかった。抑えつければ抑えつけるほど民衆は抵抗の姿勢を見せ、各地には刻一刻と不穏な空気が蔓延し始めていたからである。

至元三年(一三三七)四月、元朝は漢人・南人に対して武器を所持することの禁令を下した。裏返せばそれだけ民衆が武器を持ち、一触即発の状態になっていたことを示す。しかもこの法令は、武器でなくとも武器になりそうなものはすべて没収するという、元朝の焦りと苦悩を反映するものでもあった。元政府は漢族の反抗を恐れ、農耕用の馬さえ国家に供出させたという。バヤンが「漢族中の五姓の者を皆殺しにせよ」と主張したのは、まさにこのような時であった。

反乱を起こした多くの民衆は、止むに止まれず行動したとはいえ、ただ闇雲に元朝に反抗したわけではない。そこに至るまでには相当な準備がなされていたし、集団内部でも一定の組織化が図られていた。国号や年号の制定は、それらの集団をまとめ、自分たちの立

図6　弥勒仏（杭州飛来峰）

場を鮮明にするための手段であった。これによって民衆は、自分たちがすでに元朝の世に受け入れられない存在であることを、自らに納得させたわけだ。

しかも彼らの行動の背景には、自ら信じてやまない宗教的な衝動があった。先の聶秀卿が定光仏を祭り、棒胡が香を焚いて弥勒仏を奉じたように、反乱集団には常に宗教的な匂いがつきまとっていた。民衆はリーダーである教主に導かれて新しい未来を描き、その実現のために敢然と起ち上がったのだ。この時民衆を結束させ、彼らの精神的紐帯となった宗教こそ、当時急速に勢力を持ち始めていた白蓮教《びゃくれんきょう》と呼ばれる民間宗教に他ならない。

白蓮教とはもともと南宋の沙門茅子《しゃもんぼうし》元《げん》の始めた白蓮宗に起源を持ち、不殺・不盗・不淫・不妄・不酒の五戒を守り、阿弥陀浄土《あみだじょうど》への往生を願う仏教の一派であった。ところが不殺に基づく徹底した菜食主義を唱えた上に、信者たちが夜聚暁散《やしゅうぎょうさん》（夜集まって明け方解散する）して人目を避けたこと、それに加えて僧職者の妻帯といった卑俗性から、次第に異端視されるようになる。

元朝の至大《しだい》元年（一三〇八）には白蓮宗に対する禁令が出され、多くの寺廟が破壊された。信徒たちは官憲の目を逃れて秘密結社化し、ますます人目を避けて集まるしかなかった。そこでは男女が一堂に会して香を焚き、一心に看経念仏《かんきんねんぶつ》する姿が見られた。「男女の別」の厳しい当時にあって、このことがまたいっそう邪教《じゃきょう》としての評価を定着させることになった。

図7　白蓮教徒（清代）

元末の白蓮教は、この白蓮宗が当時民間で流布していたマニ教や弥勒教などと混じりあって生まれたといわれている。マニ教とは三世紀頃にペルシアのマニが創始した宗教で、中国には唐代中頃に伝えられて明教と呼ばれた。同じペルシア起源のゾロアスター教を母胎とし、そこにキリスト教や仏教的要素を取り入れて成立した一種の混合的宗教である。その教義の骨子は「二宗三際《にそうさんさい》」論にある。二宗とは明と暗の二つの原理。明は精神と正善、暗は物質と過悪を意味する。また三際とは初際（過去）・中際（現在）・後際（未来）の三段階の世の中を指す。

それによると、明と暗が上下両世界に截然と分かれていた初際を経て、暗の優る中際の世の中になると、明・暗の均衡は破れて善と悪の闘争が展開する。だがやがて明界の王が明使《めいし》を召喚して明界から暗を駆逐すると、明と暗とが再び分離した後際の理想社会が実現するというのである。マニ教では後際の出現を希求する一種の終末論を説く。それゆえ中国伝来後は反体制的宗教としてたびたび官憲の弾圧を受けたが、他の民間宗教と習合しつつその勢力を温存していたのである。

一方、弥勒教は白蓮宗と同様仏教に起源する民間宗教だが、その特徴は世直しの思想ともいうべき弥勒下生《げしょう》信仰を持つ点にある。仏滅後この世の中は混乱し、人心も荒廃して争いが絶えなくなる。しかし五六億七〇〇〇万年経った時点で弥勒仏が兜率天《とそつてん》から下生し、一切の衆生《しゅじょう》を救済して理想世界である弥勒の世を実現するというわけだ。すでに弥勒下生信仰は北魏の頃から民間に広まり、弥勒教徒による反乱も歴代の王朝治下で頻発している。とりわけ弥勒教徒の温床となったのは華北地方であり、当地では宋元時代を通じて彼らの活動が続けられていた。

マニ教・弥勒教に共通するのは、ともに未来仏の出現を説くことで、きわめて現状否定の色彩が濃厚なことだ。それゆえ白蓮宗にこれら二教の教義が混淆して成立した白蓮教は、異端的かつ反体制的な宗教として、国家の弾圧を受けたのも当然であった。だが逆に現世に望みを失った民衆からすれば、そのこと自体が大きな魅力であった。彼らは白蓮教の説く「明王出世」と「弥勒仏下生」にわずかな望みを託し、この世の苦悩からの脱出を図るしかなかったからである。

元末の白蓮教には、大きく分けて南北二つの系統があった。一つは河北の欒城県《らんじょう》を中心に活動していた韓某の一派で、彼は一四世紀の初頭に「香を焚き、衆を惑わした」かどで同じ河北の永年県に流罪に処せられている。その孫が韓山童《かんざんどう》で、彼の代に白蓮教は教義の上でも信徒の数でも大きく発展し、やがて元末の大反乱を導いていくことになる。

いま一つは江西袁州の僧彭瑩玉《ほうえいぎょく》を中心とする一派で、先の韓家集団を北派と呼ぶなら、こちらは南派とでもいえようが、両派の関係は必ずしも明らかではない。はっきりしているのは、最後まで両派の結びつきは見られなかったことである。彭和尚は病人の治療などを通じて民の人望を得、その威信でもって信徒を組織すると、先に述べたように至元四年

（一三三八）に弟子の周子旺とともに蜂起した。周は囚われ処刑されたものの、彭和尚は運よく逃げのび、その後淮水《わいすい》流域一帯で新たな信者の獲得に努めたという。

このように元末になると、白蓮教徒たちは各地で散発的に反乱を起こしていたが、いまだ全国的な規模の反乱へと展開するまでには至らなかった。それは衰えたりとはいえ元朝の軍隊が各地に配備され、蜂起とともに即刻鎮圧されたからである。だが毎年のようにどこかで起きる反乱は、元朝の命脈がそれほど長くないことを、人々の心に予感させるに十分なものであった。民衆は何かのきっかけさえあれば、雪崩を打ったように起ち上がるはずであった。全国的な反乱者の足音は、もう目前まで迫っていたのである。

反乱への序曲

至正四年（一三四四）五月、大都を含む華北一帯は大雨が降り続き、二〇日以上もやまなかった。このため最も恐れていたことが現実となった。黄河の氾濫である。溢れ出した濁水は、平地を六メートルの高さとなって押し寄せ、山東地方への防波堤である白茅堤《はくぼうてい》と金堤《きんてい》を衝き破った。黄河両岸の済寧《さいねい》・単州《たんしゅう》（山東省）・虞城《ぐじょう》（河南省）・碭山《とうざん》（江蘇省）・金郷《きんきょう》（山東省）・魚台《ぎょだい》（山東省）・豊《ほう》・沛《はい》（江蘇省）・定陶《ていとう》・楚丘《そきゅう》・成武《せいぶ》（山東省）は水浸しとなり、これより以北の曹州《そうしゅう》・東明《とうめい》・鉅野《きょや》・鄆城《うんじょう》・嘉祥《かしょう》・汶上《ぶんじょう》・任城《にんじょう》の地も水災を被った。

この間、これらの地域では怒濤のような洪水で多くの老人や子供が溺死し、治水のため

図8　黄河の金堤

に駆り出された若者たちも四方に押し流されてしまった。衰えを知らぬ水勢は、会通河《かいつうが》に沿って北行する流れと、清済河《せいさいが》に沿って東行する流れの二方向に分かれ、河間（河北省）と済南《さいなん》（山東省）に挟まれた一帯を泥土と化して、最後は渤海湾《ぼっかいわん》に流れ込んだ。

この事態を見て、元朝政府はさっそく被災地に役人を派遣し、大臣にも命令を下して黄河治水の方策を検討させた。だが当時は宰相のトクトが辞職した直後でもあり、朝廷内部の混乱もあって、なかなか実施の運びとはならなかった。元朝は常平倉（物価調整や農民救済のための官庫）の穀物を放出したり、富民に官職を授ける代わりに糧食を供出させたりしたが、いずれも抜本的な解決策とはならなかった。その後も黄河は毎年のように各地で氾濫を繰り返し、山東・河南一帯に甚大な被害をもたらし続けた。にもかかわらず、元朝は宮廷内部の政争に明け暮れるだけで、それに対処しようという素ぶりすら見せようとはしなかった。

不思議なことに、この頃から目立って天変地異の数が増加する。水害・旱魃《かんばつ》・飢饉はいうに及ばず、地震、台風、異変等の報告が、毎年必ずかなりの数で政府のもとに届けられた。それればかりではない。世上では民衆のあいだでさまざまな風聞が言い交されるようになった。南の方ではこんなうわさ話で持ちっきりだった。

至正の初め頃、長江の水が一晩で乾し上がり、たくさんの船がぬかるみの中に取り残されてしまった。よく見ると無数の銭貨があちこちに散らばっている。今までに沈没した船の遺物らしい。みんなは争ってそれを拾いに行き、潮が満ちてくると逃げ、潮が退くとまた取りに行った。逃げ遅れて溺死する者もたくさんいた。こんな状態が数カ月続いたあと、長江は元の流れを取り戻した。なんでも識者がいうには、これは長江が嘯《うそぶ》いている証拠らしい。

至正八年(一三四八)には浙江の永嘉《えいか》で大風が起こり、海船が陸地に向かって二、三〇里ばかり吹き上げられた。一〇〇〇人以上の死者が出たそうだ。これは海が嘯いているのだと、世人は言い合っている。

また北の方ではこんな異変が人々の注目を集めていた。

至正九年、河南のある農家で蚕が数万匹集まって、一つの繭を作った。その大きさは米が数石も入る甕《かめ》のようだ。昆虫の化物が反乱の前兆を示しているのだ。

至正一〇年の冬はとても暖かった。雪が降っているのに雷がとどろき、稲妻が走った。このようなことがその後もひんぱんに起こった。思うに陰陽の気が正常ではなくなっているのだ。

都の斎化門《さいかもん》の東街に住むあるモンゴル人の婦人には、髭《ひげ》が一尺余りも生えたそうだ。

(『草木子』克謹篇)

こうしたうわさが各地で数限りなく言い交された。人々はそれらうわさ話の一つ一つに聞き耳を立て、何かが起こる予兆を膚で感じ取っていた。

「元朝の世もそれほど長くはあるまい」。

これがうわさを耳にした彼らの一致した感想であった。といって彼らに何かができるわけではない。天災・飢饉で疲れ切った彼らは不安におののきながら、事態の推移をただ黙って見守るしかなかった。

白蓮教徒たちが一斉に活発な活動を再開し出したのは、こんな時である。彼らは民衆の中で積極的に宣伝活動を続けながら、一方では次のようなうわさを吹聴して回った。

天下が大いに乱れたら、弥勒様がこの世にあらわれて衆生を救済なさる（『明史』韓林児伝）。

この流言は瞬く間に民衆の心をとりこにした。すでにお上が自分たちを見捨てた以上、弥勒様のお慈悲にすがって生きるしかない。彼らは口々に「天下大乱、弥勒仏下生」というお題目を唱えながら、弥勒仏の出現を今か今かと待ち望むようになった。それは天災と人災の狭間で打ち喘《あえ》ぐ彼らの、最後の拠り所であった。この望みがかなえられない限り、自分たちの生きる途はない。彼らは自らにそう言い聞かせているかのようであった。

起ち上がる民衆たち

長らく放置されていた黄河の治水工事が、至正一一年（一三五一）四月になってやっと始められた。

これより二年前、失脚していたトクトが丞相に返り咲くと、政治に意欲を燃やす彼は真っ先に治水問題を取り上げ、責任者となることを順帝に願い出て許された。彼はさっそく大臣たちにこの問題を諮問したが、大臣たちは難事業だと渋るばかりで一向に埒《らち》があかない。この時、都漕運使《とそううんし》の賈魯《かろ》だけが、断固として実施すべきことを主張した。彼はすでに何年も前から被災地の実地見聞をし、具体的方策を胸に抱いていたのである。トクトは意を得たとばかりに彼の意見を採用し、工部尚書《こうぶしょうしょ》（建設大臣）に任命して工事に着手させた。

賈魯の計画とは、氾濫前の旧河道を復旧し、再び山東半島の南側を東行させて黄海《こうかい》に注ぎ込ませようというものであった。のちの世にいう「賈魯故道」の開鑿《かいさく》である。しかしそのためには莫大な経費と膨大な人夫が必要である。彼は二万人の軍隊の他に、開封・大名《だいめい》等黄河の南北の地から、一五万人の人夫を動員して工事に当たらせることにした。ところがこれらの地域は数年来の水災と飢饉で民衆は疲弊し切っており、そこに新たな徴発が加わったものだから、彼らの元朝に対する不満は一気に高まることになった。

この機会を利用したのが白蓮教徒たちである。当時河北・河南一帯で活動を行っていた白蓮教主の韓山童は、仲間と謀って黄河の旧河道に一つ目の石人《せきじん》を埋めると、次のような童謡を流行《はや》らせた。

一つ目の石人が現れて、
黄河を揺り動かすと、
天下に反乱が起こるだろう（権衡『庚申外史』）。

彼らは石人の発見を合図に、一斉に蜂起するてはずを整えた。この時、白蓮教主韓山童を守り立て、ともに計画を練っていたのが、劉福通《りゅうふくつう》とその一党である。もともと劉福通は白蓮教徒というよりは、流寇的な性格を持った盗賊の首領で、仲間の杜遵道《とじゅんどう》・羅文素《らぶんそ》・盛《せい》文郁《ぶんいく》らとともに武装集団を形成していた。反乱を起こすに際し、韓山童をシンボルとして担ぎ挙げることで、自勢力の拡大をもくろんだわけだ。かたや武力的な裏付けの無い韓山童にしても、彼らの協力を得ることは好都合であったため、両者の間に協力関係が成立していたのである。

韓山童らが河北・河南地方で宣伝活動をしていた頃、劉福通らは安徽方面で次のように吹聴して回った。

「韓山童さまは宋の徽宗《きそう》皇帝八代目の子孫であるから、まさしく中国の主となるべきお方である」(『元史』順帝本紀)。

徽宗とは北宋末に女真族の金朝に捕らえられ、北の地に連れ去られて亡くなった皇帝である。元に滅ぼされた宋の皇帝を持ち出すことで、漢族の民族的結集を図ろうとしたわけだ。こうして彼らは白馬と黒牛を殺して天地に誓いを立て、仲間の結束を強めて韓山童の蜂起を待つことにした。

やがて黄河の治水現場から一つ目の石人が掘り起こされた。工事人夫たちのあいだに、にわかに動揺が走った。果たしてうわさ通りに石人が現れたからには、間もなく反乱が起こるに違いない。彼らは口々にそう言い合い、作業も手につかないかのようであった。ところが、ここに一つのアクシデントが起こった。本来それをきっかけに蜂起する予定であった当の韓山童が、蜂起の準備が整う前に計画が洩れ、官憲に捕らえられて処刑されてしまったのだ。妻の楊氏《ようし》と一子韓林児《かんりんじ》は、かろうじて河北の武安山《ぶあんさん》中に身を隠した。

一方、韓山童蜂起の報せを待つ劉福通らは、いつまでたっても連絡がないことに苛立ちを強めていた。しかもそうこうするうちに官憲の追求の手が伸び、自分たちの立場すら危うくなってきた。追い詰められた彼らは、急遽安徽省の潁《えい》州に入って反乱を起こすしかなかった。至正一一年（一三五一）五月のことである。

十分な情報もないままに蜂起した彼らではあったが、元朝の圧政に苦しんでいた民衆は一縷の望みを託して陸続と参加したため、反乱軍は見る見る内に膨張していった。当時彼らは反乱軍の目印として、紅い頭巾を頭に巻いたため「紅巾軍《こうきんぐん》」とか「紅巾の賊」と呼ばれ、また香を焚いていたところから「香軍《こうぐん》」とも呼ばれた。いわゆる元末の反乱すなわち「紅巾の乱」の勃発である。

やがて彼らは河南の朱皐《しゆこう》を陥れると、引き続き羅山《らざん》・上蔡《じようさい》・真陽《しんよう》・確山《かくざん》を撃破し、葉《しよう》・舞陽《ぶよう》等の県を侵犯した。汝寧《じよねい》・光州《こうしゆう》・息州《そくしゆう》を陥落させた頃になると、その軍勢は一〇万人以上となり、元朝の軍隊も手をつけられないほどであった。

図9　紅巾の乱

同年八月、潁州にほど近い江蘇の徐《じょ》州《しゅう》で、土豪の李二《りじ》が彭大《ほうだい》・趙均用《ちょうきんよう》らとともに反旗を翻した。李二は別名を芝麻李《しまり》とも言い、かつて飢饉の際に、自分の倉を開いて芝麻《ゴマ》を貧民に振る舞ったところからあだ名されたものであった。彼は日頃の任侠的な行為を通じて郷党（郷里社会）での信望を得、無頼や野盗を配下に収めてその地方で独自の勢力を築いていた。紅巾軍が起こったことを聞くと、「男子たるもの、この好機を逃して富貴を得ることができようか」（『庚申外史』）。と述べ、趙均用ら仲間八人と血をすすりあって誓いを立て、夜間に乗じて徐州城を乗っ取った。その後、近辺の宿州《しゅくしゅう》・五《ご》河《が》・安豊《あんぽう》・泗州《ししゅう》等の諸州県を勢力下に置き、またたく間に一〇万の軍勢を擁する大集団になってしまった。

この趨勢に押されて翌至正一二年（一三五二）の春には、安徽省定遠県《ていえん》の土豪郭子興《かくしこう》が仲間の孫徳崖《そんとくがい》ら四人と謀り、数千人の若者を集めて濠州《ごうしゅう》（安徽省鳳陽県《ほうよう》）を襲い根拠地とした。彼らはそれぞれが元帥を名乗って軍団を組織し、付近を略奪しては勢力を拡大していった。明の太祖朱元璋が初めて身を投じたのがこの郭子興のもとであり、彼はそこで一兵卒として出発し、やがて軍団の中で頭角を現すことになる。このことについては後に述べよう。

長江以北での反乱とは別に、以南の地域にも燎原の火の手は容赦なく拡大した。劉福通らが蜂起した同じ至正一一年の八月、湖北《こほく》方面では雌伏していた彭和尚が弟子の徐寿輝《じょじゅき》や趨普勝《すうふしょう》らと謀って、民衆を糾合して反乱した。徐寿輝は羅田《らでん》の布売り商人、趨普勝は麻城《まじょう》の鉄工業者であったが、彭和尚の説く教義に感銘を受けて白蓮教に入信していたのである。彭和尚は徐寿輝の容貌が特異で体格も人並み優れていたので、彼を首領に推戴して自分は影の実力者として集団を差配した。彼らもまた紅い頭巾をつけたため紅巾軍と呼ばれるが、劉福通らとの横の繋がりはまったく認められない。一般に劉福通らの集団を東系紅巾軍、徐寿輝の集団を西系紅巾軍と呼んで区別しているので、ここでもそれに従っておこう。

翌九月、彭和尚らは湖北の蘄水《きすい》と黄州路《こうしゅうろ》を陥落させ、蘄水を都と定めた。徐寿輝を皇帝の位に即けると国名を「天完《てんかん》」とし、年号も「治平《ちへい》」と建元して趨普勝を太師に任命した。

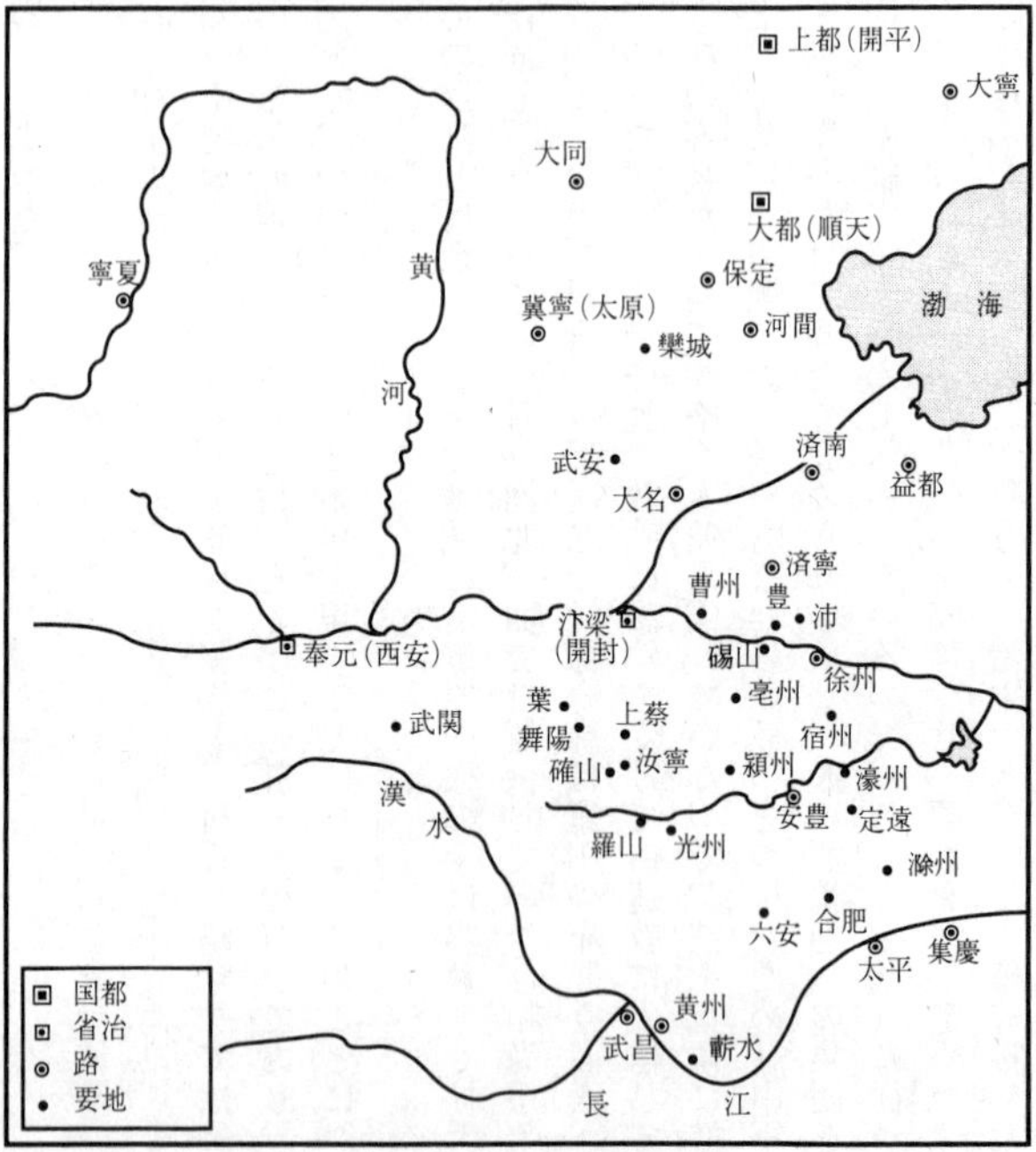
上都(開平)
大寧
大同
大都(順天)
寧夏
黄
保定
渤海
冀寧(太原)
河間
欒城
河
済南
武安
益都
大名
済寧
曹州
豊
沛
汴梁
(開封)
奉元(西安)
碭山
徐州
亳州
葉
上蔡
武関
舞陽
宿州
確山
汝寧
潁州
濠州
漢
安豊
定遠
水
羅山
光州
滁州
六安
合肥
集慶
太平
国都
省治
路
要地
黄州
武昌
蘄水
長
江

図10　紅巾軍関連図

さらに翌至正一二年になると、軍勢を整えて四方に大々的に打って出、湖北・湖南ばかりか江西の諸郡県も陥れ、やがて昱嶺関《いくれいかん》（安徽省と浙江省を結ぶ要衝の地）を撃破して、杭《こう》州《しゅう》（浙江省）を陥落させた。別部隊の趙普勝らは太平などの安徽省の諸路を陥れ、また湖北・湖南地方の湘水《しょうすい》・漢水《かんすい》流域では、布《ふ》王三《おうさん》・孟海馬《もうかいば》らがそれに呼応したので、長江南岸の広大な地域は西系紅巾軍の勢力下に入ることになった。

紅巾軍以外の反乱者

元末の反乱者は紅巾軍ばかりではなかった。紅巾軍とは無関係の輩も混乱に乗じて蜂起したため、元朝はその対応にも手を焼かねばならなかった。

劉福通が蜂起する三年前の至正八年（一三四八）、浙江の台州《たいしゅう》では海運業者の方国珍《ほうこくちん》が反乱を起こしていた。彼はもともと紅巾軍のように、世直しの理想に燃えて反旗を翻したわけではない。たまたま彼の住む台州に海賊が起こった時、方国珍も共謀者だとして密告する者がいたため、その人物を殺して海上に逃亡し、自ら海賊になったという経歴を持つ。それゆえ元朝に対しても特別の反感を抱いていたわけではなく、元朝が官職を授けることを条件に慰撫すると、すぐさま降伏するありさまであった。しかも降伏したかと思えばまた背くといったように、その行動は無節操で一貫性がなかった。しかし元朝は都の人口を養うための糧食を江南に頼っており、その輸送のためには方国珍の協力が必要なことから、

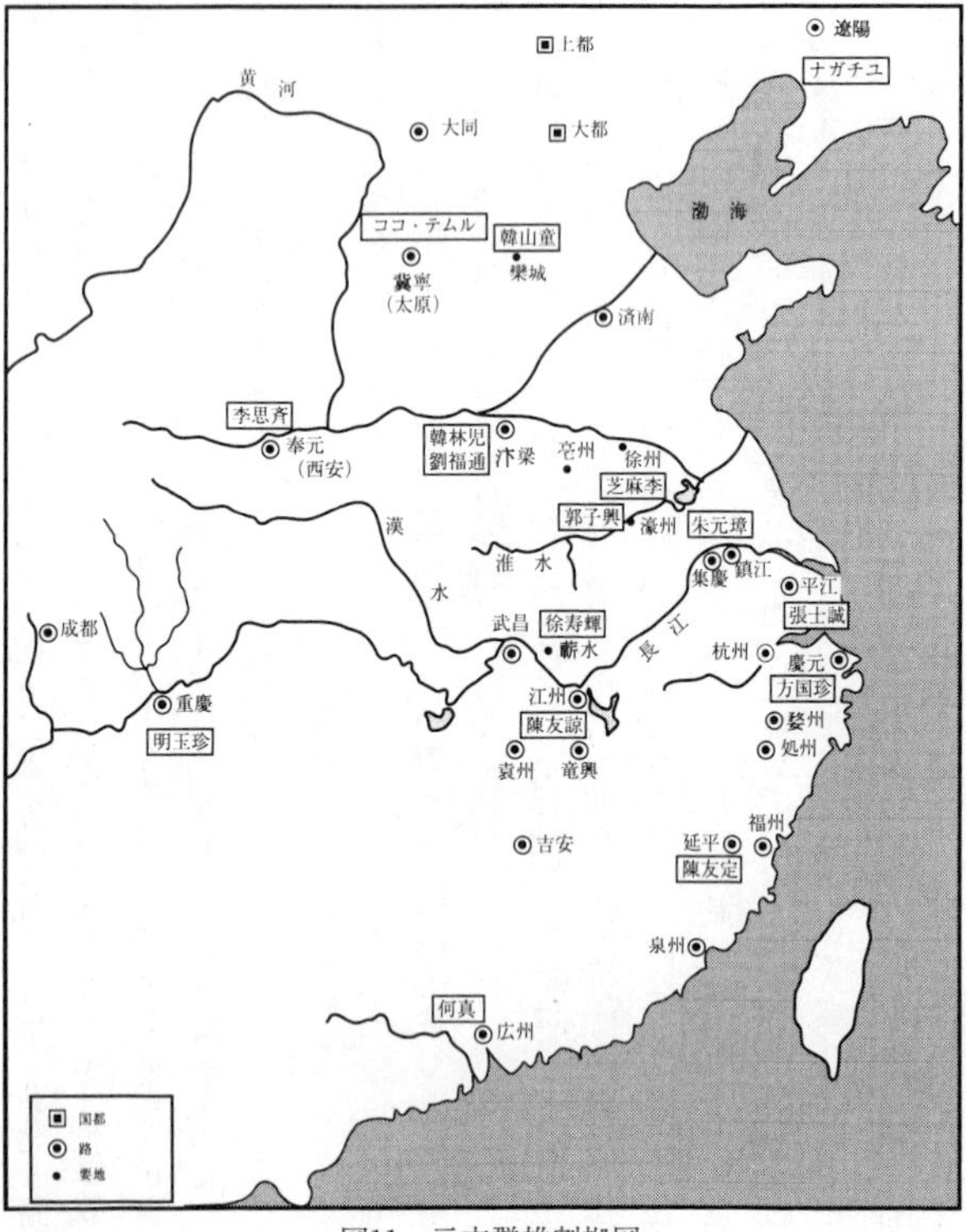

上都
遼陽
ナガチユ
黄
河
大同
大都
渤海
ココ・テムル
韓山童
冀寧
(太原)
欒城
済南
李思斉
奉元
(西安)
韓林児
劉福通
汴梁
亳州
徐州
芝麻李
郭子興
濠州
朱元璋
漢
淮
水
集慶
鎮江
平江
張士誠
水
成都
武昌
徐寿輝
蘄水
長
江
杭州
慶元
方国珍
重慶
明玉珍
江州
陳友諒
婺州
処州
袁州
竜興
福州
吉安
延平
陳友定
泉州
何真
広州
国都
路
要地

図11　元末群雄割拠図

降伏するごとに彼の官位を上げたため、最後は元朝自体が制御することもできないほどの大勢力になってしまった。

元朝にとって厄介なことは、最大の穀倉地である長江デルタ地帯が一人の反徒の手に落ちたことだ。至正一三年（一三五三）五月、泰州《たいしゅう》（江蘇省）白駒場《はっくじょう》の官塩仲買人である張《ちょう》士誠《しせい》が、塩田の人夫たちを率いて反乱を起こした。張士誠はもともと弟たちと船で塩を運ぶことを生業としていたが、富豪たちが常日頃から料金を踏み倒したり侮ったりしたため、ついに意を決して富豪を襲いその家を焼き討ちにしたのである。高郵《こうゆう》（江蘇省）の守将李《り》斉《せい》は張士誠を諭して一度は降伏させたが、再度背いて江浙行省参政《さんせい》の趙璉《ちょうれん》を殺害し、やがて彼につき従う者は一万人以上に膨れあがってしまった。

この事態を重く見た元朝は万戸《ばんこ》（地方の司令官）の職を与えて招撫しようとしたが、彼は受け入れず、逆に高郵を襲撃して根拠地にすると自ら「誠王《せいおう》」と名乗り、国号を「大《だい》周《しゅう》」として「天佑《てんゆう》」という年号を建てた。元朝にとっては最も重要な地域を失ったわけで、先の方国珍の反乱に勝るとも劣らぬ打撃を被った。この張士誠も宗教色の認められない反乱者の一人である。

このように長江の南北には東西両系の紅巾軍が活動し、また江蘇・浙江の経済地帯は張士誠・方国珍が勢力下に収めたため、元朝の実質的支配地域は極端に減少してしまった。しかしそれでも元朝はその後もまだ一五年ばかり命脈を保ち、最後のあがきを繰り返し続けた。反乱者が各地に割拠し、手負いになった元朝ではあるが、反乱者の一撃で潰えさるほどには脆くはなかった。クビライの建てた征服王朝は、九〇年間の中国支配の経験を、この危急の時期に一気に凝縮させて、反撃の機会を待っているかのようであった。

三　朱元璋の生い立ち

濠州府鍾離県

天暦の内乱が起こった一三二八年のとある日、濠州府（安徽省鳳陽県）鍾離県《しょうり》の東郷《とうきょう》は華北での騒擾をよそに、秋の日差しの中にとっぷりと浸っていた。そこでの最近の話題は、紅羅障《こうらしょう》にある朱五四《しゅごし》の家が、夜になるといつも真っ赤な火に包まれて、あたかも火事になったかのように見えることだ。ところが不思議なことに急いで駆け付けて見ると、火の気はまったくなく、村人は拍子抜けして帰ることが再三であった。

なんでも最近その家に男の子が生まれ、それ以来こうした現象が続いているとか。あとで聞いたことだが、その男の子の母親が身ごもった際、彼女は夢うつつの中で一人の神から一丸の神薬を授かったそうだ。さっそくそれを呑んで床に着くと、口中得も言われぬ香ばしさが広がったという。やがて彼女は一人の男の子を生んだが、この時赤光《しゃっこう》が部屋に満ち、目も眩むばかりのまばゆさであった。この赤光が毎夜毎夜現れているらしい。

不思議なことはまだある。男の子が生まれて三日目の洗児の日（初湯を使わせる日）、父親が近くの川に水を汲みに行くと、川上から紅い布が流れて来た。取り上げて見ると、それは美しい羅《うすぎぬ》である。さぞや高貴なお方が使っていたものに違いない。急いで家に持ち帰って乾かすと、それで赤ん坊を包み、今日のめでたい日を祝うことにした。それ以来村人は、いつしかそのあたりを紅羅障と呼ぶようになった。

古来、英雄・偉人の出生時にはしばしば奇譚《きたん》がともなうものだが、この赤ん坊も例外ではないらしい。赤ん坊の名は朱重八《しゆじゆうはち》、のちの明の太祖朱元璋である。彼は天暦元年（一三二八）九月一八日未《ひつじ》の刻（一三時から一五時の間）に、濠州府鍾離県の東郷で貧農の家の四男二女の末っ子として生まれた。父の名は朱五四、母は陳氏。父の五四という名は両親の年齢を合わせた数から命名されたもので、無学な農民たちのあいだではよく見られた命名法である。元璋の幼名の重八も、朱氏一族の同じ世代の中では八番目に生まれたところから名付けられたものであった。

もともと朱氏の先祖は江蘇省の沛県の出で、元朝の初め生活に追われて故郷を捨て、同じ江蘇省の句容《くよう》に移り住んだ。当地には一族の者が集まって居住していたため、のちにそのあたりは朱家巷《しゆかこう》と呼ばれるようになった。朱元璋の祖父の初一《しよいち》はここで淘金戸《とうきんこ》の戸籍に付けられ、金を国家に納めることを徭役《ようえき》として課せられたらしい。

ところが句容は金の産地ではなく、そのため他の場所でわざわざ金を購入してまかなわねばならない。それは貧しい民衆にとってきわめて大きな負担である。けっきょく初一は

図12　明の太祖朱元璋

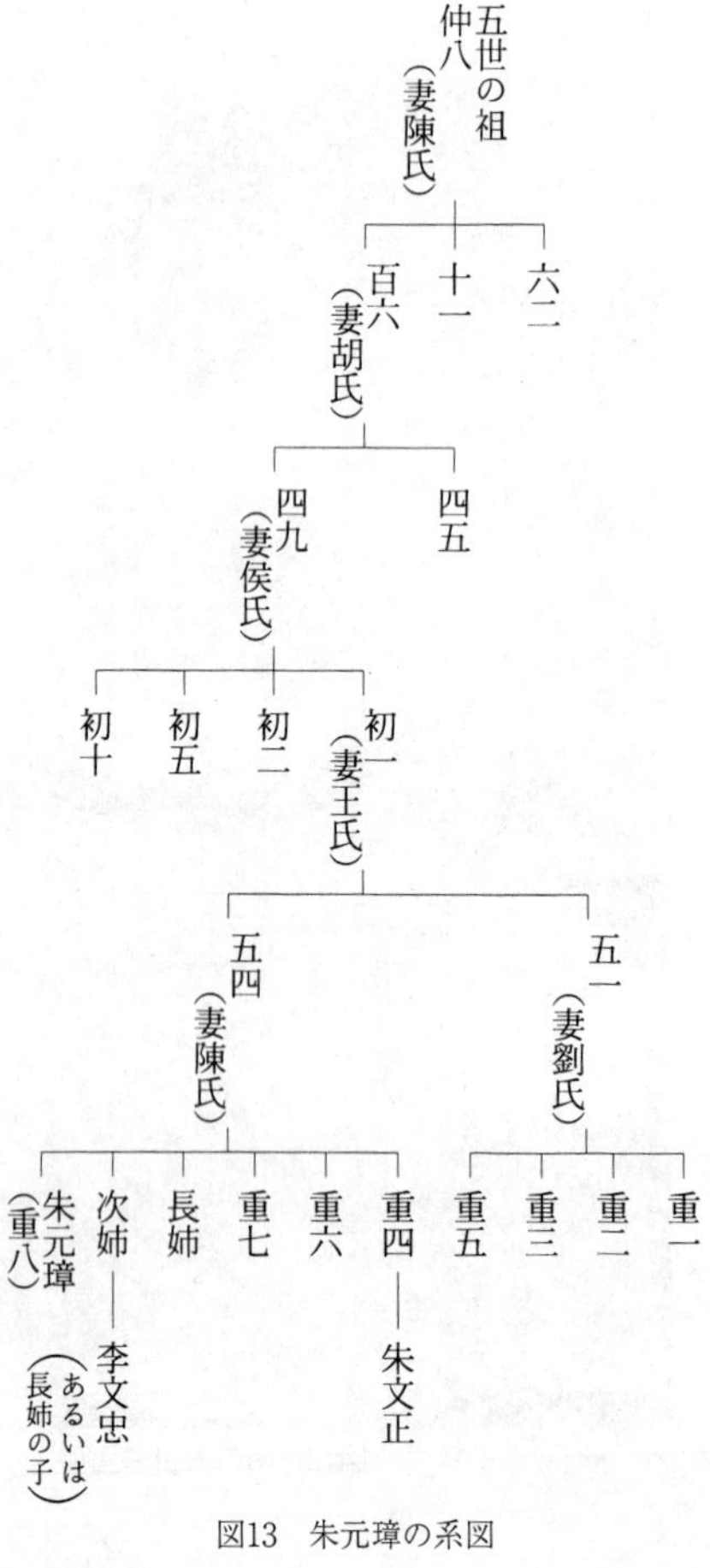

図13　朱元璋の系図

重役に耐え切れず、家族を引き連れて江蘇省の盱眙《くい》に移住するしかなかった。朱五四がまだ八歳の時のことである。

初一はその地でわずかばかりの土地を手に入れ、死に物狂いで働いた。そのため家族が細々と食べていくだけの生活はできるようになり、成長した二人の息子も当地で嫁を迎えるまでになった。だがそのような生活も長くは続かなかった。初一の死後、生活は再び傾き始め、やがて朱五四は兄朱五一《しゅごいち》とともにその地を捨てねばならなかったからである。

彼らは家族をともなって濠州府の霊璧《れいへき》県に移り、やがて虹《こう》県に移った。この間、盱眙の津律鎮《しんりつちん》で元璋の長兄が生まれ、次兄は霊璧、三兄は虹県で次々と誕生した。朱五四が五〇歳の時には鍾離県の東郷に移り、この地で生まれたのが元璋である。だがそこも安住の地ではなかったらしく、再び西郷に移り、最後は太平郷《たいへいきょう》の孤荘村《こそうそん》に居を構えることになった。このような経歴を見れば、朱氏一家は当時の民衆の中でも最下層の部類に属し、貧農というよりはむしろ流民といった方が実状に近かったかも知れない。

少年時代

元璋は幼少のころ至って体が弱く、それが両親の悩みの種であった。生まれて数日後、突然原因不明の病気にかかり、乳が飲めなくなってしまった。母の陳氏が無理に飲ませても吐くばかり。朱五四は心配になり、急いで医者を呼びに行った。ところが医者はあいにく留守でどうすることもできない。やむなく戻って来ると、一人の僧が我が家の前に腰をおろして座っている。朱五四がわけを話すと、その僧は、

「なんら心配はいらぬ。夜の子《ね》の刻（二三時から一時の間）にでもなれば、自分で飲めるようになるじゃろう」（無名氏『天潢玉牒《てんこうぎょくちょう》』）。

きなかった。

と言って、姿を消した。果たしてその夜、病気はうそのように治ってしまった。このことがあって以来、朱五四は元璋を僧にしようと思っていたが、陳氏の反対で果たすことができなかった。

その陳氏がある晩、朱五四に向かって次のように語りかけた。

「村の人たちは我が家に良い子がたくさん生まれたと言ってくれるけれど、子供たちの中で、家のことをかまってくれる子などいやしない。ひょっとして、この子が良い子なんでしょうかね」(『明太祖実録』巻一)。

彼女は一番下の元璋を指差しながら、溜め息まじりにそうつぶやいた。彼らは元璋誕生後の不思議なできごとに思いを馳せつつ、年端もいかない末っ子の元璋に、なんらかの淡い期待を抱いたのかも知れない。

そんなこともあって元璋は少し成長すると、村の塾に通わされた。文字でも覚えておけば、将来きっと役に立つはずだと彼らは考えたのだ。だが朱五四の家に、元璋をずっと塾にやるだけの余裕があるはずもなかった。ほどなく地主の牧童として奉公に出され、毎日牛の番をする生活が始まった。

元璋は牧童仲間の間では親分肌で通っていたらしい。彼らはよく「皇帝ごっこ」をして遊んだが、皇帝になるのはいつも決まって元璋であった。壊れた水車の切れ端を頭に載せて平天冠《へいてんかん》とし、板切れを拾って来て皇帝の持つ笏《しゃく》にすると、他の子供たちはひざまずいて元璋に額《ぬか》ずいたものだ。元璋はいかにも堂々として皇帝の風格があったという。

またこんな話がある。仲間と一緒に牛の番をしていた時のことである。満足な食事を与えられていない彼らは、いつも空きっ腹を抱えたまま牛追いの日々を過ごしていた。ある日とうとう空腹に耐え切れなくなり、一匹の小牛を打ち殺すと、皮を剝ぎ火を起こして焼いて食べてしまった。飢えに苦しんでいた少年たちによって、牛はすっかり食い尽くされ、皮としっぽを残すだけとなった。

夢のような饗宴が満腹感とともに終わり、現実に戻ってみると、彼らは自分たちの行ったことが急に不安になってきた。この時、迅速に行動したのが元璋である。彼は剝ぎ取った皮や骨を地中に埋め、しっぽを地面の割れ目に差し込むと、帰って主人に次のように報告した。

「牛が地面の割れ目に落ち込んで、どうしても出てこないのです」（王文禄『龍興慈記』）。

主人がその場所にやって来てしっぽを引っ張ってみると、ますます地中に入っていくばかり。本当に落ち込んだようである。主人も一瞬元璋の嘘にだまされそうになった。しかし、こんな嘘がいつまでも通用するはずがない。やがて嘘はばれ、当然のこととして元璋はその場で、主人にこっぴどく叩きのめされてしまった。だが、最後まで牛は割れ目に入りこんで出てこなかったのだと言い張り、自分の罪を認めようとはしなかった。こんなことがあって以来、仲間うちでの元璋への信頼と評価は自ずと高まることになった。

いたずらや失敗を繰り返しながら、元璋の少年時代は貧しい中にも平々凡々と過ぎていった。満足な食事が取れないのは相変らずだったが、それでも他郷では一粒の粟も食えずに餓死する者がいたのだから、彼らの生活はまだましな方であった。親子八人協力さえしあえば、なんとか生きていくことはできたからである。

そうはいっても、時々おとなたちが他郷の騒動についてうわさし合っていることは、いやがおうでも耳に入ってきた。河南省汝寧の棒胡の乱は元璋が一〇歳の時であったし、江西省袁州の周子旺の乱は翌年のことであった。それらはともに鍾離からさほど遠くない地域でのできごとであったが、元璋にとっては遥か遠い見知らぬ地での事件であり、毎日の生活に追われるうちにいつしか忘れ去ってしまった。

こんな元璋一家に突然の悲劇が襲ったのは、元璋が一七歳になった至正四年（一三四四）六月のことである。この年、鍾離県を含む淮水流域は空前の旱魃に見舞われた。雨乞いの祈りも空しく、数カ月にわたって一滴の雨も降らなかった。完全に乾し上がった田畑には幾筋ものひびが入り、麦も稲の苗もあらかた枯れ果ててしまった。そこに追い打ちをかけるようにバッタの大群が押し寄せ、残った農作物を完全に食い尽くして飛び去った。そのあとにはなんにも残らなかった。飢饉には慣れっこになっている民衆ではあったが、こんな惨状を目の当たりにして茫然自失するしかなかった。

そこにお決まりの疫病が流行し始めた。飢饉で疲れ切っている民衆はひとたまりもない。

太平郷の住民もばたばたと死んでいった。元璋の父朱五四は六月四日に死に、その三日後には長兄の重四が、そして二二日には母の陳氏が死んだ。わずか二〇日ばかりのあいだに、朱家は大黒柱の父ばかりか母および長兄までも失ってしまったのだ。

残された子供たちはなすすべもなかった。すでに二人の姉は他家に嫁ぎ、三男も養子として出ていたため、朱家の男手は次兄と元璋だけになってしまった。彼らは葬儀を行うための棺桶も買えず、ただ途方に暮れて泣き明かすばかりであった。しかしいつまでもそうしているわけにはいかない。彼らは小作をしている地主のもとに行って相談することにした。だが地主の劉継徳《りゅうけいとく》は彼らを叱りつけるばかりで、埋葬のための一片の土地すら恵んでくれない。

この時、劉継徳の兄の劉継祖《りゅうけいそ》という人物が、彼らの哀れな境遇をみかねて山裾のわずかばかりの土地を恵んでくれた。彼らは劉に感謝しつつ三人の遺骸をそこまで運び、穴を掘って埋葬の準備にかかった。ちょうどその時である。突然天空が真っ暗になり、一条の閃光が走ったかと思うと大粒の雨が降り出した。驚いた彼らは急ぎ木陰に避難した。小半時ほど経っただろうか。雨がぴたっと止んだので、遺骸を置いた場所に戻ってみると姿がない。なんと先ほどの大雨で流れた土砂が、遺骸を覆って小山を作ってしまったわけだ。彼らは哀れな自分たちをみかねて神様が手伝ってくれたのだと信じ、ひたすら感謝し続けたという。

埋葬を終えると、彼らは今後の身の処し方を考えねばならなかった。長兄の妻は子供を連れて実家に戻り、次兄はその地にとどまることになったが、問題はまだ年少の元璋を誰が養うかであった。姉たちの嫁ぎ先を頼ろうにも、貧農である彼らの境遇は似たようなものである。思案してもなかなか名案が浮かばなかった。

そのうちに、彼らは父親の朱五四が元璋を僧にしようとしていたことを、隣人の汪《おう》という老婆から聞かされた。幸い彼女は近くの皇覚寺の高彬《こうひん》和尚とも懇意にしていたため、元璋は彼女の口利きで、皇覚寺の小僧として修行することになった。九月のある日、髪を剃った元璋は、彼女の用意してくれたわずかばかりの礼物を手に皇覚寺の門をくぐった。これが兄弟にとって最後の別れとなった。彼らはその後、二度と生きて会えることはなかったからである。

托鉢僧

見習い僧として皇覚寺に入った元璋は、毎日念仏だけを唱えておればよかったわけではない。彼は日課として炊事・洗濯・掃除などの雑事をあてがわれ、雑役夫としてこき使われた。毎日夜明け前に起床すると、目の回るような忙しい一日が始まる。先輩の小坊主たちはともすれば色々と用事を言い付け、自分たちの仕事の負担を軽くしようと考えるばかり。新参者の悲しさで、先輩たちには歯向かうわけにもいかない。ただ黙々と雑務をこなすだけの我慢と忍耐の日々が続いた。

そうこうするうちに、皇覚寺も安住の場所ではなくなってきた。平時ならいざ知らず、数年来の飢饉で地租収入のままならない寺は、食料が完全に底をついてしまったのだ。たくさんいた見習いの小僧も、次々と家に帰るか托鉢行脚《たくはつあんぎゃ》の旅に出されるかして、ほとんどいなくなってしまった。帰る家のない元璋には、取るべき道は一つしかない。寺に入ってわずか五〇日目の朝、古びた僧衣を身にまとった元璋は、破れ笠に一本の杖を持ち、追われるように托鉢の旅に出発した。至正四年（一三四四）一一月一一日のことである。

托鉢僧といっても実際は物乞い同然で、見よう見まねで覚えたわずかなお経だけが唯一の頼りであった。彼は乞食僧として最も実入りのよさそうな地を選んで、托鉢を続けていった。まず最初に濠州の南にある合肥《ごうひ》に行き、そこから西に転じて六安《りくあん》に向かった。途中、元璋は一人の老儒者が本箱をかついで立ち往生しているのを見かけたので、代わりに持ってあげようと声をかけた。しかし老人は遠慮してどうしてもいうことを聞かない。やむなく元璋は老人と行をともにし、硃砂《しゅさ》鎮《ちん》というところまでやって来た。歩き疲れて槐《えんじゅ》の木の下で休憩した時のことである。老人は元璋の顔をまじまじとみつめながらこう語りかけた。

「さきほどからあんたの顔を見ていると、どうもただ者ではなさそうじゃ。わしはいささか星占いを心得ておるので、占ってさしあげよう。あんたの生年月日を言ってみなされ」。

元璋がありのまま答えると、老人はしばらく黙って考えこんでいたが、

「やはり思った通りじゃ。あんたはすばらしい運勢の下に生まれておりなさる。くれぐれも命を大切にすることじゃ。ここからは西北の方に向かいなされ。東南はよろしくない」(『明太祖実録』巻一)。

こう言うや、これからの旅程の細々とした注意を与えて、名前も言わずにその場を立ち去った。

老人が一見してただ者ではないと見抜いた元璋だが、彼がかなり特異な面相の持ち主であったことは事実のようだ。よく知られるように、元璋には二種類の肖像画があり、一方は気品に富んだいかにも皇帝然としたものである。だが元璋が存命中に肖像画の描き直しを命じたことは、陸容の筆記『菽園雑記《しゅくえんざつき》』の中にも記録があり、顔にまつわる話も多いことから、いま一つの方が真実に近いものと考えられている。

それによると、額は大きく張りだし、顎もしゃくりあがって、その中に太い眉と大きな鼻が収まっている。顔中にあばたができていることも特徴だが、なによりもその鋭い眼光は相手の心を射抜かんばかりの威圧感を放っている。それは一目見るや、二度と忘れることのできない威厳と醜怪《しゅうかい》さをかね備えたものである。のちに元璋は、その顔のおかげで命を救われるような事態に出くわしているが、それについてはあとで述べよう。

老人に言われたように、元璋はその後西北の河南方面に向かって托鉢を続けていった。光州・固始《こし》・息州・羅山・信陽《しんよう》を経、さらに北行して汝州《じょしゅう》に行くと、今度は東の陳州《ちんしゅう》・亳《はく》州《しゅう》を通って潁州に向かった。淮水西部のいわゆる淮西《わいせい》地帯をくまなく遍歴したことになる。それは苦難に満ちた、とてつもなく長い旅程であり、後年、元璋はこの時の境遇を次のように述懐している。

その時、なんの取り柄もない私は何をしたらよいのか分からず、天を仰いで茫然とするしかなかった。頼るべき者はおのれに寄り添う影だけ。朝餉《あさげ》の煙りを見れば急いで駆

図14　もう一つの朱元璋像

け付けて施しをもらい、暮れには古寺に投宿して疲れた身を横たえる。そそりたつ崖やおおい茂る緑を見上げて、壁を背にして眠れば、夜猿の声が耳に入り月光も凄涼としている。魂は悠々と漂って父母を捜せども今はもうこの世に無い。志は落魄して焦りのみ増し、淋しげな鶴の声が西風に乗って聞こえると、無念の涙は飛霜となって下る。風に吹かれる蓬《よもぎ》の如き当てどもない我が身ではあったが、心の中の滾《たぎ》る思いだけはふつふつと沸き立っていた（『御製皇陵碑』）。

この遍歴はたしかに元璋にとって苦難の旅ではあったが、しかしまた彼の人間形成の上で、またとない試練となった。故郷を離れて未知の土地に立った時、彼は自分の知らない広い世界のあることを初めて知った。そこで多くの人に会い、多くのできごとに直面するたびに、彼の視野は広がり経験は蓄積されていった。当てのないただ生きていくためだけの遊行ではあったが、毎日を生き抜くこと自体が元璋の骨となり肉となったからである。

さらに彼は、この遍歴を通じて多くの知識も獲得することができた。とりわけ淮西地方は白蓮教徒の活動の舞台で、彭和尚や韓山童の一派が積極的にオルグ活動を展開していた地域だということが大きい。元璋は彼ら白蓮教徒と接触してその教義を知ることで、社会の諸矛盾に目を向けられるようになっていったはずである。元璋自身が教徒になったか否かは定かではないが、その教義が鬱々としていた元璋の目を開かせ、未来への微かな期待を持たせたことは間違いない。一年が過ぎ、二年が経ち、やがて三年目に入った頃、元璋の心中にはいつしか「滾る思い」がみなぎるようになっていた。その「滾る思い」が何なのか、元璋自身まだ気づいていない。

そのうちに風の便りで故郷の騒擾を知った元璋は、にわかに望郷の念が起こり、三年間の流浪の旅を終えて、再び皇覚寺に戻ることを決心した。至正七年（一三四七）の年の瀬も押し迫った頃のことである。

四　紅巾軍の中へ

朱元璋の決断

皇覚寺に戻ってみると寺はすでに荒れ果て、たくさんいた僧たちも大半はいなくなっていた。高彬和尚だけはまだなんとか寺を守っていたが、彼はたくましく成長した元璋を温かく迎え入れてくれた。

こうして再び読経《どきょう》と修行三昧《しゅぎょうざんまい》の生活が始まった。だが元璋の心は絶えず揺れ動いていた。このまま寺に留まって僧としての生活を続けることが、自分にとって最良の道なのか、元璋は決めかねていた。元璋が寺に戻った翌至正八年（一三四八）には、浙江の台州で海賊の方国珍が反乱を起こし、そのまた翌年には山西の平遥《へいよう》で曹七七《そうしちしち》が反旗を翻した。世情は確実に不穏の色彩を深めつつあった。

元璋はいろんな情報を得るために、近所の若者たちとできるだけ交流し、彼らから世の中の動きを逐一吸収するよう努めた。のちに行動をともにする徐達《じょたつ》や湯和《とうわ》らと知り合いになったのも、ちょうどこの頃である。彼らの話を聞くにつけ、元璋の「滾る思い」はいつしか焦りに変わりつつあった。

こんな時、濠州城が土豪の郭子《かくし》興《こう》らに乗っ取られた。郭子興は濠州府下の定遠県の出身で、もともと彼の祖先は山東曹州の出であったが、父の郭公の時に定遠に移ってきた。一介の占い師に過ぎなかった郭公は、その地で金持ちの家の盲目の娘をめとったところ、一躍裕福になったという。その次男が郭子興で、彼は成長すると男気を身につけ、常日頃から食客をたくさん抱え込んでいた。やがて元朝の政治が乱れるに従い強い野心を抱くようになり、家財をばらまいて壮子を集めると、牛を槌《つち》で打ち殺して酒を汲み交わし、彼らと

図15　郭子興

の結びつきを強めて来たるべき日の到来を待っていたのである。

至正一二年（一三五二）二月、郭子興は仲間の孫徳崖・愈《ゆ》某・魯《ろ》某・潘《はん》某らとともに濠州城を襲うと、その地を根拠地とした。彼らが蜂起すると、近くの若者たちは次々と反乱軍に参加し、またたく間に数万人の大集団に拡大してしまった。元璋のもとにも反乱軍に身を投じた友人から、しきりに参加をうながす連絡が入った。元璋は迷っていた。聞くところによると、濠州で蜂起した連中はそれぞれが元帥を名乗り、内部の結束もそんなに強固ではないらしい。そんな連中に果たして自分の命を預けてよいものかどうか。元璋は最後の決断が下せないでいた。

その間に元朝は将軍のチェリク・ブカを派遣して、濠州の奪回に取りかかった。ところがこのチェリク・ブカという男はまったくのくわせ者で、怖じけづいて濠州攻撃を行おうとしない。それればかりか何の罪もない農民を捕まえては反乱軍だと偽り、それを朝廷に送っては褒賞を求めるありさまであった。こんなことだから民衆は戦々恐々とし、ますます反乱軍の方に心を寄せるようになった。

三月のある日、突如チェリク・ブカの手下が皇覚寺にやって来た。彼らは僧たちを追い立てるとしゃにむに略奪を開始し、最後には痕跡を消すために寺に火をつけた。どうやら皇覚寺が反徒の隠れ家になっていると見当を付けたらしい。難を避けて逃れていた元璋が夕方もどって見ると、寺の建物の多くは灰燼に帰し、わずかに青銅の仏像だけがくすぶった瓦礫の中に焼け残っている。事ここに至って元璋の気持は定まった。あとは神仏の判断を待つだけであった。

彼は仏像の前に座って一心にお祈りをすると、自分の行く末を二つのポエ（半月形の占いの道具）に托して占った。

「難を避けるために寺を去るべきか、あるいはこのまま寺に留まるべきか」。

こう念じてポエを振ると、ともに不吉と出た。三度振っても同じだった。

「去るも不吉、留まるも不吉ということは、私に大事を起こせよとの思《おぼ》し召《め》しか」（『明太祖実録』巻一）。

こう言って占うと果たして吉と出た。元璋は「滾る思い」の向かう先が、反乱に身を投じることだと確信するに至った。元璋二五歳の春のことである。

郭子興との出会い

至正一二年（一三五二）閏三月一日、濠州の城門の前に立った元璋は、門番に来意を告げた。ところが門番は何を勘違いしたのか、元璋を縄で縛り上げると高圧的な態度で尋問を始め、今にも首をはねんばかりであった。よれよれの僧衣を身にまとい、醜怪な面相をした元璋を元朝のスパイと間違ってしまったわけだ。元璋がいくら抗弁してもなかなか認めようとはしない。

やがて報せを受けて郭子興が奥から出てくると、元璋は縛られたまま郭子興のもとに引き出された。しかしさすがに郭子興は反乱を起こしただけの男である。元璋の異様な面構えにただならぬ雰囲気を感じたのか、即刻縄を解かせると来意を問うた。元璋は今までの経緯と自分の思いのたけを、隠すことなく語った。このため郭子興に気に入られた元璋は、そのまま一兵卒として濠州に留まることを許された。

軍団に参加して以後の元璋は、まるで水を得た魚のようであった。彼は戦のたびに先頭に立って攻め込み、たびたび手柄を立てたので間もなく十夫長《じゅうふちょう》に任命された。一〇人の部下を持つ小隊長にまで出世したわけだ。だが元璋の能力はこんなものではなかった。戦闘の際の状況判断・決断力、そして果敢な行動力は、その後の郭子興軍団の勢力伸張の上で計り知れない貢献を果たした。いつしか郭子興は、すべてのことを元璋と相談するようになっていた。

元璋の有能さは、子興の第二夫人の小張《しょうちょう》夫人にも知られるところとなった。彼女はたびたび子興に、元璋のすばらしさを語ったものである。彼女には一つの考えがあった。それは自分たちが可愛がっている養女を、元璋の妻にしようというものであった。この娘とは、子興の友人であった馬公《ばこう》が郷里の宿州（安徽省）で蜂起するため、子興のもとを離れる際に托していったものであった。その後、馬公は蜂起に失敗して死亡したため、子興夫妻が代わって養育し、我が子同然にみなしていたのである。その娘も今や二一歳の女盛りを迎えている。

小張夫人には女性なりの打算があった。元璋が有能であることは、衆目の一致するところである。かたや自分の夫の子興は元帥を名乗っているものの、同輩の他の四人に比べれば劣勢は否めない。ここは夫のためにも、なんとか元璋を自分たちのもとに取り込んでおく必要がある。そう考えた彼女は子興を説得すると、吉日を選んで二人の祝言を挙げたのである。元璋が郭軍に参加して、まだ半年も経たない頃のことであった。以後、元璋は郭子興軍団の中では「朱公子」と呼ばれ、一目置かれるようになった。朱重八という名を、朱元璋に改めたのもこの頃のことである。

図16　馬皇后

元璋の妻となった馬氏、のちの孝《こう》慈《じ》皇后《こうごう》は中国女性の例にもれず名前が伝わっていない。その生い立ちからも分かるように、彼女も決して恵まれた環境のもとで育ったわけではなかった。だが経験した労苦がそのまま彼女の人間形成に働いたようで、聡明さと慎ましやかさを併せ持った、何事にもよく気の届く素晴らしい女性であった。元璋は彼女のおかげでどれだけ助かったか、計り知れないほどである。

元璋と郭子興とは義理の親子関係にあったが、子興という人物は人間的には小物といってよく、元璋が有能であればあるほど、また手柄を立てれば立てるほど元璋に対して疑心暗鬼になるのが常であった。元璋の子興に対する態度は終始一貫して変わることはなかったが、それが子興にはまた面白くない。こういう時に二人のあいだに立って、気まずくなった関係を修復したのが馬氏である。彼女は元璋の部下が何か献上物を持って来ると、そのつど忘れずに子興の妻に送り届けた。そのため子興の怒りが和らいだことも再三であった。元璋は馬氏の内助の功あって、子興との関係を悪化させずにすんだわけだ。

彼女は夫が戦闘に出ている時には、夫の部下の妻たちを指揮して軍衣や軍靴のほころびを繕い、銃後の務めも忘れることはなかった。また日頃から自分の食事の量を減らしてでも、夫にひもじい思いをさせないよう常に気を配っていた。夫が戦場で空腹のため、十分に働けなくなることを慮ってのことである。

こんな話もある。ある時郭子興の怒りを買った元璋は、食事も与えられずに一室に幽閉されてしまった。これを見た馬氏は、こっそり厨房から焼きたての餅《ピン》を持ち出すと、自分の懐に入れて元璋のもとに持って行った。おかげで元璋は飢えをしのぐことができたが、馬氏の胸は真っ赤に火傷してしまった。彼女は我が身を犠牲にしてまでも、夫のことを第一に考えたのだ。馬氏とはこのような女性であった。

徐州集団の合流

郭子興は濠州を陥れたものの、軍団内部では逼塞状態に置かれていた。当初協力して蜂起した孫徳崖らと、どうも馬が合わないのだ。もともと郭子興は濠州の土豪の出で、その地方ではそこそこ名の知られた人物であった。これに対して孫ら四人は地方の無頼上がりで、いってみれば盗賊と大差ない。彼らは毎日付近の村に出かけては好き勝手に略奪し、目先の利益に追われて行動するばかり。子興はそれが我慢ならない。内心彼らを軽蔑していたが、逆に四人は結束して郭子興をのけものにしたため、どうすることもできなかったのだ。

そんな濠州集団に事件が起こったのは、至正一二年の九月のことである。前年徐州で蜂起して一〇万の大軍を擁していた芝麻李らが、宰相トクトを総司令官とする四〇万の軍団に手酷い敗北を喫し、芝麻李は敗死、その残党が濠州に落ち延びて来たのである。敗残の将士を率いるのは元帥の彭大と趙均用。孫徳崖らは彼ら二人がもともと盗賊の首領で名の聞こえた人物であったため、上に戴いて彼らの統制を受けることにした。

このうち彭大にはわりと知謀が備わっていたので、郭子興は彭大に近づき、なにかと厚遇し合うようになった。一方、孫徳崖らが結びついたのは趙均用の方である。ある時、孫徳崖らは趙均用に向かい、郭子興と彭大とがグルになっていると告げ口したため、怒った趙均用は郭子興を捕らえ、孫徳崖の屋敷に幽閉してしまった。たまたま元璋は他の部署から帰ってそのことを知ると、急ぎ子興の二人の子供をともなって彭大に訴えた。

「わしがおる限り、お前たちの主人に危害は加えさせぬ」（『明史』郭子興伝）。

彭大は元璋らを連れて孫徳崖の屋敷に出向き、子興を繋いでいた械《かせ》を打ち壊すと、抱き抱えるようにして連れ帰った。以来、濠州集団内部では紛争の絶えることがなく、いつ分裂してもおかしくない状況になってしまった。

この事態を一時的に救ったのは、外患であった。至正一二年（一三五二）一二月、先に芝麻李を敗死させて徐州を奪回したトクトは、その勢いを駆って濠州回復を図り、黄河の治水で名を挙げた賈魯を司令官として派遣してきたのである。子興らはいままでの怨みを捨てて互いに協力し、籠城すること五カ月に及んだ。その間たびたび戦闘も行われ、双方に多数の死傷者が出た。ところがある朝気が付くと、今まで城を十重《とえ》二十重《はたえ》に包囲していた元軍の姿がない。司令官の賈魯が陣中で病没したため、元軍はすべて引き上げてしまったのである。濠州集団からすれば、これは僥倖中の僥倖であった。だが自分たちの勝利と信じて疑わない彭大や趙均用らは、すぐさま王を名乗って濠州集団の上に立ったため、郭子興らは元帥のまま彼らの統制を受けるしかなかった。

元軍の包囲が解けたものの、濠州集団が戦闘で失った軍士の数は相当なものであった。

痛手から立ち直るには早急に軍士を補充し、態勢を立て直す必要があった。この時、迅速に行動したのが元璋である。彼は郷里の鍾離県に戻るとその地で募兵活動を行い、七〇〇人の軍士を集めてそのまま子興に献上した。喜んだ子興は元璋を鎮撫《ちんぶ》の官に任命して、その労に報いた。友人の徐達や湯和が元璋に従うようになったのは、この時のことである。

本来戦後の復興に努めるべき濠州集団ではあったが、その後も相変らず統制は乱れたままであった。彭大と趙均用との関係は一触即発の状態であったし、郭子興には遠望のかけらさえない。こんなさまでは濠州集団の将来は見えたも同然であった。思いあぐねた元璋は自分の部下を他将にあずけると、信頼する仲間二四人とわずかの手勢を引き連れて南下することを決心した。江南の豊かな経済地帯に進出することで、逼塞した状況の打開をもくろんだわけだ。

図17　徐達

この時元璋と行動を共にした二四人とは、先の徐達や湯和を始め、呉良《ごりょう》、呉禎《ごてい》、花雲《かうん》、陳徳《ちんとく》、顧時《こじ》、費聚《ひしゅう》、耿再成《こうさいせい》、耿炳文《こうへいぶん》、唐勝宗《とうしょうそう》、陸仲亨《りくちゅうこう》、華雲竜《かうんりゅう》、鄭遇春《ていぐうしゅん》、郭興《かくこう》、郭英《かくえい》、胡海《こかい》、張竜《ちょうりゅう》、陳桓《ちんかん》、謝成《しゃせい》、李新材《りしんざい》、張赫《ちょうかく》、周銓《しゅうせん》、周徳興《しゅうとくこう》らである。すべて濠州府下の農民・無頼あるいは土豪の出で、いわゆる同郷者たちであった。淮西の二四人衆ともいうべき彼らの多くは明朝建国後に開国の功臣となっており、それは明朝が同郷者集団によって建設されたことを示している。今仮にこの集団を「朱元璋集団」と呼ぶならば、朱集団は郷里を離れることで、国盗りの第一歩を踏み出したといえる。至正一三年(一三五三)一二月のことであった。

朱元璋集団の発展

元末の反乱の勃発とともに各地には無数の自衛団が組織され、腐敗し弱体化した元軍に代わって郷里の防衛に当たっていた。これらの集団の大半は郷村の有力者である地主が農民を組織したもので、村の要衝に砦を築いて反乱軍の進攻に備えていた。当時の史料に頻見する「結寨自保《けっさいじほ》(寨《とりで》を結んで自ら保んず)」とは、彼らのそのような行動を指した言葉に他ならない。またこれとは別に、体制からあぶれたアウトロー的な土豪が、社会の混乱に乗じて一気にのしあがり、土着の勢力として郷里の防衛を担う者もいた。彼らの中には治安維持を名目に付近の民衆をかき集め、この好機を利用して勢力の強化をもくろむ者も少なくなかった。

当時こうした武装集団はともに民兵とか義兵と呼ばれ、強大化した民兵集団の長の中には、元朝から義兵元帥とか義兵万戸等の官職を受け、元朝側に立って活躍する者も存在した。だがその一方で匪賊化し、元朝に敵対して地方割拠する集団もあり、さまざまな思惑がからんで元末の郷村社会は複雑な様相を呈していた。元璋は、こうした両様の民兵集団を吸収することで、自己の勢力の拡大を図っていく。

至正一四年（一三五四）正月、元璋は濠州の東南にある定遠の攻略に向かう途中、次のようなうわさを耳にした。定遠の張家堡《ちょうかほ》に驢《ろ》牌寨《はいさい》と呼ばれる民兵集団がおり、孤立している上に食料不足に悩み、誰かに投降しようと思いつつ決しかねていると。さっそく費聚らとともにその陣営に出向いた元璋は、計略をもって首領を捕らえ、三〇〇〇人の兵士を獲得した。また近くの豁鼻山《かつびさん》で砦を築いて自衛していた秦把頭《しんはとう》も、元璋の招撫に応じて八〇〇人の兵士を率いて投降した。

同じ頃、横澗山《おうかんざん》には元朝から義兵元帥の称号を受けた繆大亨《びゅうたいこう》という者がおり、その下には二万人の民兵が組織されていた。この集団に対しても元璋は花雲に命じて夜襲をかけ、なんなく全員を獲得することに成功した。この結果、わずか一月余りの間に朱元璋集団は一気に大軍団へと膨張することになった。やがて元璋の活躍を聞き、近在の各地からも次々と元璋の勢力を慕って投降する者が現れ出した。地主の呉復《ごふく》、馮国用《ふうこくよう》・馮国勝《ふうこくしょう》兄弟、丁徳興《ていとくこう》らは民兵を率いて自ら元璋のもとにやって来た。今や元璋は小勢力とはいえ、地方軍団の首領として頭角を現し始めたわけである。

民兵集団の吸収は、必然的に朱元璋集団の性格に影響せざるを得ない。本来朱元璋集団は既存の秩序に抗して起ち上がった反徒の集団であり、攻撃の目標は支配層である地主に向けられていた。少なくとも濠州にいた当時には地主の財産を略奪し、それでもって集団の維持を図っていた。だが日常の営為が略奪にとどまっている限り、将来への展望は開けない。そうした疑問を抱いたからこそ、元璋は濠州を離れて独立したのではないか。といってそれに替わるビジョンを彼自身持っていたわけではない。膨れあがった集団を維持するためには、相変らず地主からの略奪に頼るしかなかった。

こんな元璋に一つの指針を示したのが、朱集団に参加した地主たちであった。彼らは崩壊した秩序を立て直すために、秩序の統括者としての役割を元璋に期待し、自分たちの理想に添うよう元璋の教育を試み始めた。例えば民兵を引き連れて投降して来た馮国用は、元璋が天下の大計を問うた時、次のように答えている。

「金陵《きんりよう》（現在の南京）は竜蟠虎踞《りようばんこきよ》の要害の地で、帝王が都とする土地であります。まず最初にこの地を取って根拠地とし、そのあとで四方に打って出るのが上策かと思われます。そのさい仁義を唱えて人心を収め、子女玉帛《しじよぎよくはく》を貪るようなことがなければ、なんなく天下を平定することができましょう」（『明史』馮勝伝）。

この言葉には、朱元璋に対する地主の期待が二重の意味で込められている。第一点は、秩序の統括者となるにはまず金陵を根拠地とし、軍事的拠点を確立すべきだとの主張。第二点は、略奪をやめて仁義に基づく秩序護持者の立場に立つべきだとの要求。後者については当時の元璋がどれだけ正確に理解できたかは疑問だが、その後の彼の行動は次第にそうした期待に添う方向に進んでいく。それは元璋が今まで漠然と疑問視していた自分の行動に、一つの拠り所を与えるものだったからである。また自政権の確立のためにも流寇的な性格から脱却し、広範囲の民衆の支持を得る必要があった。地主の参画は、今まで勢力の拡大にのみ汲々としていた元璋に、向かうべき方向を提示することになったのである。

定遠を攻略した元璋が次に目指したのは、さらに東南方の滁州《じょしゅう》（安徽省）である。その道中、定遠出身の李善長《りぜんちょう》という人物が元璋を訪ねて来た。李善長は若い頃から書物を読んで法家の思想に通じており、知謀もあってその地方では長者として名が通っていた。儒服を着て目通りしてきた李善長に対し、元璋は尋ねた。

図18　李善長

「四方で戦闘が行われているが、何時になったら混乱は治まると思われるか」。

李善長は答えた。

「秦の世の中が乱れた時、漢の高祖劉邦は平民より身を起こしました。大きな度量で人材を抜擢し、殺人を好まなかったため、五年にして帝業を成し遂げることができました。いま元朝の政治は乱れ、天下は瓦解の寸前にあります。公は濠州のお生まれですが、濠州は高祖の生まれた沛《はい》（江蘇省）にほど近く、そこには山川の王気が立ち籠めております。公こそそれをお受けになる方であります。高祖のやり方を手本といたしますならば、苦も無く天下を平定できましょう」（『明史』李善長伝）。

この言葉が気に入った元璋は、その場で李善長を掌書記《しょうしょき》に任命し機密に参与させることにした。これ以後李善長は元璋の参謀として、武将間の意見の調停や有能な人材の抜擢に努め、のちには開国の功臣第一位の地位に列せられている。

至正一四年（一三五四）八月、色黒であるところから「黒将軍」とあだ名された花雲の活躍により、滁州はなんなく元璋の手に落ちた。この頃には元璋の軍勢は優に三万を越え、彼の活躍を聞いて離ればなれになっていた一族の者が次々と駆け付けてきた。太平郷で亡くなった長兄の子朱文正《しゅぶんせい》は母親とともに、次姉《じし》の子李文忠《りぶんちゅう》は父親に手を引かれて元璋に対面した。この時、元璋は姉もこの世を去っていることを初めて知った。当時、李文忠はわずかに一二歳。幼い彼は初対面の元璋の上着を引っ張って、無邪気に戯れたという。

「甥っ子は、わたしに母親の面影を見ているのだろうか」（谷応泰《こくおうたい》『明史紀事本末』巻一）。

幼い甥の様子を見て愛《いと》おしさの増した元璋は、同じ境遇にある沐英《もくえい》という少年とともに、李文忠にも朱姓を与えて自分の養子とすることにした。

一方、元璋が去ったあとの濠州集団内部では、相変らずの内紛が続いていた。彭大と趙均用とは争いを繰り返し、双方に多数の死傷者が出るほどであった。このごたごたの中で彭大は流れ矢に当たって死に、その子彭早住《ほうそうじゅう》があとを継いだ。だが彭早住の力量では到底趙均用に太刀打ちできず、趙の横暴はますますつのるばかり。彭大の後楯を失った郭子興も同様で、いまにも趙均用に殺されそうになった。この事態を知った元璋はかつての主人を放って置くわけにもいかず、郭子興を滁州に迎えて、彼の配下に入ることを決心した。やがて郭子興は一万余の部下を率いて滁州にやって来ると、滁陽王《じょようおう》を名乗り、元璋の軍隊をも統率することになった。

しばらくすると郭子興は讒言に惑わされ、元璋を疎んじ始めた。有能な元璋に対する嫉妬心もあっただろう。元璋の兵士をすべて奪い取ると、李善長までも引き抜いて自分の側近に置こうとした。李善長が泣いて元璋に懇願したため、かろうじて事無きを得たが、郭子興の元璋に対する態度は一事が万事この調子であった。にもかかわらず元璋の郭子興に仕える態度は恭順そのもので、子興の意向に背くようなことは決してなかった。

郭子興は、この地で王として号令をかけることに十分満足していた。それは郭子興にとって初めての経験であり、濠州での鬱屈した気持をここぞとばかりに晴らすつもりであった。だが郭子興の気持を察した元璋は、折を見て子興の機嫌を損なわぬよう忠告した。

「滁州は四方みな山で、船も商人も通りません。ちょっとの間でも安住できる土地柄ではありません」(『明太祖実録』巻一)。

元璋は滁州の糧食が早晩底を突くことをすでに見通していた。この地にとどまる限り、集団の将来は閉ざされたも同然である。膨れ上がった軍団を維持し内部の統制を保つためには、常に兵士に十分な食料を提供せねばならない。そのためにもより南方の穀倉地帯に進出する必要があった。この点において、元璋と郭子興との差は歴然としていた。郭子興には将来を展望するだけの能力が備わっていなかったからである。閉鎖的な土豪根性の限界であろうか。明朝建国後に元璋は郭子興を滁陽王として滁州で廟祀しているが、それはかつての主人の恩義に報いただけで、郭子興自身の功績の賜物ではない。郭子興とは所詮この程度の男であった。

五　金陵を目指して

大宋国の盛衰

河南・安徽方面で活動していた東系紅巾軍だが、その後も各地に進出し、その勢いはとどまることがなかった。彼らは行く先々で元軍を打ち破り、反乱に参加する民衆の数も日を追って増加し続けた。だが彼らには膨張した集団を維持し、革命を持続する上での精神的支柱に欠けていた。白蓮教の世直しの理想が掲げられてはいたが、その理想の象徴である韓山童は今はなく、紅巾軍はいってみれば暴徒の集団と化す危険性をはらんでいた。反乱に参加した広範な民衆の意志を結集するためには、精神的なシンボルが必要であった。劉福通らは必死になって、韓山童の遺児韓林児を捜し求めた。

至正一五年（一三五五）二月、劉福通らはやっと江蘇の碭山《とうざん》で韓林児を見つけだすと、亳州《はく》（安徽省）に迎えて皇帝に擁立し、国号を「宋」、「竜鳳《りゅうほう》」と建元して政権の体裁を整えた。宋の復興を掲げる彼らからすれば当然の措置であり、やがては鹿邑《ろくゆう》の太清宮の建材で皇帝の住む宮殿を造営すると、林児の王号を「小明王《しょうみょうおう》」とし、母の楊氏を皇太后にまつりあげた。杜遵道と盛文郁が右左丞相となり、劉福通と羅文素は副宰相の平章政事に任命され、劉六《りゅうろく》（劉福通の弟）は枢密院（軍事・機密関係の役所）の政務を担当することになった。

この時韓林児の称した小明王という王号が、マニ教（明教）の明に由来するものか、仏教の明王《みょうおう》にちなむものかは定かではない。また韓林児が小明王と自称したことからすれば、蜂起前の韓山童はあるいは明王と称していたのかも知れない。いずれにせよ劉福通らは、林児を小明王として担ぎあげることで、宗教的権威の弥勒仏に対する世俗的権威に押し立てたわけである。

こうして出発した宋政権だが、この体制は長続きしなかった。当初、大宋国で実権を握ったのは、右丞相の杜遵道である。彼はかつて元朝の枢密院の掾史《えんし》（下級役人）になったこともあり、宋朝政権の内部ではほとんど唯一の知識人であった。宋朝の機構・制度等も、恐らく彼の立案によるものであろう。このため韓林児の寵愛を一身に受け、次第に専横が目立つようになった。それを妬んだのが劉福通である。彼は機会を見て部下に言い含めると、杜遵道を撲殺させて自ら丞相の地位に就いた。もともと名前ばかりの皇帝であった韓林児は、これ以後完全に劉福通の傀儡となり、政務は一切劉福通のなすがままとなった。宋朝政権はその成立の当初から、内部の無統制ぶりを露呈していたといえる。

至正一七年（一三五七）六月、劉福通は全軍を三つに分けると元朝に対して北伐を開始した。関先生《かんせんせい》・破頭潘《はとうはん》らは山西・河北方面に向かい、白不信《はくふしん》・大刀劫《だいとうごう》・李喜喜《りきき》らは陝西に、毛貴《もうき》らは山東を出てさらに北方を侵犯した。元朝の守備軍の弱体もあって、彼らは破竹の勢いで進撃した。特に翌一八年五月には劉福通みずから汴梁《べんりょう》（開封）を攻撃し、守将の竹《ちく》貞《てい》も逃走したため、韓林児を迎えてここを都とすることにした。開封はかつての北宋の都である。いわば紅巾宋朝政権の権威づけのためにも、この地に都を置く必要があったわけで、この時期こそ東系紅巾軍の絶頂期であった。

こののちしばらくは、北伐軍の活躍が続く。毛貴は一時、元朝の都の大都にまで迫る勢いを見せたし、関先生らは夏の都である上都を陥落させて諸宮殿を破壊し、方向を転じて遼陽（遼寧省）をかすめ、高麗に向かおうとした。順帝は上都の諸宮殿が破壊し尽くされたため、これ以後二度と北方に巡行することはなかった。このほか李喜喜らは興元・鳳翔（陝西省）を荒らし、元軍に敗れて四川に退いたものの、その余党は甘粛・寧夏にまで進出して辺境の地を略奪して回った。

北伐軍の行動範囲は広域にわたったが、彼らは獲得した土地を継続して維持することはできなかった。根拠地を設けようともせず、横の繋がりもなかったため、獲得した土地がすぐに元側に奪回されたためである。特に各地に派遣された諸将はもともと劉福通の同輩であったことから、彼らは劉福通の命令になかなか従おうとはしなかった。勢力は盛んであったが、軍令は徹底していなかったのである。いきおい集団を維持するには、新たな攻

図19　上都の内城の南壁

撃目標が必要となり、次々と都市を攻略していかねばならない。各地で家を焼き物を掠め取り、老人や子供を食糧とするようなことも行われた。北伐軍の広域的な活動は、彼らの流寇《りゅうこう》的性格のなせるわざでもあった。

北伐軍の武将の中で唯一根拠地を設けたのが毛貴である。彼は大都攻略に失敗して山東の済南に退くと、その地に賓興院《ひんこういん》を建てて官吏の養成をしたり、萊州《らいしゅう》には屯田《とんでん》を置いたりして基盤の確立を図った。このほか収穫の一〇分の二を租税として徴収するなど、計画的な政策を行ったので、山東で三年間勢力を保持することができた。

しかしこれは例外中の例外で、大半は元朝が態勢を立て直し反撃を開始すると地滑り的に総崩れとなり、より流寇的な性格を強めていった。

至正一九年（一三五九）五月、元将チャガン・テムルは陝西・山西の軍隊を率いて開封を包囲した。大宋国の軍隊はたびたび出撃しては戦ったものの、そのつど敗北を喫し、籠城すること一〇〇余日に及んだ。やがて食糧も底をつき、なすすべもなくなった劉福通は、韓林児を一〇〇騎の兵で護衛すると、元軍の包囲網を突破し開封を抜け出して安豊《あんぽう》（安徽省）に逃れた。このとき韓林児の後宮の婦女や玉璽、並びに官僚の印章はことごとくチャガン・テムルに没収されてしまった。まさに伝統的王朝の末路と同じような光景が、そこでは繰り広げられた。

当時、山東の毛貴は濠州集団から別れた趙均用に殺されていたが、趙均用自身が部下に殺されるといった体《てい》で、大宋国内部では味方同士が攻撃し合うようになった。また宋軍の武将の中には元軍に寝返りする者も出てくるありさまで、各地を転戦していた諸部隊も、多くの者が逃走したり戦死したりして戦力的にも大きく後退していた。開封に都を置いてからわずか数年足らずで大宋国の権威は失墜し、かつての理想も色褪せたものになってしまったわけだ。

郭子興の死

劉福通らが江蘇の碭山で韓林児を見つけだし、皇帝に即位させた至正一五年（一三五五）の初頭、郭子興に率いられた滁州の軍隊は食糧の欠乏に直面していた。この事態を打開するために、元璋の意見に基づいて和州《わしゅう》（安徽省）を攻撃することが決定し、元璋は郭子興の軍隊と協力して和州城を攻略した。やがて和州を奪取すると郭子興は元璋に命じて諸将を統括させ、その地の守備に当たらせた。ところが和州に入城して以後、諸将は傍若無人にふるまって略奪や殺人を繰り返し、婦女をかっさらっては暴行をはたらくばかり。これを見た元璋は諸将を呼び寄せると、次のように固く厳命した。

「諸君が滁州よりやって来たのは、人の妻女を掠め取るためか。軍中には一切の規律もないではないか。こんなことでどうして民衆を安心させることができよう。奪い取った女たちは即刻帰宅させせよ」（『明太祖実録』巻二）。

この措置により、和州の民心は幾分平静さを取り戻すことができた。

それでも郭子興の部下である諸将の中には、元璋に対して面従腹背の態度をとる者が多かった。ある時元璋は和州城の補修工事を諸将と分担して行うこととし、自分は期限通りに完成させた。ところが諸将の任された箇所は手つかずの状態で、一向に行う気配がない。怒った元璋は諸将を集めると天子にならって南面して座り、郭子興の檄文を掲げて声を張りあげて言った。

「私は郭公の命令を受けて工事を行っているのであり、これは私の一存で決めたことではない。現在工事は期限通りに行われているとはいい難く、こんなことでは大事を成就することもかなうまい。今後私の命令を守らない者は、軍法をもって処罰する。とくと心されよ」(『明太祖実録』巻二)。

元璋のあまりの剣幕に怖じけづいた諸将は、以後元璋の命令を聞くようになった。

同年(一三五五)三月、かつて郭子興と対立していた孫徳崖が、突如部隊を率いて和州に現れた。濠州も食糧難に陥り、やむなく元璋を頼ってやって来たのである。この時二人のことを郭子興に告げ口する者がいたため、心配になった子興は急ぎ滁州から和州に駆け付けた。元璋は子興のこの軽弾みな行動をたしなめたが、あとの祭りであった。案の定、郭軍と孫軍との間に小競り合いが生じ、和州城内は混乱に陥り双方に多数の死傷者が出た。

この戦闘で孫徳崖は郭軍の捕虜となったが、一方で元璋も孫徳崖の部下に捕らえられてしまった。子興は徳崖に対して積年の怨みを晴らすつもりであったが、元璋を失うことの代償には替え難く、やむなく交換条件をのんで徳崖を釈放したため、気が晴れず面白くなかった。そういうこともあってか、その後の子興はめっきり口数も減り、鬱々とした日々を過ごしていたが、まもなく病を得て死んでしまった。やがて和州で型通りの葬儀を行うと遺体は滁州に運ばれ、その地に埋葬して「滁陽王」として祀られることになった。

主人をなくした和州軍団は、早急に今後の方針を立てる必要があった。今まで元璋が主導的な役割を果たしていたとはいえ、郭子興という後楯があってのことであった。その子興がいなくなった現在、集団は急速に求心力を失い、分裂含みの危機的状況に陥ってしまったからだ。

この時先手を打って動いたのは、子興の妻の弟の張天佑《ちょうてんゆう》である。張天佑は子興のもとで武将として活躍していたが、当時飛ぶ鳥を落とす勢いを見せていた大宋国の威信にすがろうとし、都の亳州に出向いて韓林児の檄文を持ち帰ったのである。そこには子興の子の郭《かく》天叙《てんじょ》を都元帥に、張天佑を右副元帥、元璋を左副元帥に任命するとしたためられていた。元璋は自分の与り知らぬところで事が進められたことに不満であった。どうやら天佑と天叙の策謀らしい。

「男子たるもの、どうして人の節制など受けられようか」（『明太祖実録』巻三）。

彼は徐達らに向かってそう叫んでみたが、もちろんまだ独立するだけの勢力を持ち合わせていない。それに小明王の権威は、今後の自軍の拡大にも大いに利用できそうである。元璋は徐達らの意見を入れて、左副元帥の任を受けることにした。これ以後元璋は、小明王韓林児の臣下として大宋国の一翼を担うことになる。といって小明王の直接の統制下に入ったわけではなく、その後の行動は相変らず大宋国とは別個に行われた。元璋にとり小明王は、一つの権威として自己を庇護する存在でありさえすればよかった。

ちょうどこの頃、虹県出身の鄧愈《とうゆ》と懐遠県（安徽省）出身の常遇春《じょうぐうしゅん》が元璋の武名を聞いて帰順してきた。二人はのちに大きな戦功を立て、ともに開国の功臣に列せられているが、とりわけ元璋の片腕として目覚ましい活躍を見せたのが常遇春である。彼はもともと盗賊の劉聚《りゅうしゅう》の下で略奪にたずさわっていた人物で、並み外れた腕力を持ち、弓の達人でもあった。ある日のこと、たんぼの中で居眠りをしていると、夢の中に金の甲冑《かっちゅう》を着けた神人が現れ、常遇春に呼び掛けた。

「起きよ。起きよ。主君のおいでだ」。

その声に驚いてはっと目覚めると、元璋とその軍団が通り過ぎるところであった。急いで跳び起きて元璋の馬前に走り出ると、朱軍団に参加したい旨を告げた。

「お前には主人がいるではないか。その主人からお前を奪うわけにはいかぬ」(『明史紀事本末』巻二)。

元璋の言葉を聞いた常遇春は、劉聚には遠大な志のない旨を涙ながらに訴え、許しを得ないまま居座ってしまった。元璋も常遇春の行動を、ことさら咎めようとはしなかった。この常遇春の能力が発揮されるのは、それからほどなくしてのことである。

渡江

郭子興を失った元璋だが、すでに彼の脳裏には一つの青写真ができ上がっていた。それは長江を渡り、元朝の江南の拠点である集慶《しゅうけい》(金陵、現在の南京)を奪い取り、そこに根拠地を置くことであった。金陵は三国呉の時に都を置かれて以来、江南の一大中心地として発展を遂げ、南北朝時代には南朝歴代の国都となっている。隋代に大運河が開かれてのちは、その起点である東の揚州《ようしゅう》にその地位を譲ったが、それでも江南の政治・文化の中心地として大きな比重を占めていた。元朝も江南経営の拠点として当地に江南行御史台《こうなんこうぎょしだい》を置き、軍・民に対して常に監視の目を光らせていた。政治的・戦略的にいっても恰好の位置にあったからで、それは定遠攻略時に朱軍団に参加した馮国用が、金陵の重要性を主張したことにも示されている通りである。

しかし金陵を取るには長江を渡らねばならない。元璋にはそのための船の用意がなかった。この頃、和州の西方の巣湖《そうこ》という湖に、一群の湖賊が跳梁していた。その頭目は廖永《りようえい》安《あん》・廖《りよう》永《えい》仲《ちゆう》兄弟および兪廷玉《ゆていぎよく》とその子通海《つうかい》・通源《つうげん》らで、彼らは一万人余りの手下を従え、水砦を築いて略奪をこととしていた。ところが巣湖の目と鼻の先にある廬州には群盗の首領である左《さ》君弼《くんひつ》がおり、巣湖一帯を制圧下に置いて廖永安たちの活動を妨害していた。これに悩んだ廖永安らは間道を通って元璋によしみを通じ、協力を申し出てきたのである。この報に接した元璋が狂喜したことはいうまでもない。

「これはまさに天のご意志だ。この機会を逃してはならぬ」(『明史紀事本末』巻一)。

元璋は自ら巣湖に向かうと廖永安らの船を接収し、途中元軍の攻撃を撃退しつつ和州に戻った。

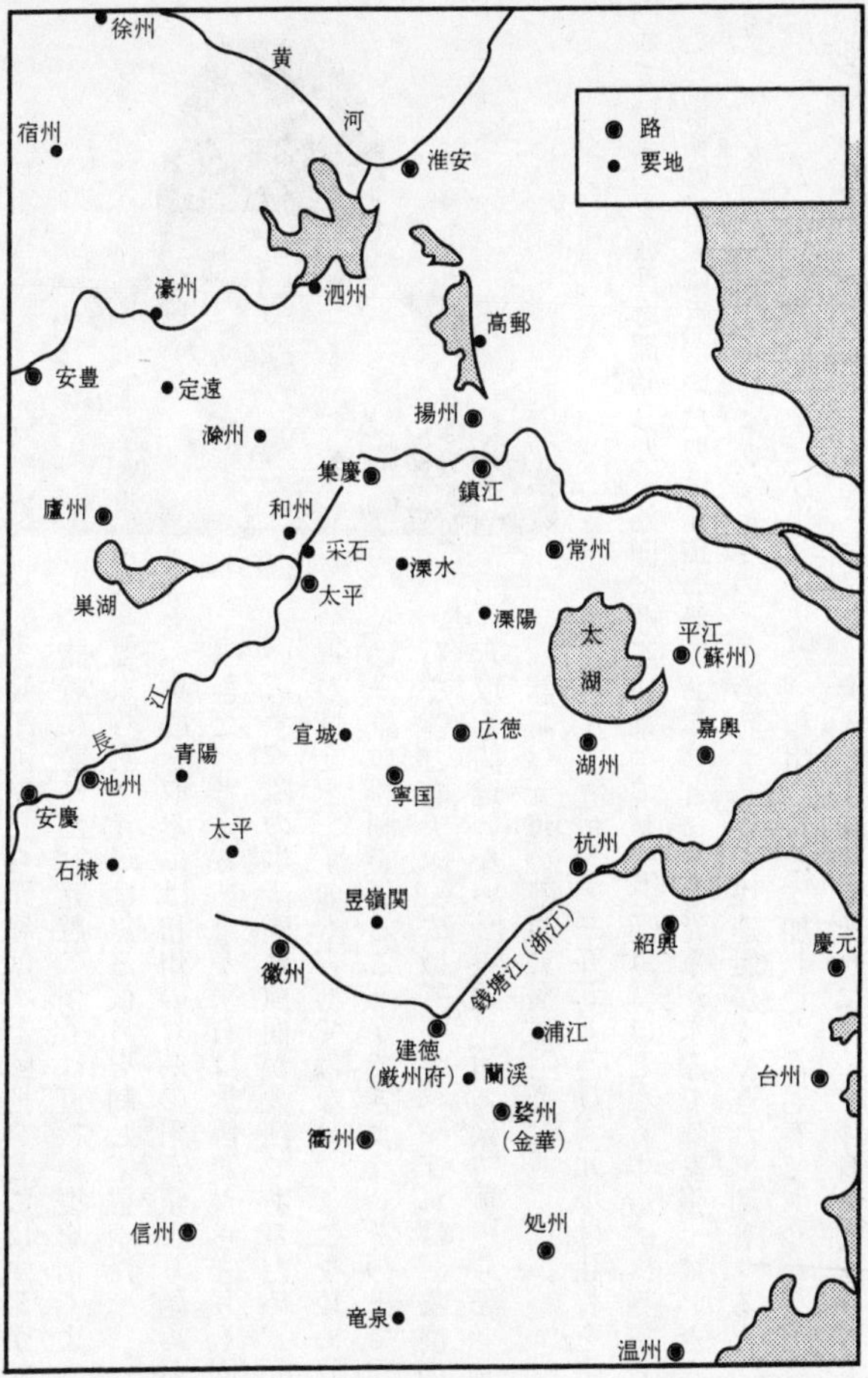

路
要地
徐州
黄
河
宿州
淮安
濠州
泗州
高郵
安豊
定遠
揚州
滁州
集慶
鎮江
廬州
和州
采石
常州
溧水
太平
巣湖
溧陽
太
湖
平江
(蘇州)
長
江
宣城
広徳
嘉興
湖州
青陽
池州
寧国
安慶
太平
杭州
石棣
昱嶺関
紹興
慶元
徽州
銭塘江(浙江)
浦江
建德
(厳州府)
蘭渓
台州
婺州
(金華)
衢州
処州
信州
竜泉
温州

図20　長江流域図

図21　常遇春

渡江に先立ち元璋は、上陸地をどこにするかで諸将に諮った。諸将の多くは直接集慶を衝くよう要求した。元璋は焦る彼らを制して言った。

「集慶を取るには和州の対岸の采石鎮《さいせきちん》より始めるべきだと考える。だが采石は重鎮だから守りも固い。すぐ隣の牛渚磯《ぎゅうしょき》は前面が大江であるため、元軍が備えをなすのも容易ではない。ここを攻めれば一気に勝利を得ることができよう。その上で采石を落とし太平《たいへい》（安徽省）を攻略すれば、集慶の奪取も間違いない」（夏燮《かしょう》『明通鑑《みんつがん》』前編巻一）。

諸将は元璋の意見に賛成した。

至正一五年（一三五五）六月、元璋は諸将を率いていよいよ渡江を開始した。船団は順風に乗って整然と進み、ほどなく牛渚磯に到着した。最初に河岸に近づいたのは元璋の船である。ところが元軍が水際で陣を張っていたため、なかなか上陸することができない。この時、一隻の快速艇がやや遅れて到着すると、中から一人の男が勢いよく飛び出して来た。和州で新たに加わった常遇春であった。彼は戈《ほこ》を揮《ふる》い喚声を上げて真っしぐらに敵陣に突入し、諸軍もそれに続いて渾身の力をふりしぼって戦ったため、采石の元軍は壊滅状態となった。長江沿いに保塁を築いていた元軍も、この形勢を見て次々と降伏してきた。

采石を陥落させたものの、元璋は安穏としているわけにはいかなかった。諸将や兵士たちが、こぞってその地で略奪を始めたからである。和州に残している妻や家族のために、ありったけの戦利品を持ち帰ろうというわけだ。この様子を見た元璋は、徐達に相談を持ちかけた。

「幸い渡江作戦は大勝利を得ることができたが、いまもしこの地を捨てて和州に戻れば、集慶を奪い取ることは永久に不可能となろう」。

徐達の同意を得た元璋は、全軍に命令を出して船のとも綱を切り急流の中に放った。自軍の帰路をふさぐことで、郷里との関係を完全に断ったのである。河岸から離れて沖合に流れて行く船を背に、元璋は動揺する諸将に向かって言った。

「太平は目前である。貴公らとともにこの地を取って富貴を得ようではないか」(『明史』太祖本紀)。

この一言で、諸将や兵士たちの士気が再び鼓舞された。太平に行けば、さらなる富貴が得られるに違いない。彼らは元璋の言葉に、一斉に声を挙げて応じた。

明くる六月二日、元璋の部隊はなんなく太平を攻略した。太平路を守っていた万戸(軍の司令官)のナガチュは捕らえられ、総管《そうかん》(路の長官)の靳義《きんぎ》は入水して果てた。元璋は

図22　陶安

元朝のために殉じた靳義の行動に感銘を受け、しかばねを収めると「忠義の士である」とつぶやき丁重に葬った。じじつこの頃になると、元璋は体制護持の立場を前面に打ち出すようになっていた。靳義の行動に感動したのもその表れだが、さらに積極的には秩序を乱す者に対して、味方であろうと厳刑に処したことである。

太平に入城した当日、元璋は采石での約束を翻して、李善長に命じて略奪を禁じる触れ書を城中の各所に掲げさせた。一兵卒が禁令に違反した。采石での兵士の振る舞いに懲りていた元璋は即刻市中で首をはね、他の者のみせしめとした。このため軍中は粛然とし、これ以後元璋の兵卒で略奪を働く者はなくなった。

元璋が他の群雄とは異なり、略奪や殺人を厳禁していることは、地主や知識人に安心感を与えるものであった。元璋のもとに馳せ参じる知識人も日を追って増えてきた。太平の著名な儒者である陶安《とうあん》と李習《りしゅう》は、元璋が太平に入城するとさっそく父老を引き連れて出迎えた。この時陶安が元璋に語った言葉の中に、当時の知識人の意見が代弁されている。

「現在、天下は混乱し、豪傑が並び立っております。しかし彼らの目的は婦女・玉帛《ぎょくはく》にあり、混乱を収めて民衆を救済し、天下を安んじようという心は持ち合わせていません。閣下は渡江以来、武徳を輝かせ「不殺」を掲げてこられたため、人民は悦服しております。このまま天意に応え民意に順って討伐を行えば、天下は労せずして平定することができましょう」。

陶安の言葉を聞いて意を強くした元璋は、かねてからの自分の考えを打ち明けたくなった。

「私は金陵を取ろうと思っているのだが、どうであろうか」。

これに対する陶安の返答は、かつて定遠で馮国用が語った言葉とまったく同じであった。

「金陵はいにしえの帝王の都でございます。この地を奪って保有し、地勢を利用して四方に打って出れば、向かうところ敵なしでございましょう」(『明史』陶安伝)。

ますます意を強くした元璋は、陶安を幕下にとどめ、機密に与らせることにした。

やがて元璋は太平路を太平府に改めると、その地に軍事と行政を司る太平興国翼元帥府《たいへいこうこくよくげんすいふ》を置き、自ら大元帥となった。李善長を帥府都事《すいふとじ》、潘庭堅《はんていけん》を帥府教授《すいふきょうじゅ》、汪広洋《おうこうよう》を帥府令史《すいふれいし》、陶安を参幕府事《さんばくふじ》に任命し、李習には知府事《ちふじ》として太平府の行政を担当させた。大元帥を名乗ったことで、すでに韓林児によって都元帥に任命されていた郭天叙と肩を並べたわけで、元璋の地位は一気に高まることになった。郭天叙の焦りが増したことは、想像に難くない。

この年の九月、太平の富豪陳迪《ちんてき》の家で元璋の長男、のちの皇太子朱標《しゅひょう》が誕生した。戦闘に明け暮れ家庭を顧みる暇のなかった元璋にとり、待望の男子誕生であった。

集慶陥落

太平を手に入れたものの、四方は依然として元軍に囲まれたままであった。元将のマンジハイヤやアルクゥイらは、元璋が去ったあと船団を率いて采石を奪回し、元朝の義兵元帥陳埜先《ちんやせん》とその将康茂才《こうもさい》は、数万の軍をもって水陸二方向から太平城に迫った。元璋は自ら軍隊を率いて防戦する一方、徐達と鄧愈に奇襲隊を与えて陳埜先の後方に回らせ、両面から挟み撃ちして陳埜先を捕らえた。このためアルクゥイらは一旦退き、対岸の峪渓口《よくけいこう》に駐屯した。

元璋は陳埜先の能力を見込み、殺さずに自分の部下にしようと考えた。ところが陳埜先はすきを見ては元側に寝返ろうと、機会をうかがうばかりであった。陳埜先の気持を察した元璋は、彼を呼び寄せて言った。

「人にはそれぞれ心というものがある。元朝に従うか私に従うかは、汝の心次第だ。あえて強制はすまい」(『明太祖実録』巻三)。

こう言うと彼を釈放して帰らせた。陳埜先は残存兵を集めると集慶のすぐ近くの板橋《はんきょう》に陣を張り、集慶にいる元の江南御史大夫福寿《ふくじゅ》と連携する態勢を取った。この間、元璋は徐達に命じて溧水《りっすい》・溧陽《りつよう》・句容（江蘇省）・蕪湖《ぶこ》（安徽省）を攻略し、集慶を南側から遠まきに包囲する態勢を作り上げ、来たる集慶攻撃に備えた。

ところが同年九月、都元帥の郭天叙と右副元帥の張天佑が、元璋を出し抜いて自分たちだけで集慶攻撃を強行してしまった。彼らにすれば、かつては自分たちの部下に過ぎなかった元璋が、日増しに主導権を握って行くのが面白くなかったのだ。ここで一気呵成《いっきかせい》に勢力の逆転を狙ったわけだが、このかけは裏目に出た。福寿と手を組んだ陳埜先の反撃により、郭・張ともに戦死してしまったからである。残った郭軍の兵力は、労せずして元璋の統制下に入ることになった。

こののち韓林児はあらためて郭天叙の弟の天爵《てんしゃく》を中書右丞に任命するが、実権は元璋が握っており、やがて天爵は元璋に些細な口実を設けられ殺されてしまう。この時点で郭子興の子孫は元璋の側室となった一人娘を除き、完全に途絶えてしまった。この事実は言い換えれば、郭子興亡きあと実質的には元璋を中心としながらも、名目的には集団指導体制をとっていた郭軍団が、名実ともに元璋に一本化されたことを意味する。郭軍団は朱元璋軍団へと発展的解消を遂げたわけで、元璋の一人立ちの始まりでもあった。

翌至正一六年（一三五六）二月、元璋は常遇春を派遣して、采石に駐屯していたマンジハイヤの軍に壊滅的な打撃を与え、長江の航行権を握った。これによって今まで途絶えていた和州と太平との連絡が再び可能となった。同じ頃、高郵に拠っていた群雄の張士誠は弟の張士徳《ちょうしとく》を派遣して平江《へいこう》（蘇州）を落とすと、引き続き湖州《こしゅう》（浙江省）・松江《しょうこう》・常州《じょうしゅう》（江蘇省）等の浙西の各地を占領した。このため元朝の主力軍は張士誠討伐に向かい、元璋に対する備えが手薄になった。この間隙を衝いて、朱軍団の集慶攻撃が一斉に開始される。途中、死亡した陳埜先に代わったその子陳兆先《ちんちょうせん》を破り、三万六〇〇〇人の降卒を得た。元璋はその中から屈強な兵士五〇〇人を選び、直属の部下とすることにした。ところが彼らは元璋の真意を計りかね、落ち着かない様子であった。その夜、元璋は彼らを自分の周りに寝かせると、馮国用一人だけ残して供の者を遠避け、甲冑を脱いで安眠してみせた。この行為により、彼らは翌朝になるとようやく安心するようになった。

三月一〇日、集慶城への攻撃が開始された。先陣を切って敵地に突っ込んだのは馮国用の一軍である。彼らは鍾山《しょうざん》（南京郊外の東北部にある山）で元軍を打ち破り一路城下に迫った。他の諸軍もそれに続いて到着し、雲梯《うんてい》（城を攻める梯子車）を使って城壁をよじ登ると、雲霞《うんか》のようになだれ込んだ。元将の福寿は善戦したが、勢いづいた元璋軍の敵ではなかった。最後は力つきて戦死した。マンジハイヤは張士誠のもとに逃れ、康茂才は部下を引き連れて降伏した。双方死力をつくした戦闘は、わずか一日で決着を見たのであった。

戦闘が収まると、元璋は勇躍集慶城に入城した。すぐさま元朝の官吏と父老が集められ、不安におののく彼らに向かって次のように宣言した。

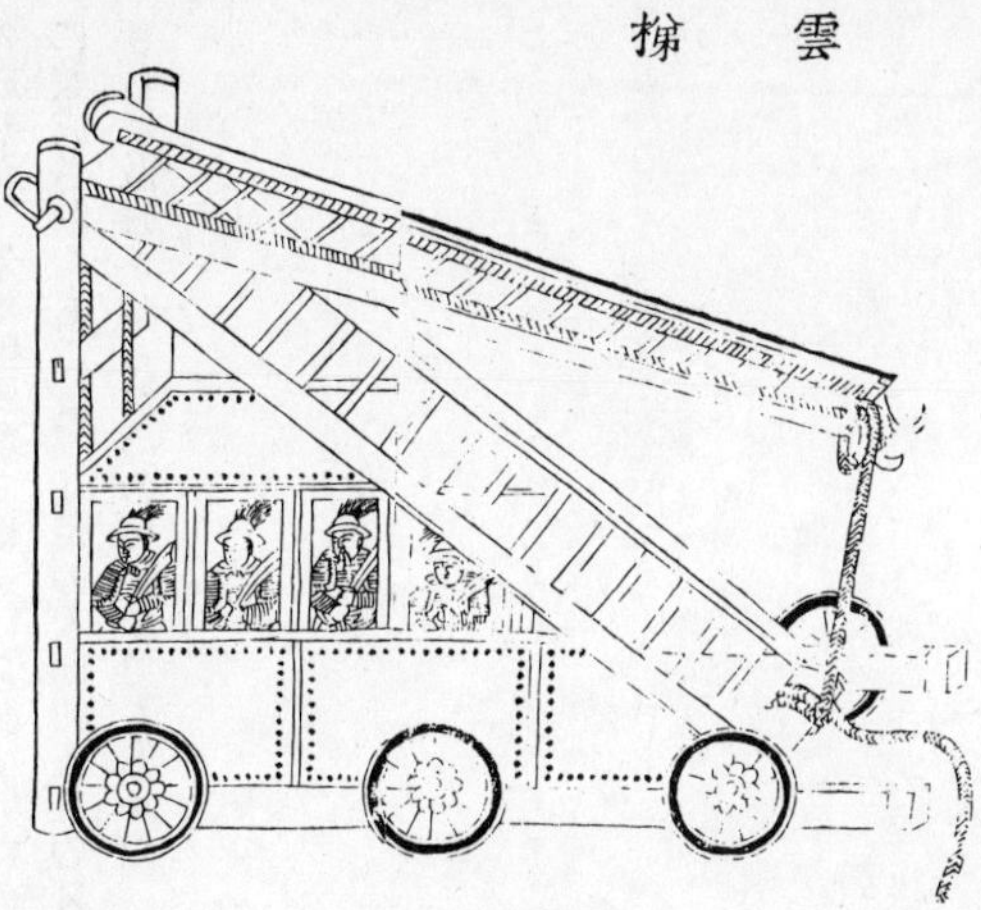

図23　雲梯

「元朝が政治を誤ったために、各地に紛《ふん》擾《じょう》が起こったのだ。わたしがここにやって来たのは、人民のために混乱を除くためで他意はない。汝らは以前通り安心して生活するがよい。賢人・君子は礼をつくして用いよう。元朝の政治で不都合な点があれば、すべて取り除こう。官吏は利を貪って我が人民を苦しめてはならぬ」（『明太祖実録』巻四）。

この言葉を聞くと、城内の軍人も民衆も歓喜して祝いあったという。

この時、元璋は城内で組織されていた民兵五〇万人を接収し、自軍に入れて戦力の補強を図っている。また集慶路を「応天府《おうてんふ》」に改めると、儒者の夏煜《かいく》・孫《そん》炎《えん》・楊憲《ようけん》ら一〇余人を新たに採用した。元朝に殉じた福寿を礼葬することも忘れなかった。これらの措置が抜かりなく遂行された。すでにそれらを行うだけの軍団としての成熟が、朱集団内部では遂げられていたのである。それは朱軍団が南下する過程で次第に醸成されたもので、元璋の人間的成長の証しに他ならなかった。集慶の獲得は、それをさらに徹底させるための第一歩でもあった。

六　浙東地方の経略

呉国公となる

応天を手に入れたからといって、それですべてが終わったわけではもちろんない。当時の応天は四方を元軍に囲まれ、いつ攻撃を受けてもおかしくない状態にあった。例えば応天のすぐ東隣の鎮江《ちんこう》には元将ディンディンがおり、南の寧国《ねいこく》（安徽省）にはベク・ブカと楊仲英《ようちゆうえい》が駐屯していた。元の青衣軍の張明鑑《ちようめいかん》は東北方の揚州（江蘇省）に拠り、バルス・ブカは徽州（安徽省）を、石抹宜孫《せきまつぎそん》は南方の処州《しよしゆう》（浙江省）を守っていた。その弟の石抹《せきまつ》厚孫《こうそん》と宋バヤン・ブカは、それぞれ婺州《ぶしゆう》（浙江省金華）と衢州《くしゆう》（浙江省）の守備に当たっていた。また湖北から江西にかけての広大な地域と、池州《ちしゆう》（安徽省）を中心とする安徽省南部はすでに天完国の徐寿輝に制圧され、平江に拠点を置く張士誠は江蘇の東南部で勢力を拡大しつつあった。

当時華中方面で元璋を始めとする反乱軍が活動できたのは、大都を中心とした元朝の主力軍が江北の大宋国に気をとられ、彼らに十分に対処できなかったからである。大宋国は華中の反乱軍にとり、防波堤の役割を果たしていたわけだ。この間に徐寿輝と張士誠は、一気に勢力を築き上げてしまった。そこに元璋が割って入り込んで来たのである。遅れてやって来た元璋が新たな領土を拡大していくには、東西に勢力を張る徐寿輝や張士誠を避け、よりいっそう南方に突き進んでいくしかない。元璋は当面の攻撃目標を南方の元軍に定めた。

応天獲得後、日を置かずして徐達を大将軍、湯和を副将軍に任命すると、東隣の鎮江攻略に取りかかった。出発に先立ち、元璋は徐達らを戒めて次のように訓諭した。

「私は挙兵して以来、いまだかつて妄りに人を殺したことはない。汝らは私の心を体し、よくよく士卒を戒めよ。城を陥落させた際には、焚掠《ふんりゃく》殺戮をこととしてはならぬ。命令に背く者は、軍法をもって処罰せよ。黙認して放任するような諸将がおれば、決して赦してはならぬ」（『明太祖実録』巻四）。

徐達らはひれ伏して命令を聞いた。同月一六日、鎮江を攻撃し、わずか二日で陥落させた。守将の段武《だんぶ》とディンディンは戦死した。入城後、徐達軍は元璋の命令をよく守り、軍紀は保たれたので城内は平静そのものであった。やがて徐達と湯和は軍隊を二手に分けると、鎮江の南の金壇《きんだん》（江蘇省）や丹陽《たんよう》（江蘇省）等の諸県を制圧した。

一方、徐達に遅れること三月、鄧愈や邵成《しょうせい》らの別動隊は広徳《こうとく》（安徽省）に向かい、その地を奪取すると広興府《こうこうふ》と改め、鄧愈が守備に当たった。彼らは同年末には武康《ぶこう》・安吉《あんきつ》（浙

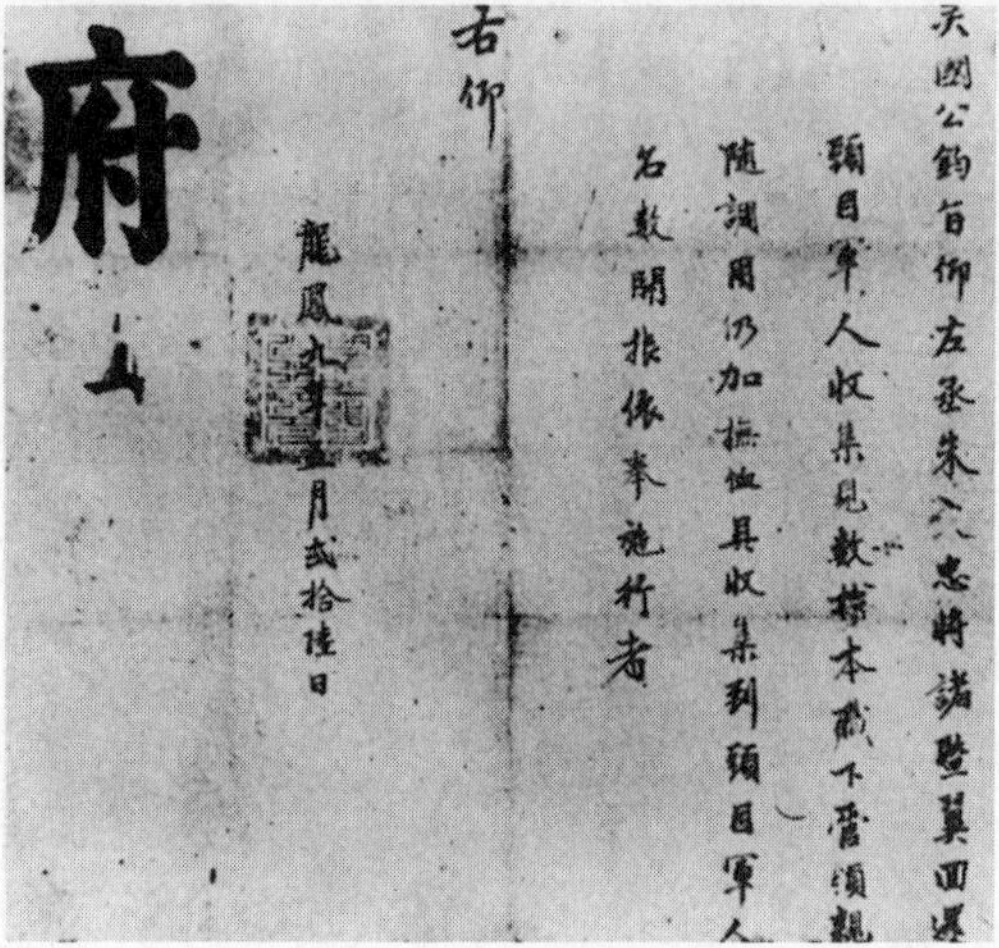

吳國公鈞旨仰左丞朱文忠將諸暨冀回渡
頭目軍人收集見數揀本處下營須親
隨調用仍加撫恤具收集到頭目軍人
名數開坐依奉施行者
右仰
府
龍鳳九年[illegible]月貳拾陸日

図24　朱元璋の徴兵令状

江省）を落とし、さらに進んで浙東《せっとう》（浙江省東部）をうかがう態勢を取った。

次々と戦勝報告が届けられる中、応天での政権作りも着々と進められていた。七月、元璋は諸将に推戴されて「呉国公」となると、応天に江南行中書省《こうなんこうちゅうしょしょう》を置いて自ら省事を統べ、元朝の江南行御史台の建物を省府とした。行中書省とは中央政府である中書省の出先機関で、元朝の制度にならったものである。ここで行中書省を名乗ったのは、あくまでも大宋国を中央政府として掲げていたためで、じじつ呉国公という称号も建前上は小明王から与えられている。それゆえ大宋国の竜鳳という年号も、そのまま使用された。

元璋は行政府としての江南行中書省

の長官となると、参議に李善長と宋思顔《そうしがん》を任命し、李夢庚《りぼうこう》や陶安らを郎中《ろうちゅう》・員外郎《いんがいろう》等の官につけた。この他、軍事機関としては江南行枢密院を置き、徐達と湯和にその役職を担当させた。呉国公直属の親衛隊である帳前親軍《ちょうぜんしんぐん》は馮国用に任せ、監察機関として提刑按察司《ていけいあんさつし》も設置した。これらの措置により元璋は、押しも押されぬ地方政権の一領袖として江南に号令を発する立場に立った。

政権の体裁が整うにつれ、必然的に要求されるのはそれを運営するための官僚群である。元璋は以前にも増して知識人の獲得に意を注ぐようになった。例えば元璋は徐達が鎮江攻撃に向かう際、前もって次のように言い含めることを忘れなかった。

「鎮江には秦従竜《しんじゅうりゅう》という立派な儒者がいる。城内に入ったら探し求めて、私の気持を伝えよ」(『明太祖実録』巻一八)。

秦従竜は洛陽《らくよう》(河南省)出身の儒者で、かつて元朝に仕えて江南行御史台の侍御史《じぎょし》(官吏の糾察を司る官)にまでなっていたが、年老いたこともあり、元末の兵乱を避けて鎮江に隠遁していたのである。秦従竜発見の報告を受けると、元璋はさっそく甥の朱文正に白金・文綺《ぶんき》を持たせて応天に招かせた。その喜びようは、元璋自ら応天郊外の竜江《りゅうこう》にまで出迎えるほどであった。対面後、秦従竜は再び鎮江に帰って行ったが、元璋は事あるごとに漆簡(漆塗りの木簡)に書をしたためて伺いを立て、意見を問うことを常とした。その問答はきわめて詳密で、元璋の側近ですらその内容を知る者はいなかった。また元璋は常に秦従竜のことを「先生」と称し、名前を呼ぼうとはしなかった。

知識人の協力を得られるか否かで、政権の将来が左右されることを、元璋はすでに明確に認識していた。同年九月、元璋は鎮江に赴くと、当地で孔子廟参拝というパフォーマンスを演じて見せた。孔子は体制イデオロギーである儒教の開祖である。元璋は、この行為を通じておのれの体制擁護者としての立場を前面に打ち出し、知識人のさらなる協力を得ようとしたわけだ。この時、鎮江近辺の村々に配下の儒士（儒学的教養の保持者）を派遣し、村の父老を集めて農業や養蚕の奨励も行わせている。これもまた朱政権が単なる略奪集団ではなく、秩序維持を目指していることを印象づける措置であった。

念願の応天獲得を果たし、得意の絶頂にあるべき元璋に、ただ一つ気掛かりなことがあった。一七歳の時に両親を失って以来、天涯孤独の境遇をかこってきた元璋は、自分のルーツに対する並々ならぬ関心があった。すでに太平を手に入れた頃から、折にふれ脳裏をかすめていたのは、父朱五四の次のような言葉であった。

「われわれの祖先は代々句容に住み、その地は朱家巷《しゆかこう》と呼ばれている。今でも一族の者が住んでおるはずじゃ」（徐禎卿『翦勝野聞』）。

渡江以来、積年の思い断ち難く、いつか郷里を訪ねて一族の者と対面することを心に念じていたのである。いま応天が我が手に落ちてみれば、句容は応天からわずか四〇里（一里は約五六〇メートル）ばかり。元璋はさっそく使者を出して、一族の者を呼び寄せた。

元璋の求めに応じて、親類縁者がこぞって応天に駆け付けた。その数四〇余名。元璋は感涙にむせびながら、彼らと対面した。その夜、元璋は彼らと酒を汲み交わし、夜を徹して歓談した。彼らの話によれば、朱氏一族の系譜は、五世代前の高祖朱仲八《しゅちゅうはち》以前はすでに不明だとのこと。朱仲八とその子朱百六《しゅひゃくろく》およびその孫朱四九《しゅしきゅう》は朱家巷に葬られ、元璋の祖父の朱初一《しゅしょいち》は泗州に墓があるとのことだった。父の朱五四は元璋自ら鍾離で埋葬したのだから、元璋は三カ所に祖先の墓を持つことになる。元璋は対面の喜びとともに、いまさらながら自分のたどった境遇に思いを馳せ、涙を禁じ得なかった。

彼らはしばらく応天に滞在したあと、沢山のみやげを手に満足げに朱家巷に帰って行った。その後、元璋が彼らと再び対面したという記録はない。ルーツが確認できただけで十分だったのだろう。元璋にとり、ほんの束の間の現実逃避行であった。

浙東進出

至正一七年（一三五七）四月、元璋は徐達と常遇春に命じて寧国（安徽省）の攻撃に向かわせた。守将のベク・ブカと楊仲英は城門を閉じて抗戦したため、なかなか下すことができなかった。常遇春も流矢に当たって負傷し、戦況は長期戦の様相を呈してきた。この事態を憂慮した元璋は自ら軍隊を率いて救援におもむき、飛車《ひしゃ》（快速の戦車）と頑丈な竹《たけ》矢来《やらい》（矢よけの防具）を備えて一斉攻撃をかけたので、楊仲英らは守りきれず、城門を開いて降伏した。この時、降卒一〇万人と馬二〇〇〇頭を得た。

同年七月、績渓《せきけい》（安徽省）を落とした鄧愈と胡大海《こだいかい》は、勝に乗じて徽州（安徽省）に攻め入った。守将のバルス・ブカは敗走し、万戸の呉納は自殺したので、鄧愈が守備に当たることになった。ところが徽州の危急を聞いた江浙参政の楊オルジェイが、杭州から一〇万の兵を率いて奪回を図ってきた。婺源《ぶげん》（江西省）の攻撃に向かっていた胡大海は、報せを受けてすぐ引き返し、城内の鄧愈軍と挟み撃ちにしたため、かろうじて徽州を守ることができた。

当時、揚州にいた青軍元帥の張明鑑は、毎日人を殺してはその人肉を食らっていた。元璋は繆大亨《びゅうたいこう》に命じて彼を攻撃させ、張明鑑を捕らえるとともに、兵士数万人と馬二〇〇〇頭を手に入れた。

至正一八年（一三五八）二月、李文忠らは別動隊を率いて青陽《せいよう》・石棣《せきてい》・太平・旌徳《せいとく》（ともに安徽省）の諸県を下し、浙江に入った。昌化《しょうか》で苗《ミャオ》族と猺《ヤオ》族の編成部隊を打ち破り、婦女や大量の輜重《しちょう》を奪い取った。兵士たちが色めき立っているのを察した李文忠は、即刻婦女の首をはね輜重を焼き払ったので、軍中は粛然とした。

応天近辺の掃討作戦を完了した元璋は、翌三月になっていよいよ浙東への攻撃を諸将に命じた。目指すは浙東の要地婺州《ぶしゅう》（金華）である。李文忠・鄧愈・胡大海は軍を合流させてまず徽州の東南方の建徳を攻略し、引き続き李文忠は東の浦江《ほこう》県へ、胡大海は南の蘭渓《らんけい》県へと向かい、それぞれ六月と一〇月に両地を奪取した。両面から婺州を包囲攻撃しようというのである。

かたや婺州を守備していたのは契丹《キタイ》族出身の石抹厚孫《せきまつこうそん》であり、彼は守りを固めて徹底抗戦に出たため、李文忠らはなかなか攻略することができなかった。元璋は徐達と李善長に応天を任せ、常遇春とともに一〇万の大軍を率いて救援におもむき、一二月に蘭渓に到着した。ここで元璋は和州出身の儒者王宗顕《おうそうけん》を遣わし、婺州の様子を探らせた。王宗顕は婺州の守将たちの意見が不統一であるとの情報を得、帰って元璋に報告した。喜んだ元璋は、「婺州を得たならば、汝を知府（府知事）に任命しよう」（『明史』王宗顕伝）。

と言って、王宗顕の働きをねぎらった。

婺州の南の処州には、石抹厚孫の兄石抹宜孫《せきまつぎそん》が守備していた。彼は婺州救援のために戦車一〇〇輛を作り、参謀の胡深《こしん》に与えて攻撃に向かわせた。これを聞いて元璋は言った。

「敵は臨機応変に対処できぬとみえる。こんな山道を戦車がどうして通ることができるのか。精兵をもってさえぎれば、その勢いは簡単にくじけてしまうだろう。援軍が敗れれば婺州城も労せずして下るに違いない」（『明太祖実録』巻六）。

案の定、胡深の軍隊は大敗北を喫し、孤立した城内の軍もほどなく元璋に降伏した。

一二月二〇日、元璋は婺州城に入城すると、兵士の略奪を禁じるとともに、当地に江南行中書省の分署の中書分省を設置して政治の中枢機関とした。軍事面では金華翼元帥府《きんかよくげんすいふ》を置いて軍政を統括させた他、婺州路を寧越府《ねいえつふ》（のちに金華府と改める）として約束通り王宗顕を知府に任命した。また儒士の許元《きょげん》・胡翰《こかん》ら一〇余人を中書分省内に招いて会食し、以後毎日二人ずつ元璋の面前で講義を行わせることにした。さらに王宗顕に命じて郡学（地方の学校）を開かせ、儒士の葉儀《しょうぎ》と宋濂《そうれん》を五経師《ごけいし》に任命して、学生の教育に当たらせた。当時は戦乱が続いて学問どころではなかったため、大半の学校は用をなしていなかった。金華に郡学が設置されて以後は、学窓から洩れてくる楽器の音や学生たちの朗誦の声を聞き、人々は感慨ひとしおであったという。

元璋が金華の地にこれだけ力を入れたのには理由がある。すでに述べたように金華は南宋以来の儒学の淵叢《えんそう》であり、「小鄒魯《しょうすうろ》」と呼ばれて多くの著名な学者を輩出していた。鄒魯とは、いうまでもなく孟子と孔子の故国のことである。金華学派の思潮はそのまま浙東の思潮にもつながり、広い意味での浙東学派の一部を形成していた。

元末に宰相トクトが積極的に中国化政策を推進した際、それを背後で支えていたのが金華学派の面々であり、トクトの実施したプランの多くは彼らの思想の反映でもあった。それは伝統的中華王朝に近づくことで元朝の再建を図ろうというもので、順帝の後楯を得たトクトの活躍で、一時的に体勢が持ち直したことは事実であった。だがトクトが失脚して以後は政界内部に頼るべき人物もいなくなり、金華の人々はしばらく模様眺めの状態を続けていたのである。

それゆえ元璋が、ここでどのような手を打つかを、彼らは固唾を飲んで見守っていた。元璋に協力するか否かは元璋の出方次第であった。逆にいえば彼らの元璋に対する信頼度も、その程度であったということだ。

金華府所属の浦江県には当時「東浙《とうせつ》第一家」と呼ばれ、江南地方随一の名家といわれる鄭氏《ていし》一族が住んでいた。鄭氏が名家といわれたのは南宋以来同居同財を続け、一族二〇〇余人が家長を中心に、儒教道徳に基づく「礼・義」を実践していたからである。家庭内では長幼の序が尊ばれ、家長を頂点にさまざまな役職が設けられ、あたかも公府（役所）のようだと称されていた。彼らは一族の結束を図るとともに、郷里社会にも絶えず関心を払っており、訴訟の調停や貧民の救済、あるいは道路・橋の修築等を自らの課題として率先して行った。普通こうした家は「義門《ぎもん》」として表彰され、国家は徭役を免除するのが常であった。それは国家にとって理想的な「家」だったからで、鄭氏もその例にもれず宋・元両王朝から表彰を受けている。

特に鄭氏は金華の思想的風土を反映して、当地のシンボル的存在となっており、元末のトクト時代には元朝側から積極的な働きかけがなされた。鄭氏を味方に取り込むことは、他の多くの地主・知識人にも影響を与えるためで、トクトや順帝の皇太子がわざわざ直筆の書を鄭家に与えているほどである。また鄭氏一族の方でも多数の者が元朝に出仕し、中には宣文閣《せんぶんかく》（奎章閣が改名）の授経郎《じゆけいろう》となって、トクトの息子の教育を担当したような人物も出ている。だが鄭氏の元朝への協力もトクト時代だけで、彼の失脚以後は出仕者の大半が故郷の浦江に戻り、元朝と一線を画す態度を取っていた。

こんな時に朱元璋軍団の浙東進攻が始まったわけだが、これは鄭氏一族にとってまさに一家の存亡に関わる最大の危機であった。朱集団の将李文忠が浦江に向かったことを聞く

図25　大家族の住宅群（台湾苗栗県）

と、当時の鄭氏の家長である鄭鉉《ていげん》は、一族を引き連れて隣県の諸曁《しょき》に避難することを決定した。彼らにとり朱集団は一介の反乱軍に過ぎなかった。このまま浦江に居座り続けることは、みすみす反乱軍に命をくれてやるようなものであった。

かたや李文忠の方は、すでに浦江に向かう以前から鄭氏の名声を耳にしていた。彼は鄭氏の邸宅の前に到着すると、部下の兵士たちに次のように厳命した。

「ここは義門の家である。今の世で義門を目にすることはめったにない。汝らは絶対にこの家を略奪してはならぬ」(『宋文憲公全集』鄭都事墓志銘)。

こう言うと自ら鄭家の正門に閂《かんぬき》を掛け、人が侵入しないように万全の措置を取った。その上で部下を二〇〇人の民とともに諸曁に派遣し、鄭氏一族の者を護衛して浦江に帰らせた。

浙東の知識人にとり、朱元璋集団はまだまだ元朝に代わる新たな権威としては認められていなかった。これに対し朱集団の方は、李文忠という一武将ですら、伝統的・儒教的価値観に基づいて行動しようとしており、当初の反乱軍とは明らかに性格を変質させていた。今後朱集団が勢力を伸張させるためには、浙東の知識人の協力はぜひとも必要で、そのことは朱集団の首脳部もはっきりと認識していた。問題は、それをいかにして知識人たちに伝え、彼らの協力を得るかであった。金華攻略後に打ち出された諸政策は、事の推移を見守っている浙東の知識人たちに、朱集団の立場を明確に宣言したものでもあった。

浙東の四先生

至正一九年（一三五九）正月、楽平《らくへい》（江西省）出身の儒者許瑗《きょえん》が金華にいる元璋を訪ねて来た。許瑗は至正年間に行われた科挙の郷試《きょうし》（地方試験）に二度も首席となったほどの秀才であったが、会試《かいし》（中央試験）にはどうしても及第できず、呉越地方を放浪しては酔うほどに豪語して憂さを晴らしていた。この時になって元璋のうわさを耳にし、仕官を求めてやって来ると、謁見の場で日頃の思いを一気にまくしたてた。

「今まさに元朝の命運は尽き、天下は混乱を極めております。雄才大略の将は才能の士を使いこなすことができ、人並み優れた見識を持つ者は、抜きんでた人材を見抜くことができます。閣下は混乱を収拾して天下を平定したいと願っておられますが、英雄を手元に集めなければ、その成功は難しいでしょう」。

「私は咽から手が出るほど英雄を欲しているのだ。いまこそ彼らから多くの意見と方策を得て、力を併せて人民の救済を成し遂げたいと思う」。

「そのようになされば、天下はなんなく平定できましょう」（『明史紀事本末』巻二）。

許瑗の言葉を聞いて安心した元璋は、さっそく許瑗を博士として幕下に留めることにした。やがて太平府が重要地であることから、許瑗を知府に任命して当地の経営を任せた。

元璋が浙東の人心を掌握する上で大きな意味を持った事件は、「四先生《しせんせい》」の朱政権への

図26　劉基

参加であった。至正一九年一二月、元璋は胡大海の進言を入れて、浙東の四人の名儒を応天に招聘した。四人とは青田《せいでん》の劉基《りゅうき》、浦江の宋濂《そうれん》、竜泉《りゅうせん》の章溢《しょういつ》、麗水《れいすい》の葉琛《しょうちん》である。彼らは元璋の求めに応じて翌年の三月に応天にやって来ると、そろって元璋に謁見した。元璋の喜びようはひとしおで、

「私は天下のために四先生に屈したのだ」

（無名氏『国初礼賢録』上）。

と述べ、彼らに席を与えてはひとしきり時事や古典を論じて、上機嫌そのものであった。わざわざ彼らのために礼賢館《れいけんかん》を建て、そこに住まわせるほどであった。

四人の中でもとりわけ名の通っていたのが劉基と宋濂である。劉基、字は伯温《はくおん》。幼少の頃から聡明さで知られ、天文と性理の学に通じた当代一流の儒学者であった。人となりは一徹なところがあり、天下国家のことを論じては悲憤慷慨するような激しい気性の持主でもあった。元末に進士に挙げられたのち、高安《こうあん》県（江西省）の県丞《けんじょう》（副知事）を皮切りに多くの官を歴任し、最後は江浙儒学副提挙《こうせつじゅがくふくていきょ》にまで昇進していた。たまたま方国珍が海上で

反乱を起こした際に、その討伐を主張して入れられず、逆に左遷の憂き目に会ったことで、元朝に見切りをつけ故郷に引き下がっていたのである。

かたや宋濂は字を景濂《けいれん》といい、金華学派の正統を継承するこれまた当代一の儒学者であった。一日として書物に目を通さない日はなく、あらゆる学問に通じ、文章の奥深さでは並ぶ者なしとの評価を受けていた。元末の至正年間に翰林院の官に推薦されたこともあったが、親が老年であることを口実に辞退し、故郷の竜門山に籠もって著述に専念していたのである。この時、研究のために利用したのが義門鄭氏の蔵書であり、宋濂と鄭氏一族とはきわめて親密な関係にあった。彼は故郷では鄭家の子弟の師傅《しふ》として、彼らの教育にもたずさわっていた。その鄭氏を丁重に扱った元璋が金華を攻略したことで、郡学の五経師を引き受け、翌年応天に招聘されて上京してきたわけである。

図27　宋濂

宋濂は劉基よりも一歳年長のほぼ同年で、そろって明朝創設に大きな貢献を果たしたが、二人の関係は必ずしも明らかではない。

両者ともに永年にわたって元璋の側に仕えながら、二人の交遊を示す史料は皆無だからである。それはどうやら二人の性格の相違によるところが大きいようだ。四先生が上京して来た時、元璋は博士の陶安に彼らの才能について尋ねたことがある。陶安は答えた。「わたくしの謀りごとは劉基に及ばず、学問は宋濂に及びません。また治民の才は章溢と葉琛に及びません」（『明史』陶安伝）。

この言葉からも分かるように、劉基は学者でありながら謀略に富み、後世「今孔明《いまこうめい》」とうたわれるほど謀議に才能を発揮した。その後の朱元璋集団の勢力拡張の上で、劉基の果たした役割は計り知れないものがある。他方、宋濂は根っからの学者肌の人物で、自己の理想を制度面に実現することを畢生の務めと心得ていた。明朝の法制・制度の大半は、彼の立案したものだといわれている。両者のタイプは正反対で、やがて宋濂は江南儒学提挙に任命されて元璋の長子朱標の教育係を仰せつかり、劉基は幕下に留められて機密に与った。また陶安の言葉通り、章溢と葉琛は地方に出て数々の治績を挙げ、元璋の期待に応えている。四先生の参画は、元璋が金華で推し進めた諸政策に一段と弾みをつけるとともに、その後の浙東の知識人の動向に計り知れぬ影響を及ぼすことになった。

浙東制圧

話はさかのぼるが、応天を発って金華攻撃に向かった元璋は、途中徽州で儒士の唐仲実《とうちゅうじつ》を招いて時務を問うたことがある。両者のやりとりは次のようなものであった。

「漢の高祖、後漢の光武帝、唐の太宗、宋の太祖、元の世祖の天下統一は、どのような方法で成し遂げられたのか」。

「この数君はみな殺人を好まないことによって、天下統一を達成いたしました。閣下は英明神武であられ、禍乱を駆除するにいまだかつて妄りに人を殺したことがございません。ただ現在の状況を見てみますと、民はよるべき所を得ましたが、十分にその生を遂げることができないでおります」。

「たしかにその通りだ。我が軍の蓄えは少ないのに軍費は増える一方。やむなく民に供出させて、それをまかなっている。しかしはっきり言うが、それらは軍需に用いるだけで、おのれのために使ったことは一度としてない。民の労苦については、常々休養させる手立てを考えておる。どうして忘れることがあろうか」(『明太祖実録』巻六)。

元璋は「不殺」を掲げることで民心を収攬し、鉄の規律で配下の兵士を統率してきた。それは元璋の軍団が略奪に従事する反乱軍とは異なり、秩序維持を目指していることの一つの証明でもあった。だが彼らはそれでも不十分だという。「不殺」から一歩進めて民の生活保障をする、いわゆる「養民《ようみん》」が必要だというのである。元璋はそれに対して何とも苦しい弁明を行っているが、政権を恒久的に維持するためには、なんらかの手を打たねばならないことは重々承知していたはずである。

同じ頃、徽州の近くの休寧《きゅうねい》に、かつて元朝の翰林院学士であった朱升《しゅしょう》という人物が隠遁していた。元璋はさっそく彼のもとを訪ねて意見を聞いたところ、朱升の返答は簡単なものであった。

「高く墻（かきね）を築き、広く糧を積み、緩《ゆる》く王を称されるのが良かろうかと存じます」（『明史』朱升伝）。

軍事力を蓄えて後方の守りを固め、政権を維持するための食糧確保を制度化し、決して王を称することを急がない。裏返せば、軍事的確立を達成して民政に留意すれば、必然的に王への道は開かれるということでもある。元璋はいまさらながら「養民」の重大さを、再認識したに違いない。

金華攻略後の至正一九年（一三五九）正月、浙東の未攻略地に出発する諸将に向かって、元璋は次のように厳命した。

「城に勝つには武力を以てし、民を安んじるには仁を以てするものだ。我が軍は建康（応天）に入城した際、秋毫《しゅうごう》も民を犯すことがなかったため、一挙に平定することができた。新たに婺州《ぶしゅう》（金華）を手に入れた現在、民の生活を安撫し慈しんだなら、民は喜んで我が方に帰附し、いまだ攻略されていない諸郡県も必ず風を聞き帰順してくることであろう。私は汝らが一城を下すごとに妄りに人を殺さないことを聞き、喜びに耐えない。思うに将たる者、不殺を以て心に銘記しておれば、それは国家にとって利益があるのみならず、自分自身も恩恵を蒙ることになるのだ。汝らは私のこの言葉通りに行動すればよい。そうすればなんなく事を成就し、大功を建てることができようぞ」（『明太祖実録』巻七）。

同年九月、常遇春は金華の西南にある衢州を攻撃、策を弄して攻略し、守将の宋バヤン・ブカを生け捕りにした。また一一月には胡大海が耿再成の軍と合流して処州を攻め、守将の石抹宜孫は城を捨てて逃亡したため、付属の七県もことごとく元璋側に帰した。しばらくして石抹宜孫は態勢を立て直し再び攻撃をしかけて来たが、耿再成によって打ち破られ戦死してしまった。これより以前、元璋は群雄の方国珍《ほうこくちん》に招諭の書状を出していたが、至正一九年三月になって国珍は、領地である慶元《けいげん》（寧波《ニンポー》）・温州《おんしゅう》・台州《たいしゅう》（ともに浙江省）の三郡を献上してきた。元朝と元璋を天秤にかけた国珍は、当面の敵である元璋に降伏することで、延命を図ろうとしたわけである。

元璋の領土は日に日に拡大し、その声望は増すばかりであった。しかし領土の拡張とは裏腹に、獲得した土地を恒久的に維持する手立てはまだ十分に整っていなかった。たしかに攻略した土地にはそのつど儒士を地方官として任命し、経営に当たらせてはいた。だが膨れあがった軍団を養い、政権を維持するだけの財政的基盤は未確立であった。朱集団が採用していた軍糧調達法は「寨糧《さいりょう》」と呼ばれ、現地の地主・富豪たちに糧食の提供を強制するものであった。これが支配下の民衆にとり、どれだけ大きな負担になっていたかはいうまでもない。

至正二〇年（一三六〇）五月、胡大海の要請により寨糧を廃止したことは、朱集団がさらなる飛躍を期する上で、必然的に採らねばならない措置であった。元璋は浙東の大半を獲得した時点で、いよいよ養民の具体策を実施に移したわけである。そしてそれが実行できるだけの準備が、朱集団には整いつつあった。

すでに至正一八年（一三五八）二月、かつて元朝の元帥で今は元璋に降った康茂才《こうもさい》という人物を営田司の都水営田使《とすいえいでんし》に任命し、水利の監督を行わせていた。康茂才は応天近辺の田土を巡察して、高地では旱魃の被害がなく、低地では水没の恐れがないように処置したため、一気に農業生産が上昇した。この成功に気をよくした元璋は、引き続き四先生の章溢と葉琛を営田司僉事《せんじ》に任命し、江北と長江南岸の地に派遣して水利を督率させ、賦税を定めた。このためそれ以後、民衆は突発的な調発もなくなり生活に余裕ができるようになった。

このほか軍糧調達の面では、歴代の王朝にならって屯田が実施された。各地に派遣された将士たちには戦闘と並行して耕作を行わせ、食糧を自弁することで民衆への負担を軽減したのである。特に康茂才が営田使に任じられた同じ年の一一月、元璋は管領民兵万戸府《かんれいみんぺいばんこふ》を設け、平定された地方で屈強な民衆を選んで戸籍を作り、農繁期には耕作に従事させ、農閑期には軍事の訓練を行わせるなど、兵農一致の体制を作り上げている。この措置によって軍事と財政の不備は、一気に補われることになった。

寨糧を廃止した背景には、以上のような下準備があったわけだが、元璋の施策はこれだけにとどまらなかった。すでに支配下に入った地域では次第に混乱も回復し、それにともない商人の動きも自然と活発化してきた。元璋は彼らにも税を課すこととし、その手始めとして至正二〇年（一三六〇）一一月に酒醋《しゅさく》の税を定めた。酒や酢《す》を醸造・販売する商人から、その額に応じて税を徴収したのである。続いて翌二一年二月には塩法局《えんぽうきょく》を立て、塩《えん》商《しょう》に価格の二〇分の一を税として納めさせた。また茶商《ちゃしょう》からは茶の販売と引き換えに、茶一〇〇斤ごとに銅銭二〇〇文を徴収した。しかも商業の発展と税の徴収をスムーズに行うために、宝源局《ほうげんきょく》を設置して銅銭を鋳造することも忘れなかった。大中通宝《だいちゅうつうほう》と名付けられた銅銭は、朱政権が初めて発行した通貨であり、歴代の銅銭と並んで支配下の地域で用いられた。こうした政策は、朱集団に参加した知識人によって立案された。

朱政権の体制整備は急ピッチで進められていた。制度面の充実が図られ、領土も年々拡大していた。しかしこのことは必然的に新たな問題を引き起こすことになった。今まで意識的に避けていた他の群雄との衝突である。西の天完国《てんかんこく》と東の張士誠の間隙を衝き、東南に進出した元璋は、自己の領土の拡大とともに直接彼らと対峙せねばならなくなったのである。反乱軍に身を投じて以来の最大の試練が、今始まろうとしていた。

七　呉王への道

群雄割拠

元将チャガン・テムルに敗れて東系紅巾軍の退潮が始まった頃、西系紅巾軍の天完国内部でも分裂が生じていた。徐寿輝《じょじゅき》を皇帝として至正一一年（一三五一）に成立した天完国だが、やがて実権は丞相の倪文俊《げいぶんしゅん》が握るようになった。倪文俊は至正一六年に独断で漢陽《かんよう》（湖北省）に都を遷すと、その地に徐寿輝を迎え入れるふりをして、主君の暗殺をもくろんだ。ところがこの計画は失敗し、黄州に遁走した彼は、逆に当地で部下の陳友諒《ちんゆうりょう》に殺されてしまった。至正一七年（一三五七）九月のことである。

陳友諒はもともと湖北沔陽《べんよう》の漁師の子で、若いころから書物を読み、そこそこの知識を身に付けていた。かつて県の小吏（下級役人）をしていた頃から野心を持ち、徐寿輝の反乱を耳にすると、職をなげうって急ぎ駆け付け、倪文俊のもとで書記となった。その後たびたび戦功を立てて領兵元帥にまでなったが、倪文俊を倒してのちはそっくりその勢力を受け継ぎ、翌一八年には江西から福建《ふっけん》にかけて出兵し、天完国の領域を大きく拡大した。

その後も各地で勝利を収めたので友諒の心は次第に驕り、自らも漢王を名乗るようになる。やがて至正二〇年閏五月には部下に言い含めて主君の徐寿輝を暗殺し、皇帝に即位して江《こう》州《しゅう》（江西省）に「漢」国を樹立した。

同じ頃、徐寿輝の武将で四川地方に入っていた明玉珍《めいぎょくちん》は、徐寿輝の悲報に接すると陳友諒と袂を分かち、自立して重慶《じゅうけい》で隴蜀《ろうしょく》王を名乗った。続いて至正二二年の春には皇帝に即位し、国号を「夏《か》」、「天統《てんとう》」と建元して国家体制を整えた。周の制度にならって六卿《りくけい》を設けると、劉楨《りゅうてい》という元の進士《しんし》（科挙及第者）を宗伯《そうはく》（宰相）に任命した。

明玉珍は農民出身とはいえ、他の反乱者のような貧農ではなく、もともと村の父老と郷里の防衛に当たる等、体制護持の思想を持ち合わせていた。そのため学問を好み、士君子には自らへり下るだけの度量を備えていた。即位後は国子監《こくしかん》（国立大学）や提挙司教授所《ていきょしきょうじゅじょ》（地方の学校）を設置し、科挙を開始したほか、賦税は収穫の一〇分の一だけを徴収すると決定した。すべて劉楨の意見を採用したもので、伝統的王朝にならったものであった。

しかし、その一方で国内の各地の廟に弥勒仏を祭らせたように、反乱軍としての宗教的な側面も温存していた。明玉珍の目指していたのは、伝統的・儒教的な価値観と弥勒の教えを統合した、理想的な宗教王国の樹立であった。ただその実現に必要な精鋭部隊は一万人にも満たず、四川地方にやっと自保できるだけで、勢力的には陳友諒にかなり劣っていた。

天完国が陳友諒の大漢国と明玉珍の大夏国に分裂した頃、南方の長江下流域にも強大な国が成立しつつあった。至正一三年（一三五三）に高郵《こうゆう》（江蘇省）で大周国を創設した官塩仲買人出身の張士誠が、元朝と即かず離れずの関係を保ちながら江蘇の南部を領域に収め、平江（蘇州）を根拠地に着々と勢力を強めていたからである。

士誠は至正二三年（一三六三）九月に自立して「呉王《ごおう》」を称すると、王宮を建造し官僚制度を確立した。この呉国は長江デルタの穀倉地帯にあってきわめて富裕で、自由放任的な空気が満溢していたため、貧しい民衆ばかりか地主・豪商たちも争って身を寄せてきた。張士誠も食客を招聘することに至って熱心で、屋敷や家財を与えて知識人を優遇したので、平江は元末にあって文化の一大中心地となっていた。

要するに、至正二〇年（一三六〇）前後を境として紅巾軍は退潮し、代わって全土は群雄割拠の状況を呈するようになった。その中でも特に有力であったのは、江州に根拠地を置く陳友諒と平江の張士誠である。朱元璋に最後まで抵抗したのもこの二人であれば、天下を狙える位置にあったのもこの両者である。だが二人の性格は正反対ともいうべきで、それが元璋に幸いしたことも事実であった。参謀に加わった劉基が、ある時元璋に次のように語ったことがある。

「張士誠は自己の領土の保全に汲々としているだけで、なんら恐れるに足りません。しかし陳友諒は主君を抑え部下を脅して、長江の上流から常に我が方を攻撃しようと狙っております。まず陳友諒を撃つべきです。陳氏が滅べば張氏は孤立し、一挙に平定することができましょう。然るのち北の方中原に向かえば、王業成就も間違いありません」(『明史』劉基伝)。

じっさい、元璋のその後の戦略は、劉基の忠告通りに進められていくことになる。

陳友諒の応天攻撃

友諒が主君徐寿輝を暗殺する数日前のこと。彼は徐寿輝とともに艦隊を率いて長江を下ると、一気に元璋軍の守備する太平を衝いた。太平の守将花雲は三〇〇〇人の部下を率いて迎戦し、三日間持ちこたえたが、最後は力尽きて捕らわれの身となった。友諒軍の兵士が花雲を縛りあげようとした時、花雲は罵声を放って言った。

「賊奴め。おまえらがわしを縛ろうとも、我が主上が必ずおまえらを滅ぼし、切り刻んで干し肉にされることだろう」。

こう叫んで立ち上がると、縛られていた綱を引きちぎり、刀を奪い取って続けさまに五、六人を切り殺した。

「おまえら盗賊など我が主上の敵ではない。はやく降伏した方が身のためだぞ」(『明史紀事本末』巻三)。

この言葉を聞いて怒った友諒軍の兵士は、急いで花雲を捕まえると船の帆柱に縛りつけ、

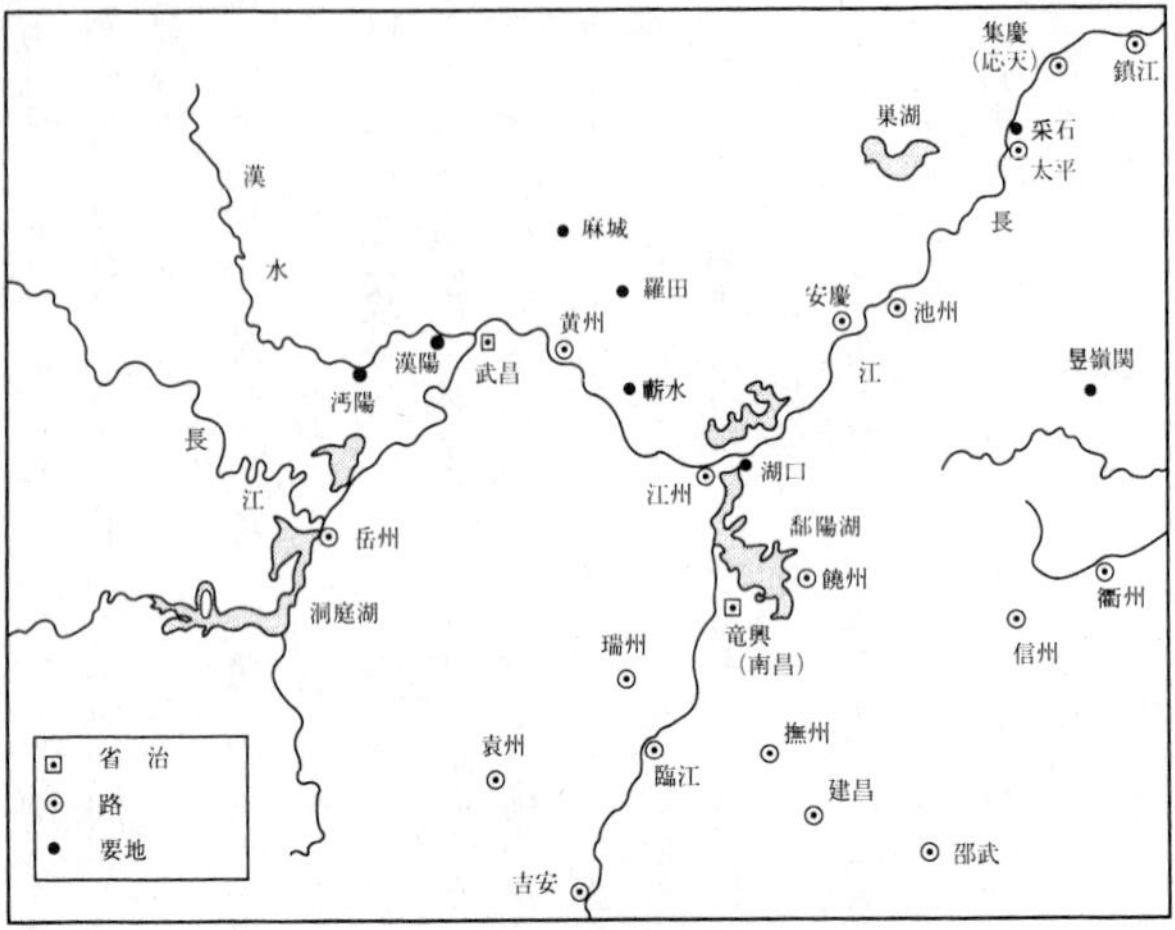

図28　陳友諒関連図

一斉に矢を放った。花雲は全身矢だらけになりながらも兵士たちを睨みつけ、絶命するまで罵り続けた。まことに壮絶な最期であった。

太平を陥れた陳友諒は、さらに采石に進駐した。ここまで来ると応天は目と鼻の先である。勝利を確信した友諒はいよいよ独立を決心し、密かに部下に命じて鉄の鞭で徐寿輝の頭を撃ち砕かせてしまった。数日後、采石の五通《ごつう》廟《びょう》を仮の宮殿にすると「漢」国の樹立を宣言し、「大義《たいぎ》」と建元した。気の焦る友諒は江州への帰還を待たず、そのまま采石の河畔で皇帝の即位儀礼を挙行した。この時一天にわかにかき曇り、横なぐりの暴風雨が襲いかかった。このため整列した群臣の冠服はずぶ濡れになり、祝賀の儀礼も行えないほどであった。漢国の前途を暗示するかのような出来事であった。

その後、江州に戻った友諒は張士誠のもとに手紙を出し、朱元璋に対する東西からの挟撃計画を持ちかけた。ところが張士誠はぐずぐずして決断できず、いつまでたっても応じようとしない。しびれを切らした友諒は単独で応天攻撃を決行することを決心し、再び艦隊を率いて江州を出発した。

友諒軍の再攻撃を聞き、応天の朱政権は震撼した。この時、友諒の攻撃に備えてどう対処するかで議論が沸騰した。作戦会議の席上で、ある者は戦わずして降伏せよといい、また別のある者は応天の北東にある鍾山に立て籠もろうと主張した。中には一度戦って、敗ければそれから逃げても遅くはないという者も出るありさまであった。会議のさなか、元璋は劉基が怒りをこらえて沈黙していることに気が付いた。会議後、元璋は劉基を奥に招いて彼の意見を聞いた。人払いをすると、劉基は声を大にして言った。

「降伏を勧めたり、鍾山に逃げることを主張する者をまず斬りなされ。そうすれば賊を破ることができましょう」。

「先生のお考えをお聞かせ下され」。

「賊は現在勝利に溺れ、驕りたかぶっております。このまま我が方に深く侵入させ、伏兵を設けて隙をうかがって攻撃すれば、なんなく打ち破ることができましょう」（『明史』劉基伝)。

元璋は劉基の意見を採用することにした。

元璋はまず胡大海に命じて、兵を率いて信州《しんしゅう》(江西省)を攻撃させ、友諒の背後を牽制させた。その上で指揮の康茂才に一つの策を授けた。その策というのは、康茂才が友諒の旧知であるところから彼に手紙を書かせ、友諒にすぐに応天を攻撃させようというものであった。元璋が恐れたのは、戦闘が長引くことで友諒と張士誠とが手を結ぶことであった。そうなる前に友諒を叩いておく必要があったのだ。

康茂才はかつて友諒にも仕えたことのある門番に手紙を持たせ、さっそく友諒のもとに遣わした。そして友諒が応天に攻めて来れば康茂才が内応すること、その際康茂才は応天の江東橋を守っていることを伝えさせた。これを聞いた友諒は喜び、自分が江東橋に至ったならば「老康《ろうこう》」と呼ぶので、それを合図に一斉に攻撃しようと取り決めた。使者は応天に戻るとこのことを元璋に報告した。元璋はこれを聞くと「敵は我が袋に落ちたも同然だ」といって狂喜したという。

至正二〇年(一三六〇)閏五月一〇日、太平を発った友諒は応天に到着すると、てはず通り江東橋に至って康茂才を呼んだ。ところがいくら呼んでも返事がない。この時になって初めて騙されたことを悟ったが、すでにあとの祭りである。水陸からの元璋軍の猛攻を受け浮き足立った友諒軍は、多くの者が殺されたり溺れたりして壊滅的打撃を被ってしまった。元璋側に捕らわれた捕虜の数は七〇〇〇人、この他巨艦一〇〇余隻・戦艦数百隻も元璋側の手に落ちた。友諒自身も船を失い、なんとか快速艇に乗り移って危機を脱出することができたが、元璋軍の追撃を受けて太平を捨て江州に逃走した。元璋軍は太平を奪回し、勝ちに乗じて安慶《あんけい》（安徽省）・信州・浮梁《ふりょう》・袁州《えんしゅう》（江西省）等の地を攻略した。元璋側の大勝利であった。

翌二一年（一三六一）、友諒は再び安慶を陥れたが、元璋は自ら兵を率いて安慶の奪回に向かい、長駆して江州を攻撃した。この戦いで友諒は敗れ、妻子をともなってさらに奥の武昌《ぶしょう》（湖北省）に引き籠もった。元璋軍は安慶を取り戻すとともに、さらに饒州《じょうしゅう》（江西省）・建昌《けんしょう》（江西省）・竜興《りゅうこう》（江西省南昌）等を次々と陥落させ、江西・湖北の要地を支配下に収めた。友諒の漢国の領土は盛時の半分以下となり、元璋の勢力は一気に増すことになった。

内紛

勢いに乗る元璋軍ではあったが、すべてが順調に進んでいたわけではない。至正二二年（一三六二）二月、浙東の拠点である金華で内乱が起こり参政の胡大海が殺害された。反乱を起こしたのは苗《ミャオ》族の将軍たちであった。この苗族の軍隊は元末に楊オルジェイという首領に導かれ、元朝側に立って江南地方で猛威を振るっていたが、楊の死後は分裂して多くは朱軍団に帰属していた。朱軍団が金華を攻撃する際にも、彼ら苗軍の活躍が大きかったといわれる。その金華の苗軍の将軍が反旗を翻したのである。どうやら朱軍団の厳格な規律が不満であったらしい。彼らは報告を受けて出動した李文忠軍の攻撃を受けると、城内の婦女をかっさらって張士誠に投降した。

それから四日後、すぐ南隣の処州でも金華に呼応して苗軍が反乱を起こした。彼らは院判の耿再成《こうさいせい》を殺すと、引き続き中書分省都事の孫炎や知府の王道同らを殺害して、城内に立て籠もった。金華と処州の情勢は周辺の地域にも影響を与え、衢州《くしゆう》でも不穏な空気が流れ、今にも当地の苗族が反乱を起こしそうな形勢となった。この時、たまたま母の喪に服すために帰郷してきたのが劉基である。彼は付近の諸県に守備を固めさせ、諸軍の到着を待って一斉に攻撃するように指示を出した。このため耿再成の子の耿天壁《こうてんへき》や平章邵栄《しようえい》の活躍で、なんとか処州を奪回することに成功したが、それでも約二カ月の時間を費やさねばならなかった。

このように元璋の領域に入った地域でも、十分に支配が及んでいるわけではなかった。戦乱の世の中では、少しでも油断をした方が負けである。苗軍反乱の報に接し、元璋は今まで以上に部下への統制の必要性を感じたに違いない。だがこの度の反乱は、投降者の寝返りという戦乱期につきものの現象で、その意味では決して珍しい事件ではない。順風満帆であるかに見えた元璋に衝撃を与えたのは、それからほどなくして起こった新たな身内からの造反事件であった。

至正二二年（一三六二）七月、苗軍の鎮圧に活躍した邵栄と参政趙継祖《ちょうけいそ》が、謀反の容疑で逮捕された。二人はともに元璋と同郷で、とくに邵栄はたびたび戦功を立て、中書平章政事にまで昇進していた。だが処州の反乱を平定して以後は次第に傲慢になり、いろいろと元璋の方針に恨み言をいうようになった。そのうちに自分の言動が元璋の耳に入ることを恐れた邵栄は、趙継祖と図って元璋暗殺をもくろんだが、事前に計画が発覚してしまったのだ。元璋の前に引き出された邵栄らに、元璋は面詰して言った。

「私は汝らと濠梁（濠州）に起兵し、大事を成就して共に富貴を手に入れようと思っていた。一代の君臣関係も夢ではなかったのだ。なのにどうして汝らは私を殺害しようなどと考えたのか」。

邵栄は涙をこらえながら答えた。

「我らは連年戦いに明け暮れ、家族と楽しみをともにすることはただの一度もありませんでした。それゆえこのようなことを計画したのです」（劉辰『国初事蹟』）。

こう言うと、一気に邵栄の目から涙が溢れ出た。元璋もつられて思わずもらい泣きをしてしまった。元璋は彼らの永年の労苦を思い、決断できないでいた。この時、常遇春が断固として言った。

「邵栄らは謀反を企て主上に危害を加えようとしたのです。その害は我らにも及ぶところでございました。たとえ主上が殺すに忍びなくとも、我らは義としてともに生きることはできません」(『明太祖実録』巻一一)。

常遇春の毅然とした言葉を聞いて、元璋は選択の余地のないことを悟るしかなかった。彼は二人の前に酒を運ばせると、涙ながらに杯を交わし最後の別れを告げた。その日二人は刑場の露と消えた。

それにしても邵栄らの謀反が元璋に与えたショックは大きかった。苗軍とは異なり、起兵以来の仲間が自分を裏切ったのだ。仲間に対する懐疑心が次第に芽生え始めたのは、あるいはこの事件をきっかけとしてであったかも知れない。この前後から元璋は各地の守将に対し、一段と監視の目を光らせるようになった。

元璋のもとには実子とは別に、多数の義子《ぎし》が養われていた。これらは戦乱で親兄弟を失った子を元璋が引き取り、我が子として育てていた者たちであった。元璋の義子は全部で二〇人ばかりいたらしいが、彼らは成長するとともに各地の守将や目付役に当てられた。元璋が滁州にいたころに引き取った沐英は鎮江に、何文輝《かぶんき》は寧国の守将に任命されている。彼らは元璋の最も信頼の置ける部下として、その後大きな活躍を見せた。天涯孤独の元璋は、擬制的な家族関係を作り上げることで、部下を統制し領土を保全しようとしたのだ。この措置は仲間への懐疑がつのるにつれ、いっそう有効に機能することになる。

仲間の裏切りにあって以後の朱軍団の内部では、いままで以上に統制が厳しくなった。

少しの落ち度も許されない。禁令を破ることは即、死を意味した。それは身内とて例外ではなかった。元璋の甥の朱文正の義父は謝再興《しやさいこう》という人物であったが、部下が禁制品を販売したかどで元璋に責められ、最後は張士誠に寝返った。彼もまた邵栄と同様、朱政権内部の息苦しさに耐えられなかったのであろう。

朱軍団は一方で「不殺」と「養民」を掲げて民心を得ながら、他方では峻厳な罰則でもって内部統制を行っていた。そうすることがこの戦乱期にあって、唯一生き残れる道だと元璋は信じて疑わなかった。

小明王の救出

謝再興が張士誠に投降する数カ月前の至正二三年（一三六三）二月、張士誠の将呂珍《りよちん》が安豊の大宋国を急襲した。すでに述べたように小明王韓林児政権は、一度は開封を都としてしばらく全盛を誇ったものの、チャガン・テムルの攻撃を受けて安豊に退いてのちは、退潮の一途をたどっていた。この形勢を見て張士誠は、江北に勢力を伸張させようと弟の張士徳に大軍を委ねて派遣して来たのである。先鋒の呂珍の攻撃を受けて、安豊側はひとたまりもなかった。宰相の劉福通は守りを固め籠城策を取ったが、呂珍が持久戦に出たため、城内は食料が欠乏して飢餓地獄と化した。万策尽きた劉福通は元璋に救援を求めた。「安豊が破れれば、張士誠の勢力がいっそう強まることは間違いない。救わないわけにはいかぬ」。

報せを受けた元璋は、さっそく救援に向かおうとした。この時頑強に反対したのが参謀の劉基である。

「陳友諒や張士誠が隙をうかがっているこの時期に、兵を動かす者がどこにありましょうや。たとえ小明王を救出できたとしても、一体彼をどこに安置されるおつもりか」(『明通鑑』前編巻二、『国初事蹟』)。

だが元璋は劉基の忠告を無視し、徐達と常遇春らを率いて自ら安豊に急行した。すでに安豊は破れ劉福通は殺されていたが、元璋軍は呂珍を敗走させ小明王の救出に成功した。こうして小明王は元璋に守られて応天に迎え入れられた。

元璋のこの度の行動は、彼なりに熟慮した結果であった。いま安豊が破れれば張士誠を勢いづかせるばかりか、北の元朝に対する防波堤そのものが消滅することになる。大宋国の滅亡は、戦略的にいって決して得策ではなかった。しかしそれにも増して元璋を駆り立てたのは、小明王の宗教的権威への期待である。現状に不満を抱く農民を吸収し、革命に向かわせるには、どうしてもまだ小明王の力が必要だと元璋は考えていた。そのためにはたとえ形だけでも、小明王の庇護下に入っておかねばならなかったのだ。

当初、小明王の直臣になることを躊躇した元璋だが、その後は常に小明王を主君として仰いで来た。応天を根拠地とした時も、そこに置かれた機関はあくまでも「行」中書省であり、大宋国中央政府の出先機関であるとの立場を取っていた。また金華に進出して伝統的・儒教的な政策を推し進めながらも、一方では中書分省の役所の前に二本ののぼりを立て、そこに「山河奄有中華地、日月重開大宋天」(銭謙益『国初群雄事略』巻一)と記していた。「重ねて大宋の天を開く」とは大宋国の世の中を樹立するということで、明らかに元璋自身小明王の臣下であることを宣言するものであった。

元璋がこんな考えを持っていたため、元璋の意を汲んだ諸将の中には、小明王が応天に到着すると中書省の建物の中に皇帝の御座をこしらえ、小明王を推戴しようと主張する者さえ出てきた。元璋もその話に耳を貸さないわけではなかった。ところがこうした動きに真っ向から反対したのが、先の劉基である。

「韓林児は一介の牧童にすぎませぬ。あのような者を皇帝に推戴するとは、一体何を考えておられるのか」(劉基『誠意伯文集』誠意伯劉公基行状)。

劉基の血相を変えた抗議に、元璋はたじろいだ。劉基は今や大宋国が風前の灯で、小明王も名ばかりの皇帝であること、天命の所在はすでに元璋自身にある旨を諄々と訴えた。このため元璋も悟るところがあって、皇帝に推戴することは取り止めることにした。小明王は応天から滁州に移され、その地で形ばかりの大宋国を維持することになった。

鄱陽湖の戦い

劉基の危惧は適中した。元璋が安豊に向かっているさなか、陳友諒は新たに巨艦数百隻を建造し、それに軍勢六〇万人を乗せ、文武百官・一族郎党を率いて南昌（江西省）に総攻撃をしかけて来たのだ。戦艦はすべて三階建ての構造で軍馬のための小屋もあり、船体には鉄の裏打ちが施された重装備であった。

当時南昌を守備していたのは、元璋の甥の朱文正と鄧愈である。彼らはわずかの手勢でよく持ちこたえ、三カ月経っても南昌は落ちなかった。そのうちに応天に戻った元璋が救援に来ることを聞きつけた友諒は、囲みを解いて東進し、鄱陽湖《はようこ》に出て船隊を整えた。ここに元璋と友諒とで死闘を決する戦の火蓋が切って落とされるが、これが世に名高い「鄱陽湖の戦い」である。

戦闘は三日間繰り広げられた。戦況は友諒側優勢のうちに進み、元璋軍は敗色が濃厚であった。この時元璋は事態を打開するために、思い切った手に出た。彼は近くから漁船をかき集めてくるとその上に枯草を積み、その中に火薬を隠して時期の到来を待った。

やがて東北方から風の出てきたのを確認すると、元璋は船に火をつけて風上から友諒軍の船隊に突っ込ませた。湖上は瞬時のうちに火の海となった。友諒側の戦艦に次々と火は燃え移り、無数の兵士が焼け死んだ。友諒の弟の友仁《ゆうじん》・友貴《ゆうき》らも、混乱の中で戦死した。
この戦いでは、元璋側の船は小型で軽快に動いたのに対し、友諒側の船の多くは大型の戦

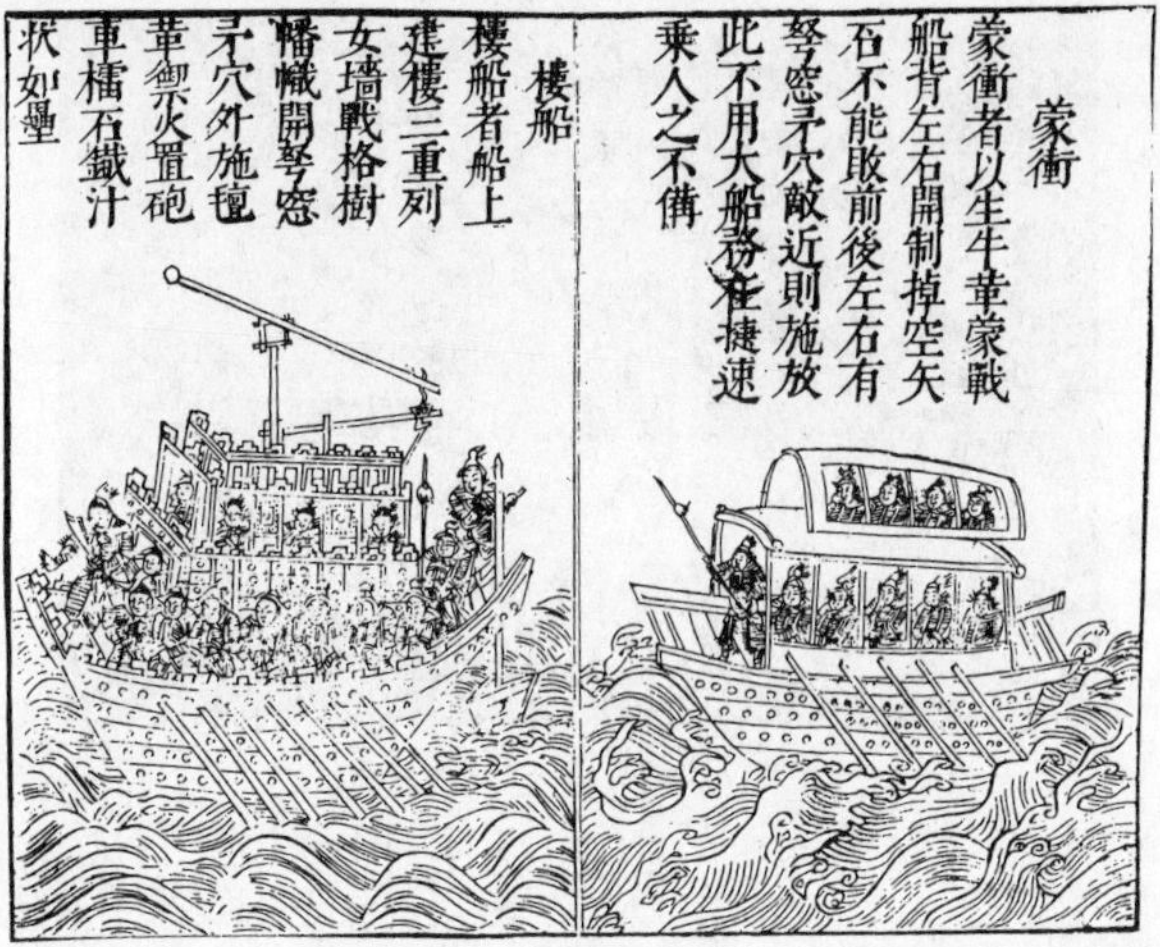

図29　明代の戦艦

艦で小回りがきかず、それが敗北の原因であったといわれる。友諒が総力を挙げて建造した戦艦は、逆に水上戦のあだとなったわけだ。

　この勝利をきっかけに、形勢はにわかに逆転した。翌日再び決戦となったが友諒は大敗し、再度態勢を立て直すために鄱陽湖からの脱出をもくろんだ。しかし元璋が先回りして鄱陽湖の出口である湖口を抑えたため、にっちもさっちもいかなくなった。にらみあいが数日続いた。そのうちに友諒側の食糧も欠乏し、友諒の部下に対する統制力も弱まり、多くの者が元璋側に寝返り始めた。このまま持久戦を続けることは、友諒にとり自分で自分の首を絞めるようなものであった。意を決した友

図30　武漢にある陳友諒の墓

諒は湖口の囲みの突破を計り、元璋軍もこれを迎え撃って激しい戦闘が再開された。

死に物狂いの友諒軍は善戦した。戦いは辰《たつ》の刻（午前八時前後）から始まり、日が暮れても勝敗は決しなかった。このまま翌日にまで持ち越すのではないかと思われたほどだ。だが幕切れは予期せぬ時にやって来た。戦いのさなか、友諒は船中から顔を出し陣頭指揮を取っていたが、突然流れ矢が目に当たり、頭を貫通したのである。即死であった。この情報を得た元璋軍の士気は俄然上がり、総攻撃をしかけたため、友諒軍は総崩れになってしまった。皇太子の陳善児《ちんぜんじ》も捕らえられ、太尉《たいい》の張定辺《ちょうていへん》は友諒の次子陳理《ちんり》と友諒の屍を小舟に乗せて、夜陰にまぎれて武昌に逃走した。

かつて陳友諒が徐寿輝のもとへ馳せ参じようとした時、父の陳普《ちんふ》才《さい》は思いとどまらせようとしたが友諒は聞かなかった。身分が高くなってから父を迎えに行ったところ、陳普才は言った。

「お前はわしの命令に背いたのじゃ。どこで死んでも、わしは知らんぞ」（『明史』陳友諒伝）。

一介の漁師の子から皇帝を称するまでに成長した友諒は、たしかに戦乱の世に生まれた一人の英雄ではあった。だが彼が漢国皇帝にのし上がって行くに当たっては、幾度の裏切りと殺人とを経験したことか。その意味では彼と袂を分かって四川に籠もった明玉珍と、正反対の人物であった。明玉珍は至正二六年（一三六六）に雄図《ゆうと》半ばで病没したため、彼が大夏国で目指した儒教的伝統と弥勒教との調和は、けっきょく実現を見ずに終わる。だが彼が大夏国で敷いた善政は高く評価され、いつまでも民衆に慕われ続けた。

かたや友諒の行った政策には、ほとんど見るべきものがない。果たして彼が徐寿輝の遺志を継いで、宗教王国の樹立を目指していたかどうかも疑わしい。おそらく彼にはそのような意識はなかったであろう。彼の念頭にあったのは天下を支配しようという野望だけで、何ら将来への展望を持っていたわけではなかった。実力を蓄えるごとに、上の者を凌いでいく。そのようにして得た皇帝の地位であった。そうした彼の行動を支えていたのは、武力に対する絶対的な信仰であった。武力さえみがけば天下統一も夢ではない。友諒はそう考えていたに違いない。その武力によって彼は敗れたのである。あとには何も残るはずはなかった。少なくとも後々まで民衆に慕われ続けた明玉珍に比べ、彼は遥かに孤独な英雄であった。

呉王即位

明けて至正二四年（一三六四）正月、元璋は自立して「呉王《ごおう》」の位に即いた。官僚機構も整えられ、かつての「行《こう》」中書省も正式に中書省とし、新たに李善長と徐達をそれぞれ中書省の右・左相国《しょうこく》、常遇春と兪通海を平章政事、汪広洋を右司郎中、張昶《ちょうちょう》を左司都事に任命した。元璋の長子朱標は世子と定められた。時に元璋三七歳。反乱に身を投じてから一二年、ここに初めて元璋の独立国が誕生したのである。

呉国の成立は、小明王からの一人立ちでもあった。ただし彼はこの時点では、あえて小明王との関係を断たずにすませている。名目的な皇帝であれ、彼の宗教的な権威が農民たちの間では、依然として役立つことを知っていたからである。今しばらくは利用価値があると踏んだのだろう。呉王を名乗ったのちも大宋国の竜鳳《りゅうほう》という年号をそのまま使用し、訓令には「皇帝聖旨、呉王令旨」と記すことを常とした。

だが元璋自身の立場は大きく変化していた。貧農出身の元璋も、今や押しも押されぬ呉国の王であり、郭子興軍団時代の一武将とはわけが違った。ところが臣下の多くは同郷の仲間たちであり、彼らは元璋を呉王として仰ぎながらも、つい昔のよしみで同輩のように振る舞うこともあった。あの邵成が元璋に反旗を翻したのも、元璋一人に権力が集中していくことに我慢ならなかったためだといわれている。同郷集団の強い結束力の裏には、このような弱点もあった。

しかし呉国が成立し、元璋も王となったからには、王と臣下との君臣の分《ぶん》は明確にしておく必要がある。中書省を設置した二日後、元璋は徐達をはじめとする群臣に向かって、次のように訓諭した。

「礼と法とは国家の紀綱である。礼・法が確立すれば人の志も定まり、上下ともに安んじるものだ。建国の初めは、これを確立することこそ急務である。余がむかし濠州で起兵した頃、各地の武将たちには礼・法がなく、私情に任せて暴乱を働くばかりで、部下を統制する道を知らなかった。それゆえ彼らは最後には滅んでしまった。いま余が任命している将軍たちは、すべて当時において余とともに手柄を立てた仲間である。だがすでに余に心を帰して以来、君臣の名分を定め、号令を明らかにしたため、みな余の命を聞いてあえて違う者はいない。汝らは余の輔弼《ほひつ》の臣である。まさにこの道を守って、ゆめゆめ初めだけ謹んで終わりを疎かにすることのないよう、心しておいて欲しい」(『明太祖実録』巻一四)。

王には王の分があり、臣下には臣下の分がある。この君臣の分を明らかにすることこそ、呉国を維持していく上での要諦である。あの郭子興も王としての名分が定まらなかったため、単なる一反乱者で終わるしかなかったのではないか。呉国の王になった以上、かつての同郷意識だけでは国家を運営していくことはできない。たとえ同郷意識を基礎としながらも、国家の枠組みとしての礼・法の創設と、その礼・法の統括者としての王の地位の確立だけは急がねばならなかった。その手始めとして、彼はかつての仲間たちに君臣秩序の重要性を強調したのである。それはまた彼の周りに参集した知識人の影響を受け、彼自身が儒教的君主へと脱皮する一つの階梯を示すものでもあった。

八　最後の決戦

朱呉国と張呉国

呉王となった元璋は至正二四年（一三六四）二月、武昌に逃れた大漢国の陳理を親征した。当初抵抗の姿勢を見せた陳理ではあったが、元璋軍の猛攻に耐えかね、降伏の意を示す礼にのっとり、璧を口に含み肌脱ぎになって軍門に降って来た。元璋は目の前で震えおののく陳理があまりにも幼いことに驚いたが、やがて気を取り直して言った。

「余はそちを罰しようとは思っておらぬ。恐れずともよい」（『明史』陳友諒伝）。

こうして陳理に漢国の財宝を持てるだけ持たすと、彼をともなって応天に凱旋し、そのまま帰徳侯《きとくこう》という爵位を授けて優遇した。陳友諒が皇帝を称してからわずか四年、ここに大漢国は名実ともに滅び去ったのである。

大漢国が滅亡した今、残る大敵は応天（南京）の東方平江（以下、蘇州と呼ぶ）に本拠を置く張士誠だけとなった。すでに述べたように、張士誠は元璋が呉王を名乗る三カ月前、至正二三年（一三六三）九月に元璋に先んじて呉王を自称していた。つまり長江下流域の

図31　張士誠

応天と蘇州という目と鼻の先に、二人の呉王が対峙したわけである。ここでは両呉国を区別するために、元璋の呉国を朱呉国、張士誠の呉国を張呉国と呼ぶことにしよう。

当時の張呉国の領域は、南は紹興《しょうこう》・杭州《こうしゅう》（浙江省）に至り、北は徐州《じょしゅう》（江蘇省）から済寧《さいねい》（山東省）に達し、西は汝州・潁州ばかりか、元璋の故郷の濠州もその支配下に収めていた。なかでも長江下流のデルタ地帯を押さえていたことは、張呉国にとって最大の強みであった。「江浙熟せば天下足る」とうたわれたように、当地は宋代以来天下の穀倉地帯として知られ、元朝末期にあっても江・浙地方だけで租税歳入額の三分の一をまかなえるほどの生産力を誇っていた。張士誠が反乱を起こした時、元朝が官爵を与えてまでも彼を慰撫しようと努めたのは、当地の経済力を慮ってのことであった。張士誠は元朝から大尉の官を授けられ、その見返りとして毎年大都へ一一万石の糧食を輸送したが、それを可能にするだけの経済的余力が当地にはあったわけだ。

張士誠は豊かな農業生産力と、全国の六割を産出するといわれる江淮・両浙地方の塩を財源として、元末にあっては稀有な経済大国を築きあげていた。だがそれは張士誠やその臣下が努力して生み出したというよりは、恵まれた地の利を得て、その上に寄生する形で存在していたというのが実状に近い。はからずも劉基が見抜いたように、彼はそうしたあり余る財源に満足し切り、それ以上の政治的野心は持ち合わせていなかった。逆に経済的余力が張呉国の内部に、国家としてのまとまりを失わせていたことも事実であった。

張士誠は目前の豊かさに溺れて贅の限りを尽くし、日夜宴会や歌舞にひたって政務を見ようとしなかった。主君がこのありさまだから臣下たちも贅沢をほしいままにし、腹心である弟の張士徳や潘元紹《はんげんしょう》の屋敷には、金銀や珍宝・書画が溢れかえっていた。士誠も気前よく恩賞を濫発したため、走卒（使い走り）や厮養《しよう》（馬の世話係）ですら官爵を授けられたという。政府の綱紀も弛みっぱなしで、将軍に至っては仮病を使って出征しようとせず、あるいは報償を約束して初めて重い腰を挙げるといったていたらくであった。やっと戦場に出て来ても、多くの妾をともなって博打や蹴鞠の遊興に耽り、軍務をまったく意に介さなかった。そのため敗北して領地を失うこと再々であったが、それでも張士誠は彼らを罰することはなく、事あれば再び将軍に任命したという。

しかしながら張呉国のこうした無統制ぶりは、一面では当地に自由な空気を横溢《おういつ》させることになった。蘇州には元末の混乱を避けて多くの豪商や大地主が逃れて来て、張士誠の保護下で商取引や地主経営を行っていた。彼らにとり張呉国の自由放任主義は、自己の財産を維持し、より拡大する上で好都合であった。張士誠も積極的に彼らを保護し、その見返りとして経済的援助を受けていたため、両者の間には協力関係が成り立っていたのである。

当時江南随一の富豪といわれた沈万三《しんまんさん》という人物は、海外貿易で得た莫大な財産をもとに、蘇州近郷に広大な田土を所有していたと伝えられる。彼は張士誠と外戚関係を結んで自己の財産を保全し、張士誠も彼の差し出す軍資金によって政権の維持を図っていた。のちに彼は朱元璋によって財産を没収されたが、応天の城壁の三分の一はこの時の没収金によって築かれたとの伝説もある。蘇州には沈万三ほどではなくとも多くの富豪が居住し、互いに自己の奢侈を競って、戦乱とは無縁の生活を送っていたのである。上も下も一時の栄華を誇っていたわけだが、この泡沫《うたかた》のような繁栄を支えていたものこそ、張呉国の底知れぬ経済力であった。

蘇州の経済的繁栄は、文化面にも大きな影響を及ぼした。元末の蘇州には富豪や大地主とともに、多くの士大夫・知識人が身を寄せて来ていた。それは彼らが文化活動を行うに際し、張士誠が一切の制限を設けずに容認したからである。士誠は彼らを招くことに熱心で、弘文館《こうぶんかん》や賓賢館《ひんけんかん》を建てて知識人を優遇した。元朝の翰林学士であった陳基や中書右丞の饒介《じょうかい》らは、張呉国にあって文書の作成を担当し、積極的に張士誠に協力した。そうではなくとも、例えば有名な文人である高啓《こうけい》・楊基《ようき》・張羽《ちょうう》・徐賁《じょひ》等は、張呉国の庇護下で活発な詩作活動を続けた。彼らはのちに「呉中の四傑」と呼ばれ、文学史上燦然と輝いているが、それを可能にしたのが張呉国の自由な空気であった。

張呉国内部の綱紀は弛緩していたが、他方ではその地特有の自由放任主義が自由と平和を求める人々を不断に招き入れ、当時の張呉国は元末の混乱期でひときわ異彩を放っていた。これを元璋の打ち建てた朱呉国と比較すれば、その違いは歴然としている。朱呉国は不足しがちな財政を補うために、国内に対し徹底した統制策を施し、いわば内部の結束を強めることで事態の打開を図ろうとした。張呉国が政治よりも経済・文化の優先する国家であったとすれば、朱呉国は何よりも政治が主導する国家であったわけだ。それは両国の知識人のあり方にも示されている。

朱呉国に仕えた知識人は劉基や宋濂を見ても、彼らが第一義に考えたのは国家建設であった。もちろん彼らが文化活動に従事しなかったというわけではないが、それは非常時にあってはあくまでも副次的なことにすぎなかった。他方、張呉国下の知識人は、むしろ自分たちの担う文化活動の保護を求めて、蘇州に参集して来たという性格が強い。この違いは浙東と浙西の伝統的価値観の差異に由来する面も大きいかも知れないが、両呉国の支配者の性格もたぶんに影響していたものと思われる。まさに二人の呉王の目指す世界の違いが、その傘下に相異なった知識人層を招き入れることになったわけだ。その正反対の性格を持つ両国家が、やがて最後の決戦を迎えることになる。

蘇州攻撃

至正二五年（一三六五）一〇月、元璋は大将軍徐達・副将軍常遇春らに大軍を率いさせ、水陸から淮東の奪取に向かわせた。淮東とは淮水と長江とに挟まれた両河の下流域で、張呉国の北半分がそこに含まれている。元璋はまずは淮東を取ることで張士誠の勢力を弱め、その上で浙西（長江と銭塘江に挟まれた江南デルタ地帯）への攻撃をしかけようと考えたわけだ。彼らは泰州・通州・高郵を次々と攻略し、やがて淮安を奪取して最後は元璋の故郷の濠州も奪還した。半年ほどで淮東地域はことごとく朱呉国の領域に帰し、張呉国の領土は長江以南の地域に限定されることになった。

翌至正二六年（一三六六）八月、元璋は再び徐達を大将軍、常遇春を副将軍に任命すると、彼らに二〇万の兵を与え、いよいよ浙西への総攻撃を開始した。このとき常遇春は一気に蘇州を衝くよう元璋に要求したが、それを遮って元璋は言った。

「そうではなかろう。湖州の張天騏《ちょうてんき》と杭州の潘原明《はんげんめい》は士誠の懐刀《ふところがたな》であり、蘇州が危うくなれば必ず救援に赴くに違いない。そうなれば我らの勝利も難しくなってしまう。先に湖州を攻めて彼らを疲弊させるにこしたことはない。羽翼をもがれれば蘇州は孤立し、容易に打ち破ることができるであろう」（『明太祖実録』巻二一）。

この結果、徐達らには太湖を横切って湖州を攻めさせ、さらに李文忠には南の杭州を攻撃させた。南・北・西の三方向から蘇州を包囲する態勢をしいたのである。

徐達らの出発に際し、元璋は諸将に対して次のような厳命を下すことも忘れなかった。「蘇州城が陥落した時には、汝らは重々士卒を戒めて、略奪を働いたり、殺戮を行ったり、墓を暴いたり、家屋を壊したりさせてはならぬ。聞くところによると、士誠の母の墓が蘇州城外にあるとのことだ。慎重に保全して手を付けぬようにせよ」（『明太祖実録』巻二一）。

同時に士卒に檄を飛ばし、張士誠の八罪を数え挙げて彼らの士気を鼓舞した。士誠の罪とは、一つには塩の密売を行い、兇徒を結集して反乱を起こしたこと。二つには偽って元朝に降り、その官僚を殺害したこと。三つには国を建てて改元したこと。四つには戦況が不利になると再び偽って元朝に降ったこと等々全部で八カ条にわたっている。

八罪の大半は、士誠の元朝に対する不義を非難するもので、いってみればその非難はそのまま元璋にも当てはまる。それをあえて数え挙げたところに、元璋の真意を見て取らねばならない。つまり元璋は元朝を正統王朝と認めた上で、自身がその正統性を継承するとの立場を打ち出しているのである。八罪は元朝への反逆であるとともに、その正統性への反逆であった。それは裏返せば正統な朱呉国が賊国である張呉国を討つための大義名分でもある。元璋は自国の正統性を高らかにうたいあげることで、自身の行動の正当化を図ったといえる。そうであればこそ、自軍が略奪を働くような賊軍であっては決してならなかった。

元璋の命令を受けた徐達らが湖州を攻撃したため、士誠は養子の五太子《ごたいし》や将軍の朱暹《しゆせん》、それにかつて安豊で劉福通を戦死させた呂珍らに六万の兵士を与えて救援に向かわせ、旧館《きゆうかん》（浙江省呉興県付近）に駐屯させた。徐達らは一〇カ所に土塁を築いて守りを固め糧道を断った。このため張士誠は事態の危急であることを知り、自ら軍を率いて攻撃してきたが、湖州の手前で敗北してしまった。孤立した五太子らは次々と降伏し、湖州は徐達らによって制圧された。勢いに乗る彼らは引き続き嘉興・松江等の地も陥落させ、蘇州城下に迫った。同じ頃、杭州を守っていた潘原明も李文忠に降り、蘇州は八方塞がりの状態になった。

同年一一月、朱呉国の大軍は蘇州に進攻し、幾重にも包囲網を敷いて持久戦に出た。ところが張士誠は思いのほか持ちこたえ、数カ月経っても降伏する気配がない。この状況を見て元璋は招撫策を採ることに決め、士誠に書状を送って言った。

「いにしえの豪傑は天命を畏れ民意に順うことを賢とし、身を全うして一族を保全することを智とした。漢の竇融《とうゆう》、宋の銭俶《せんしゆく》がそれである。汝はそれをよくよく考えるべきである。一族の滅亡する道をわざわざ選び、天下の笑い者になってはならぬ」（『明史』張士誠伝）。

だが士誠は元璋の書状を一切無視し、しばしば包囲網の突破を図ったが、戦局は一向に好転しなかった。

至正二七年（一三六七）六月、長期にわたる持久戦に疲れた士誠は、囲みを突いて決戦

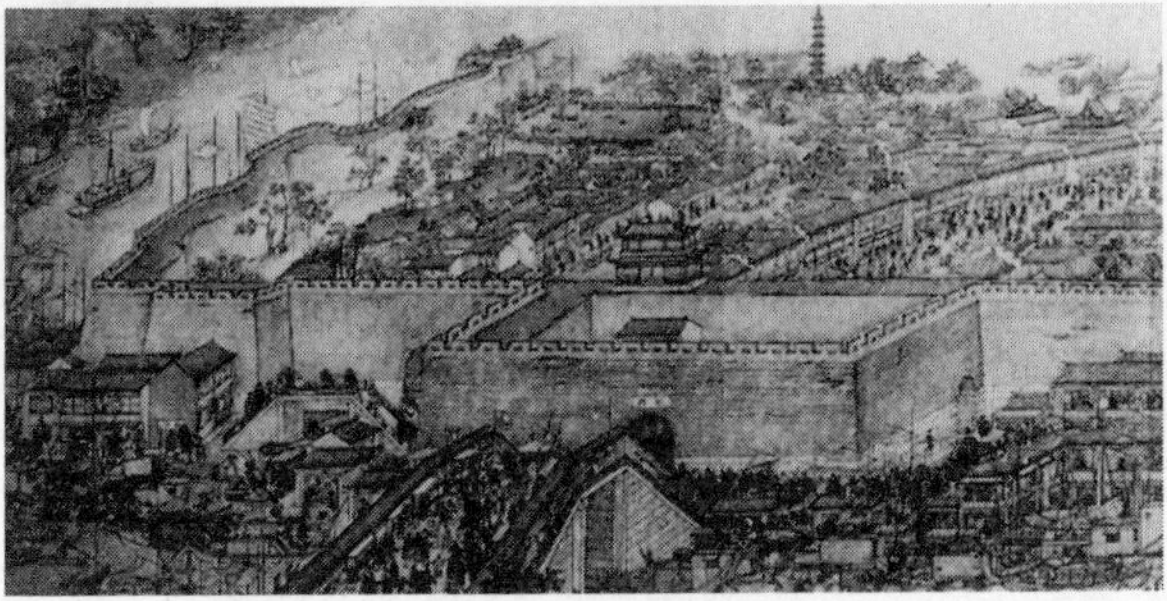
図32　閶門城外

を挑み、閶門《しょうもん》に陣を張る常遇春の部隊に一軍を向かわせた。常遇春がそれを迎え撃ったため、士誠は再び別将に兵一〇〇〇余名を与えて救援させるとともに、自らも閶門近くの山塘《さんとう》で支援態勢を取ろうとした。ところが山塘に通じる道は幅が狭く、兵士を一度に移動させることができない。ぐずぐずしているうちに常遇春の兵が襲いかかったものだから、士誠の兵はひとたまりもなかった。士誠軍は大敗し、多くの人馬が閶門外の沙盆潭《さぼんたん》で溺死した。

張士誠のもとには十条竜（一〇匹の竜）と呼ばれる強者《つわもの》たちがおり、勇敢な上に戦が巧みであった。いかにも派手好みの士誠の部下らしく、常に銀の鎧と錦の衣装を着て陣中に出入りしていたが、彼らもまたこの戦いで敗北し、万里橋の下で溺れ死んだ。この時、士誠も水に落ちほとんど命を失うところであったが、かろうじて部下に助けられ、担がれて城内に逃げ込んだ。

三日後、士誠は態勢を立て直すと再び城外に撃って出た。だが士誠軍にはほとんど余力が残っていなかった。常遇春に大敗を喫し、しかも弟の宰相張士徳が石弓の砲撃を食らって死んだため、城中は混乱状態になった。士誠は生き残っている二、三万の部下を叱咤して万寿寺の東街で戦ったものの、やがてその部下も散り散りになって逃亡してしまった。あわてて王宮に逃げ込んだ士誠は門を閉じ、妻の劉氏を探し出すと観念したかのように言った。

「自分は戦いに敗れ、まもなく死ぬことになろう。お前はこれからどうするか」。

劉氏は落ち着き払った声で答えた。

「ご心配なさいますな。わたくしは決してあなたに背くようなことはいたしませぬ」(『明史』張士誠伝)。

こう告げると斉雲楼《せいうんろう》の下に薪を積み、落城と同時に士誠の妻妾たちを駆りたてて楼に登らせ、養子の辰保《しんぽ》に火を放って焼かせた。それを見届けた上で自分もまた首をくって死んだ。

士誠は蘇州城が陥落する直前、捕らわれの身になることを嫌い一室に閉じ籠もって首を吊った。その場に踏み込んだのは元璋軍に降った趙世雄《ちょうせいゆう》で、彼は士誠を抱き抱えると急いで縄を解いたため、すんでのところで士誠は息をふき返した。こうして士誠は応天へ護送されたが、道中目を閉じたままで一言も発せず、食事にもまったく手をつけようとしなかった。やがて応天に到着すると、警護の者が一瞬目を離したすきに、自ら首をくって思いを遂げた。享年四七。士誠が反乱を起こしてから一四年、張呉国を樹立してからはわずか四年のことであった。

戦後処理

至正二七（一三六七）九月、応天に凱旋した徐達らに対し、元璋はさっそく呉国平定の論功行賞を行った。李善長を宣国公《せんこくこう》、徐達を信国公《しんこくこう》、常遇春を鄂国公《がくこくこう》に封じたほか、他の諸将にも働きに応じて過分の褒賞を与えた。翌日、感謝の言葉を述べるために参内してきた徐達らに元璋は尋ねた。

「そちたちは我が家に戻って、勝利の美酒に酔ったことであろうな」。

「主上のおかげで浴びるほど酒を飲み、勝利を祝うことができました」。

徐達らが感謝の言葉を述べると、それを遮るかのように元璋は言った。

「余もそちたち諸将と宴を張り、一日歓を尽くして楽しもうと思わぬではない。だが中原がいまだ平定されていない現在、酒宴を張って楽しむわけにはいくまい。そちたちも張士誠の行ったことを見ておるであろう。あやつめは終日臣下たちと飲めや歌えの宴を開き、歓楽の限りを尽くしておった。それが今はどうなったか。この事実は深く戒めとすべきである」（『明太祖実録』巻二五）。

元璋は張士誠に勝利して有頂天になっている諸将に対し、今一度引き締めの言葉をかけえることを忘れなかった。現在の勝利は当面の敵への勝利である。北方では衰えたりとはいえ、元朝がいまなおあなどり難い勢力を温存している。元璋とすれば最後の攻撃目標が元朝にあることを、あらためて諸将の胸に刻んでおく必要があった。

一方、張呉国が滅んで新たに元璋の配下に入った諸将には、次のような訓令を垂れた。

「汝らは張士誠に仕えて将となり兵を率いておったが、万策尽き勢い衰えて我が方へ降って参った。余は汝らを厚く遇したばかりか、将校の列にも加えてやった。その理由が分かるか。余は汝らにはっきりと言っておきたい。余の用いる将は、多くは濠州・泗州・汝州・潁州・寿春・定遠等の淮西地方の出身者である。彼らは勤勉で労苦をものとせず、倹約に努めて奢侈を知らぬ。豊かな江南地方で安逸に耽っていた汝らとはわけが違うのだ。

汝らはもともと富貴の出ではなかったが、一旦将となり兵を握ってからは子女玉帛を追い求め、あらん限りの狼籍を尽くしてきた。いま余に降ったからには旧習を改めねばならぬ。我が濠州や泗州の者のようにしてこそ、爵位を保てようというものだ。富貴を望まぬ者はおらぬ。だが富貴は得るに易く、守るに難い。汝らは心を尽くして職務を果たし、大軍に従いて暴を除き乱を平らげ、早く大業を成就させるべきである。そうすれば己《おの》が富貴を得るばかりか、子孫までもがその福を享受することができよう。一時の富貴のために将来を見誤れば、たとえ一時の快楽を得てもすぐに身を滅ぼすことになろう。それを本当の富貴と言えようか。これらのことは汝らが直接見てきたことである。とくと戒めよ」(『明太祖実録』巻二五)。

この言葉の中に、元璋の強い同郷意識と鉄の規律への崇拝とを読み取ることは容易だろう。朱軍団は淮西出身者の同郷的結合と固い結束力をもとに、勢力の拡張を図ってきた。時には軍団の維持のために、身内に対しても血の制裁が下された。厳格な内部統制は、財政的にも決して恵まれていなかった朱軍団が、他の群雄と互していくための唯一の方法であった。この度の勝利は、そのやり方が決して間違っていなかったことを証明して見せたのだ。元璋にすれば、新たに配下に入った者たちは、すべからく朱集団の方針に従わせる必要があった。

元璋の張呉国に対する戦後処理は、帰付した諸将への訓諭だけで終わったわけではもちろんない。彼の行った措置はそんな生易しいものではなく、きわめて苛酷なものであった。九カ月にもわたって抵抗した張呉国への報復的意味合いもあったであろう。真っ先にやりだまに上がったのは、張呉国の参謀であった黄敬夫《こうけいふ》・蔡彦夫《さいげんふ》・葉徳新《しょうとくしん》の三人である。彼らは宰相張士徳のブレーンとして実権を握っていたが、捕らえられ処刑された上で市街に一月間さらしものにされた。当時蘇州の巷間では「黄菜葉(黄色く枯れた野菜の葉)」という俗謡が流行っていた。

宰相さまは国事を為すに、

黄・蔡・葉に任せっ切り、
ところがある夜、西風が吹き、
黄・蔡・葉は干凅《ひから》びた（呉寛『平呉録』）。

元璋を西風に例え、彼ら三人の未来を予言するものであったが、その通りになったわけである。

さらに張呉国に仕えていた官僚や将士、及び混乱を避けて張呉国に移って来ていた者たち二〇万人を、強制的に応天に移住させたことも見逃せない。先の訓諭はこの時応天に送られた諸将になされたものだが、移住者の中にはかつて張士誠と結びついていた富豪・豪商をはじめ、多くの地主や知識人も含まれていた。こうした措置は張呉国の残存勢力の根絶を狙ったものであり、彼らを手元に置いて監視しようとしたわけだ。

さらに都であった蘇州の富豪を元璋の故郷である鳳陽（濠州）に移住させ、翌年には松江の富豪に対しても同様の措置を下している。彼らの土地は没収され、官田として国家に登録されて重税が課せられた。当地が天下の穀倉地帯であることを慮り、戦後処理とあわせて当地の直接経営をもくろんだのである。のちには嘉興・湖州・常州・鎮江等の地にも官田が設置され、先の二府を合わせた六府の税糧額は、国家の税糧収入の五分の一近くを占めるに至っている。

以上の処置を通して張呉国の勢力はあらかた一掃され、朱呉国の中に完全に吸収された。あれだけ栄華を誇った張呉国だが、わずか数年の泡沫《うたかた》の夢を残して、地上から永遠に消え去ってしまったのである。

紅巾軍との訣別

元璋が張呉国討伐に先立ち張士誠の八罪を数え挙げた時、そこには張士誠に対する非難とともに、別の重要な意味合いが込められていた。それはこの中で初めて、元璋は紅巾軍を「賊」と罵り、今までの関係を断つことを明言しているからである。朱政権への知識人の参加により、元璋の考えに変化がきたしていたことはすでに述べた。かつての反乱軍とは異なり、元璋自身儒教イデオロギーに基づいて国家建設を目指すようになっていた。しかしその一方で戦略上の意図から依然として小明王を奉じ、元璋は紅巾大宋国の臣下としての立場を保持していたことも事実である。滁州に安置された小明王は、その後も形の上では元璋の主君であり続けた。

だが事ここに至って情勢は一変した。朱政権は今では最後の強敵張士誠と覇を争うまでに成長し、小明王を推戴しておく理由は何もなくなった。むしろ元璋は儒教主義を標榜し、そのことによって自己の行動を正当化しようとしているのである。そのためには旧秩序の破壊者である紅巾軍との関係は、何がなんでも断ち切っておく必要があった。恐らく劉基らの積極的な働きかけがあったのであろう。元璋は檄文の中で次のように述べている。

元末のこの時世にあって、元君は深宮に閉じ籠もり、臣下は威勢を操ってかって放題を行っている。官位は賄賂の額によって定まり、罪は情実によって左右される。それを取り締まるべき監察官は身内の者を抜擢して仇敵を弾劾し、役所は貧民を酷使するばかりか富民の生活をも擾《みだ》している。ところが朝廷は一向に気にも止めず、余計な役人を増し、貨幣制度を改悪し、四〇万の民を役使して、その挙げ句に黄河を埋め塞いでしまった。死者は道端に枕を並べて横たわり、哀苦《あいく》の声は天にまで届いている。

こんなありさまだから愚民は誤って妖術に陥り、怪しげな言葉に惑わされて弥勒の存在を信じ、その治世を願って苦しみから逃れようとした。こうして彼らは焼香の徒党を組み、汝州・潁州を根拠地として黄河・洛水の間に蔓延した。妖言が行きわたるや、兇謀はいや増し、城廓を焼き払い、士大夫を殺戮し、生霊を汚してあらん限りの悪事を働いた。元朝は天下の銭糧・兵馬を集めて大がかりな討伐を行ったが効果なく、かえって彼らの勢いは盛んとなって、とうとう世を救い民を安んじることができなくなってしまった。

ここに大志ある者は事態を見て憂慮し、勢いに乗じて起ち上がった。ある者は元朝の威光を笠に着、ある者は香軍に身を投じて号令し、またある者は孤軍を以て独立する等、それぞれ各自が大事を成し遂げようとしたので、天下は土崩瓦解の状態となった。余はもと濠梁（濠州）の民であったが、初めて隊伍に列してようやく兵を指揮するようになるや、妖言を信じては大事を成就できぬことを見抜き、また元朝と協力しても成功は収め難いことを推量し、ついに兵を率いて渡江を決行した。こうして天地祖宗の霊や将相の力に頼って、ひとたび攻撃しては江左を領有し、再戦しては浙東を平定したのである（『平呉録』）。

このように元璋は紅巾軍を「賊」と決めつけ、彼らの教義を「妖言」と断言しているのである。紅巾軍の信じた白蓮教は邪教とみなされ、かつて自分も参加していた紅巾軍は賊軍と罵られている。現状打破を標榜する白蓮教とその徒党は、儒教主義の立場から秩序の再確立を目指す元璋にとり、邪魔者以外の何者でもなくなったわけだ。

元璋のこの態度の変化の裏には、彼の周りに集まった知識人の影響が大きく作用していた。もともと無学の元璋は、陣中にあっても常に儒者から講義を受け、積極的に知識を吸収していった。儒学の聖賢の教えを聞き、中国の歴史を学び、努力して詩作をたしなむだけの文化的教養をいつしか身につけるようになっていた。儒学の中に描かれた世界や、その実現を図った古代の帝王の事績を知ることによって、彼は人間的に成長していったのである。

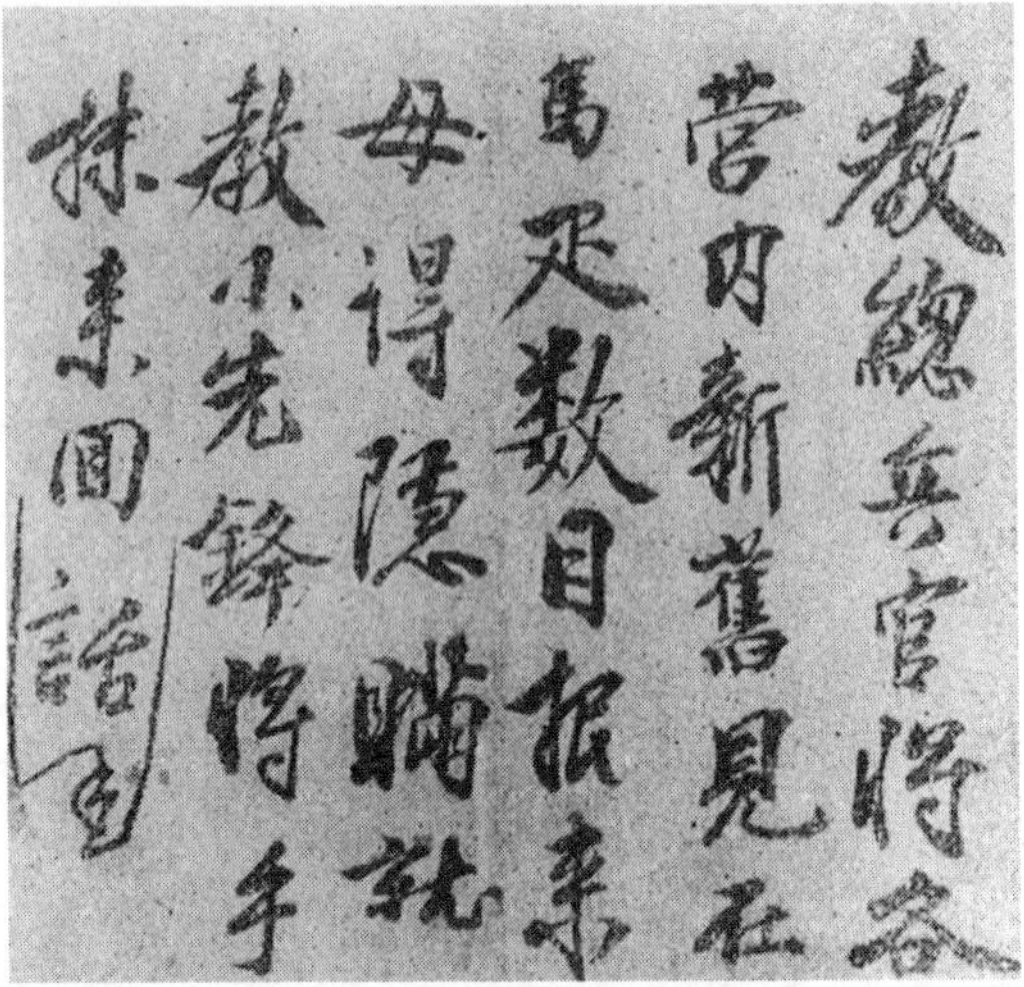
教總兵官將爷
營内新舊見在
馬足数目報来
毋得隱瞞就
教小先鋒將手
持李小困諭

図33　朱元璋直筆の手紙

その意味で、彼が望んだのは明らかに紅巾軍が夢見た弥勒の世界とは異なり、伝統的儒教的な秩序世界であった。それを変化といえば言えなくもないが、ただしこの変化は、元璋が農民の側から地主の側へスタンスを置き換えたといった単純なものではない。元璋自身にそんな意識は毛頭なかったはずである。彼はあくまでも儒教主義に基づく秩序の確立を意図しただけで、それに反するものとして紅巾軍を否定したのである。

至正二六年（一三六六）の冬、まさに張呉国が滅亡の危機に瀕していた時、元璋は部下の廖永忠を滁州に派遣して小明王を応天に迎えさせた。表向きは小明王を応天で推戴するた

図34　南京の城壁

めであった。だが実際は廖永忠は元璋の密命を帯び、一つの段取りができあがってい た。彼は小明王を瓜歩《かほ》の渡し（江蘇省六合《りくごう》県）まで連れてくると、一行の乗った船を転覆させ、小明王を江中に沈めてしまったのである。もともと巣湖の水賊であった廖永忠にとり、船を転覆させるぐらい造作ないことであった。彼は応天に戻ると、嵐にあって船が沈没し、小明王が溺死した旨を元璋に報告した。てはず通りに事が運んだことを知らせるものであった。

だがその廖永忠もそれから約一〇年後、思い出したかのように小明王への不義を責められ、元璋から死を賜っている。恐らくこれも元璋にとって、予定通りの行動であったのだろう。元璋は自らの手を汚すことなく、小明王を永遠の闇の中に葬ることに成功したのである。

小明王を抹殺した元璋は、晴れて誰への気兼ねもなく呉王を名乗れる立場に立った。彼は今まで使用していた竜鳳の年号を捨て、翌年を呉元年と定めると、新たに宗廟と社稷壇の建造にとりかかった。すでに八月から応天城の造営が始まり、宮殿の建設も進められていた。これらの措置は新国家を創設するための第一歩であり、元璋の皇帝即位が秒読み段階に入ったことを示していた。だが元璋にはまだやり残している大きな仕事があった。北方では依然として元朝が勢力を維持しており、その掃討なくして新国家の確立はありえなかったからだ。かつて大宋国が果たしえなかった北伐は、ここに元璋の双肩に課せられることになったのである。

九　中華の回復

モンゴルの駆逐

呉元年（一三六七）九月、張呉国を滅ぼして長江下流域を獲得した元璋だが、この時点での朱呉国の領域は、今でいう安徽・江蘇・浙江・江西・湖北・湖南、それに山東と河南の南部というように黄河以南の地に限られていた。しかも浙江の南には依然として方国珍が居座り、その南の福建は巡検《じゅんけん》（警官）あがりの群雄陳友定《ちんゆうてい》が押さえ、四川には明玉珍の建てた大夏国があったのだから、元璋は全中国を統一したわけではなかった。だがそれらの群雄には元璋を破るだけの力はなく、やっと地方に自守自保しているだけであった。それゆえ元璋にとって最も困難な敵は、衰えたりとはいえ大都を中心に、今なお数十万の軍隊を擁する元朝以外に考えられなかった。元璋は元朝の実力を計りかねていた。

その年の一〇月、元璋はいよいよ北伐を開始するに当たり諸将と戦略を練った。この時、直接大都を攻撃するよう主張したのは、かつて蘇州攻撃の際にもそうであったように、やはり常遇春であった。だが元璋は今回も同様に慎重策を取り、周辺地域を押さえて大都を孤立させるのが上策だとした。河南と山東をまず平定して大都の羽翼を断ち、潼関《どうかん》（陝西省）を抜いて西北方面に睨みをきかせれば、天下の形勢は我が手に落ちたも同然だというのである。諸将はみな元璋の案に賛成した。

会議から四日後、元璋は徐達を征虜大将軍《せいりょだいしょうぐん》、常遇春を副将軍に任命すると、二五万の兵を与えて北伐に向かわせた。当時二人は数多い名将の中でも「徐常」と並称され、重要な作戦は決まって二人が担当した。常遇春は猪突猛進型で城を攻略するごとに殺戮を平気で行ったが、徐達は沈着冷静型で殺人を好まず、敵方の壮子やスパイでもひとたび自分に下れば恩義を結んで部下とした。そのため軍中では徐達の方が人望はあったが、元璋の二人に対する信頼は厚く、正反対の性格を持つ二人をコンビにして、常に勝利を得てきたのである。この度の北伐を任せるに当たっても、まことにうってつけの二人であった。

元璋は北伐軍を派遣するに先立ち、北方の官吏や民衆に対して、自軍の大義名分を説く檄を発した。彼らの心を一つにして元朝を駆逐するためである。檄文は、元璋のブレーンでかつ当代一の学者である宋濂によって起草された。その梗概は次のようなものである。

いにしえより帝王が天下を治めるに、中国は内に居りて夷狄を統制し、夷狄は外に居りて中国を奉じてきた。いまだ夷狄が中国に居りて天下を治めたという例を聞いたことがない。しかるに宋が弱まると元は夷狄の分際で中国に入って主となリ、天下の民は夷狄に臣服するに至った。これは人力ではなく、実に天授である。かの時（クビライ時代）は君主も聡明で臣下も優秀であったため、十分天下を繋ぎとめることができたのである。……。だがその後はどうであるか。元の臣子は祖訓に従わず、三綱五常の道徳を破壊し、人倫にもとる行為を平気で行うありさまである。君主は逸楽に耽って君臣の道を失い、宰相は権力をほしいままにして独断し、監察官はその地位を利用して恨みごとを晴らす。また役人は民衆に害毒を流して虐げるばかりである。

この結果、人心は元より離反し、各地に兵乱が起こって、わが中国の民をして死者はその肝脳を地にまみれさせ、生者は肉親を相安んじさせることができなくなった。これは人事のなせることとはいえ、じつは天が元の徳を厭《いと》い、それを見捨ててしまったのである。いにしえより「胡虜《こりょ》に百年の運なし」という。今日の状況をみれば、まことにその通りだといわねばならない。

今や天運はめぐり、中原に気は盛んである。億兆の中に聖人が現れ、胡虜を駆逐して中華を恢復し、綱紀を立てて人民を救済しようとしている。……。方今華北の地には数人の群雄がおり、……、最初は妖人の捕捉を名目としていたが、やがて兵権を得ると志は驕り気は盈《み》ち、君主を尊んで民を保護しようという気持も失せ、互いに併呑し合ってかえって人民の巨害となっている。すべて中華の主となれるような人物ではない。

予はもと淮西の布衣（庶民）であったが、天下が混乱するにより衆に推され、兵を率いて江を渡り、金陵という形勢の地を拠点として南方の地をことごとく領有するに至った。……。人民の生活も安定して食糧も充足し、兵も精強を誇っているが、我が中原の民に久しく主がいないのを見て心痛に耐えない。ここに兵を北方に派遣して群虜を逐い、人民を塗炭の苦しみから解放して漢唐の威儀を回復しようと思う。ただ華北の民は我が軍を知らず、かえって仇敵とみなして家族ともども北走し、苦しみを深める危険性がある。それゆえ先ず華北の民に諭告しておきたい。

我が軍が至っても、それを避けて逃れる必要はない。予の号令は厳粛であり、秋毫も民の生活を犯すことはない。我に帰順すればとこしえに中華の地に安住し、我に背けば自ら塞外の地で困窮することになろう。蓋《けだ》し我が中国の民は、天が必ず中国の人に命じてこれを安んじるものである。夷狄がどうして治めることができよう。……。我が志は胡虜を駆逐して暴乱を除き、民をしてその所を得さしめ中国の恥を雪《そそ》ぐことにある。汝ら、それ予の心を体せよ。蒙古・色目人は中華の族類ではないが、同じ天地の間に生を受けた者たちである。「礼・義（広い意味での中国文化）」を知って臣民になることを願う者があれば、中華の民と同様撫養することにしよう。故にここに告諭する。汝ら臣民よろしく知悉すべし（『明太祖実録』巻二六）。

この檄文には、元璋の二つの意図が込められている。一つは夷狄出身の元朝を正統王朝と認めた上で、徳が失われたため新政権が取って代わるべきだとの「正統論」からの主張。いま一つは夷狄が中国に入って天下を支配していることの問題性で、「中国の民」は「中国の人」の手によって治められねばならないという「華夷思想」に基づく主張。この一見相矛盾する二つの主張が、整合的に強調されている点に気づかねばならない。

つまり前者の主張は、自政権が新しい支配者としての正統性を獲得するために、滅ぶべき前王朝の正統性をまず容認していることである。王朝が存在できる背景には、正統性への根強い信仰がある。その正統性の継承を掲げることで、正統性をなくした元朝を滅ぼす大義名分を得られるわけである。正統論の護持は官僚・知識人に対して自己の行動をイデオロギー的に根拠付けるためにも、是非とも取っておくべき立場であった。

かたや後者の主張は「中国の民（その大半は漢族）」の意志を統一し、挙国一致の戦意を鼓舞するためにとられた措置だと言ってよい。元朝の失政によって社会が混乱してからは、官僚であろうと地主・小農民であろうと、悲惨な生活を余儀なくされてきた。そんな彼らを朱呉国のもとに結集させ、新王朝の創設に向かわせるには共通の目標が必要である。それには夷狄支配の弊害を強調し、人々の潜在的な中華意識を駆り立てるしかない。社会の諸矛盾の責任をすべて夷狄の支配に押し付け、元朝への憎悪を強めて革命の原動力にしようとしたのである。

とはいえ、元璋は中華の恢復は唱えていても、漢族国家の復興は主張していない。国内に多くの異民族を抱える以上、漢族だけを特別視するわけにはいかないからだ。異民族であっても中国文化を体得すれば「中華の民と同様撫養する」し、クビライの中国支配も徳があったためだとして正当化する。要は徳を失い夷狄に戻った元朝が、いまだ中国の主であることが問題なのだ。その意味で「胡虜に百年の運なし」とは、正統王朝であった元朝が夷狄に成り下がるまでの命数を意味し、それが尽きた今は即刻中国から出て行くべきだという。王朝交代を正統論と華夷思想でみごとに整合化していることが見て取れよう。「駆逐胡虜、恢復中華」のスローガンには、こうした深慮が秘められていたのである。

やがて北伐軍は破竹の勢いで進撃し、その年の一一月に沂《ぎ》州（山東省）を落として軍閥の王宣《おうせん》を斬ると、引き続き益都を陥れ、一二月には済南を攻略して山東のほぼ全域を支配下に置いた。翌年（一三六八）四月、徐達と常遇春は洛水の北で元軍を撃破すると、一気に河南を平定したので、元璋は汴梁《べんりょう》まで出向き、その地を開封府と改めた。同じ頃、馮《ふう》勝《しょう》（馮国勝が改名）に率いられた別動隊は潼関を抜き、華州《かしゅう》（陝西省）を攻略すると方向を転じて開封に入った。元朝はチャガン・テムルの養子であるココ・テムルや李思斉《りしせい》を差し向けてきたが、もはやどうすることもできない。とどまることを知らぬ北伐軍は怒濤のように進撃を続け、閏七月には徳州・通州（河北省）を落としていよいよ大都に迫った。

北伐軍の接近を聞いて大都の元朝政府は色めき立った。恐れをなした順帝は清寧殿《せいねいでん》に后妃や皇太子らを集めると、北伐軍のことはそっちのけで北方への逃避策を練るありさまで

図35　居庸関

あった。宰相のシレムンが思いとどまるように訴えたが、すでに順帝は聞く耳を持っていない。このとき宦官の趙バヤン・ブカが泣きながら諫めて言った。

「天下は世祖陛下の天下でございますれば、陛下はそれを死守せねばなりません。どうして捨ててしまってよいものでしょう。臣らが軍民やケシク（親衛隊）を率いて城を出て防戦いたしますので、どうか陛下は京城を固く守って下さいませ」（『元史』順帝本紀）。

だが恐怖におののく順帝には、聞き入れられるはずもなかった。その夜、順帝一行は健徳門を開いて宮城から抜け出すと、居《きょ》庸関《ようかん》を通って北の地に逃走した。それから四日後、北伐軍は大都に入城した。徐達は宮中の内府の倉庫を封禁して図籍の散乱を防ぎ、宮門には守衛の兵を立てて宮城を保護させた。また士卒を戒めて城内での略奪を禁じた。このため大都は混乱もなく、北伐軍に接収されることになった。クビライが大都に都を置いて百有余年、ここに元朝の中国支配は終焉を迎えたのである。

大都を脱出した順帝らはしばらくは上都にとどまっていたが、やがて常遇春の追撃を受けて応昌《おうしょう》（内モンゴル自治区ダライ・ノール湖の西南）に走り、ほどなくその地で病を得て亡くなった。順帝が死亡して一月後、北伐軍はその地を急襲し、皇太孫のマイダリ・バラや皇妃および玉璽を捕獲した。このとき皇太子のアユルシリダラは、わずか一〇数騎の供の者だけを従えて、さらに北の地に逃れ去った。東アジアに覇を唱えた征服王朝の元朝にしては、あまりにも哀れな末路であった。

大明帝国の誕生

徐達らが北伐を進めている頃、元璋は南方に向かっても軍を派遣し、征南将軍の湯和や廖永忠らの活躍で福建・広東は平定され、中国南部が元璋の支配下に入るのも時間の問題となっていた。

この間、元璋は都の応天で、新王朝の体制作りに追われていた。制度面についていえば、すでに呉元年（一三六七）三月には文武科の詔が下され、三年後に科挙が実施される旨が発表された。官吏任用試験である科挙は元朝ではほとんど重要視されず、知識人の間では

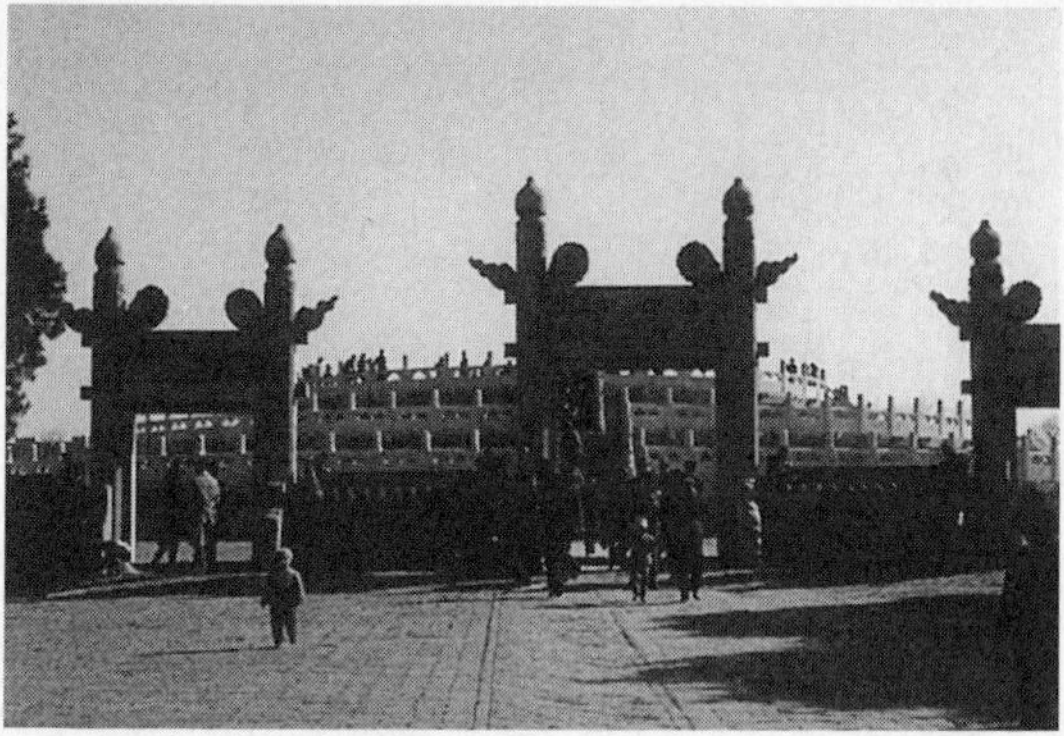

図36　圜丘（北京）

不満がくすぶっていた。科挙の実施はそうした知識人を新政権に引き付け、恒久的に官僚を補充するためにも、是非とも取っておくべき措置であった。

同年五月には帝国アカデミーとしての翰林院が設置され、陶安と潘庭堅《はんていけん》を翰林学士、朱升を侍読学士に任命した。また一〇月には官僚を監察するために御史台が置かれ、湯和と鄧愈をそれぞれ左右御史大夫、劉基と章溢を御史中丞とした。御史台の設置により、すでに存在していた大都督府と中書省とを合わせて、監察・軍政・民政の三権が確立したわけである。

帝国を経営するための設備面でも、急ピッチで充実が図られていた。同年八月には、天子が天地を祭るための圜丘《えんきゅう》・方丘および社稷壇《しゃしょくだん》が完成した。また九月には応天の新宮殿が落成し、今後奉天《ほうてん》・華蓋《かがい》・謹身《きんしん》の三大殿で国家の大典が行われるようになった。皇帝の私的な住まいである内廷には、乾清宮《けんせいきゅう》・坤寧宮《こんねいきゅう》をはじめ六《りく》宮《きゅう》が並び立ち、皇城全体の四方には外部に向かって四つの門が設けられた。すべて元璋の命令により、頑丈ではあるが特別の飾り立てをせず、質素な造りにされていた。さらに一一月には新王朝の正朔を正すために、大統暦《だいとうれき》が制定された。

新王朝を維持していくには、根本法典が必要である。元璋は同年一〇月に中書省に命じると李善長を総裁官とし、楊憲・劉基・陶安ら二〇人を議律官に任命して律令《りつりょう》の編纂を開始し、一二月に完成させた。刑罰法規である律は全体で二八五カ条、行政法規を主とする令は一四五カ条であった。また律令の内容が一般民衆には難解であるところから、民間での訴訟に関わる箇条を編纂し直し、それに訓釈を付して『律令直解《りつりょうちょくかい》』と名付け地方の役所に配布した。『明律』は元璋の存命中に数回改訂がなされ、その後明一代を通じて遵守された。

着々と新王朝創設の準備が進められていた呉元年一二月、中書左丞相(宰相)の李善長は群臣を率いて表(君主に上呈する文書)を元璋に奉り、皇帝への即位を要請する勧進《かんじん》を行った。元璋は礼にのっとって「不徳」を理由に固辞し、このやりとりが三度くり返された。やがて形通りの勧進の儀式が終わると、元璋は李善長に命じて歴代王朝の儀礼を斟酌させ、即位の礼を制定させた。

明けて洪武元年(一三六八)正月、元璋は南郊の圜丘で天地の祭りを行うと、居並ぶ文武百官や応天の富民・長老の万歳三唱の中で皇帝に即位し、国号を「大明《だいみん》」、年号を「洪《こう》武《ぶ》」と定めた。大明帝国の誕生である。久しく待ち望んでいた国家秩序はここに再建され、貧農の子朱元璋によって新時代の到来が高らかに告げられたのである。

図37　明の故宮の午門

この時制定された「明」という国号については、その由来が定かではない。かつての主君である小明王の明を継承したものだとか、五行《ごぎょう》説で南方を意味する「朱明《しゅめい》」という言葉を、同じ南から起こった朱姓の元璋が採用したのだとか諸説紛々としており真相は不明である。また年号の洪武に至っては、輝かしい武徳を顕彰して「洪《おお》いなる武」と名付けたのであろう。ちなみに元璋以後、一世一元の制が採用されたため、元璋はその年号を取って洪武帝、あるいは死後贈られた廟号によって太祖と呼ばれる。

南郊での即位の儀式を終えると元璋を乗せた車駕は太廟に詣で、徳祖《とくそ》朱百六以下四世の祖先を追尊《ついそん》（死後に皇帝の尊号を贈ること）し、引き続き社稷《しやしょく》（土地と穀物の神）の祭りを行って宮中に戻った。やがて奉天殿に出座した元璋はそこで再び百官の朝賀を受け、李善長に命じて冊宝《さくほう》（冊書と印章）を奉らせると、妃の馬氏を皇后、世子朱標を皇太子とした。この時、李善長と徐達はあらためて左右丞相に任命され、功臣たちの官位も上げられた。

滞りなく進行している儀式のさなかに、元璋の脳裏に去来していたのは、おそらく過ぎ去った日々への追憶であったに違いない。牛飼いに追われた貧しい少年時代。悲しかった両親との死別。托鉢僧としての当ての無い流浪の旅。郭子興のもとでの苦難の毎日。陳友諒や張士誠との死闘等々………。これらの出来事が次から次へと、走馬灯のように浮かんでは消えていった。あの頃の境遇と比較すれば、今の自分はまるで夢を見ているようである。その夢を見させてくれたのは、他ならぬ自分を生んだ両親を始め、苦労を共にした仲間たち。そして自分が困難に陥るごとに、援助の手を差し伸べてくれた多くの人たちであった。元璋はいまさらながら現在の地位が、おのれの力だけでは得られなかったことに思いを致したはずである。

即位式の翌日、元璋は伯父朱五一以下亡くなった一族の者すべてを王に追封《ついほう》し、翌洪武二年（一三六九）に故郷の鳳陽（濠州）で合祀した。すでに即位の二年前、元璋はかつて皇覚寺に入る際に世話になった汪婆さんの子孫に代々官位を与え、父朱五四の陵墓である皇陵の護衛を任せている。また両親と長兄を埋葬する時に土地を恵んでくれた劉継祖にも、義恵侯《ぎけいこう》という爵位を与えて恩義に報いることを忘れなかった。元璋の義理固い一面を示すものといえよう。

中華意識の高揚

洪武元年(一三六八)二月、元璋は詔を下して衣冠の制度を唐制に戻すよう指示を出した。長いモンゴルの支配を受けて中国社会は一変し、漢族の中には北方民族特有の辮髪《べんぱつ》をしたり、筒袖《つつそで》の衣服にズボンを着用したりする者も多く、中にはモンゴル風の姓名を名乗る者も存在した。これを再び伝統的な衣冠に改め、モンゴル名・モンゴル語の使用も厳禁したのである。

王朝成立直前の呉元年(一三六七)一〇月、元璋は百官に対して官職はすべて左を上位に置くよう命令を出していた。これはモンゴル人が右を尊んだことから官職は右が上位であったのを、中国風に改めるものであった。この措置により今まで右相国であった李善長は左相国となり(後に左丞相と改名)、徐達は右相国(同右丞相)に配置代えされた。洪武元年二月に出された詔はその延長上にあり、単に官職のみにとどまらず、それを社会のすみずみにまで徹底させようという意図が込められていた。中華の復興を掲げて成立した明帝国であってみれば、それも当然の措置であり、自政権の正当化のためにも早急に行う必要があったからである。

もっともこの措置はモンゴル人を民族的に敵愾視《てきがいし》し、モンゴル人の根絶を図ろうとしたということを意味しない。洪武三年（一三七〇）六月、応昌で捕らえられた順帝の孫マイダリ・バラが応天に護送されて来ると、元璋は「沙漠を平定するの詔」を発した。同時にマイダリ・バラを崇礼侯《すうれいこう》として封じ、「華夷の別」なく安撫する旨を表明している。「漢唐の威儀」を正して中華の皇帝たらんとする元璋にとり、中華の徳を慕ってやって来る夷狄はひとしく保護すべき対象だったのである。ここに伝統的中華思想の発露を認めないわけにはいかない。

元璋は洪武元年一一月以降、順次周辺諸国に使者を派遣して即位詔を頒かち、朝貢をうながした。これに応えてベトナム（明では安南という）、高麗、占城《チャンパ》（現在のベトナム南部）、などが朝貢して来たので、元璋は冊封使《さくほう》を遣わし陳日熞《ちんにつけい》を安南国王、王顓《おうせん》を高麗国王、阿《あ》答阿者《とうあしゃ》（チャム語ではビナスオール）を占城国王に冊封した。中華思想の論理では、中央に有徳の天子の治める中華世界があり、その周辺に未開の夷狄の世界が広がっている。天子は徳でもって夷狄を感化し、夷狄は天子の徳を慕って中華に入朝する。これを具体的に表すのが中国皇帝による周辺諸国王への冊封であり、また諸国王からの朝貢であった。古来、この相互の行為を基本としながら、東アジアの国際秩序は保たれてきた。

それゆえ元璋が即位後、日を置かずに朝貢を求めたことは、彼の視野に東アジアの国々が明確に捉えられていたことを物語る。「漢唐の威儀」を正すとは、単に中華の文化や制度を復活するだけではなく、さらに進めて漢唐両代に実現された世界帝国の再現を図ることでもあった。元璋は洪武三年（一三七〇）に初めて科挙を実施し、高麗・安南・占城の士人にも科挙の受験を許可している。実際には高麗から三名が応試して一名が及第しただけであったが、受験を許可したこと自体、中華の天子が恩徳を施したことに他ならなかった。それはまた元朝に代わった明朝が新たな宗主国としての立場から、東アジアの諸国に中華の義務を遂行することでもあった。

元璋の目指したのは単なる漢族の皇帝ではなく、中華の皇帝であった。北伐の際「礼・義を知って臣民になることを願う者があれば、中華の民と同様撫養する」と宣言したように、これ以後彼の方針は終始一貫して変わることはなかった。そうすることが中華を回復した自分の使命だと、彼自身考えていたからである。

国土の復興

即位の儀式を終えて一〇日ばかり経ったある日、元璋は劉基を召し出すと現今の状況について尋ねた。

「群雄の角逐の余波を受け、人民は塗炭の苦しみをこうむり多くの者が死亡した。いま国勢はすでに定まり、天下は時を追って安定に向かっている。人民を生息させようと思うのだが、その方法はいかがなものであろうか」。

劉基が答えた。

「生息の道は寛仁にございます」。

「実恵を与えずして寛仁を唱えても、無益なだけであろう。朕の考えでは、寛仁とは必ず民の財を蓄えて、民の労力を休養させることである。節約をせねば民の財は枯渇するし、徭役《ようえき》を省かねば民力は苦しむものだ。教化を明らかにせねば民は礼・義を知ることもできぬし、貪暴を禁ぜねば民はその生を遂げることができぬ。それらを行わずして寛仁を言っても、それは名目を立てるだけで、実際に民が恩恵をこうむることはない。それゆえ民を養う者は必ずその本に務め、樹木を植える者は必ずその根を育成するものなのである」

「陛下がかくもお心を砕かれている以上、民が恵みを受けないはずがございません。「仁心を以て仁政を行う」と伝にありますが、実に今日陛下が天子の位に即かれましたことは、天下の幸せでございます」(『明太祖実録』巻二九)。

新王朝が創設されたといっても、二〇年来の混乱で国土は荒廃し、人口は激減していた。特にその現象が顕著であったのが、大宋国と元朝との狭間で戦乱の舞台となった華北地方である。河北・河南・山東地域は戦闘による打撃をもろに食らい、しかも復興のための措置も施されず放置されたままであった。無人の広野と化した村も少なくなかった。至る所に白骨が積まれて小山をなしており、耕す者のいなくなった田土は一面に雑草が生い茂っている。混乱の収まった今、まず行うべきことは生き残った人々の生活を安定させ、荒れ果てた田土の回復を早急に図ることであった。為政者に求められていたのは、具体的な養民策であったわけだ。

元璋は同じ洪武元年正月、朝見のために全国から上京して来た地方官に、次のような訓諭を垂れている。

「天下は新たに平定されたものの、人民は財・力ともに困窮している。例えれば巣立ち間近い鳥はその羽を抜いてはならぬし、植えたばかりの樹木はその根を揺るがしてはならぬ。人民も同様である。彼らを安養生息させることこそ、現今の政治の要諦である」(『明太祖実録』巻二九)。

民衆と接する機会の多い地方官に民衆を慮る心を要求し、彼らの行為が民衆の負担とならないよう教え諭したのである。

それと平行して「安養生息」のための養民策も次々と実施された。呉元年五月以来、新たに領域に入った地域の住民に対しては、税糧と徭役を三年間免除する手立てを講じていたが、洪武三年(一三七〇)三月には直隷《ちょくれい》(首都圏)・河南・山東・北平・浙江・江西の今年の租税を免除して民力の充実を図っている。こうした免税はその後も各地で行われた。さらに耕地を増やすために開墾を奨励し、国家が耕牛と種籾《たねもみ》を与えて税役を免除した上で屯田を行わせた。洪武四年（一三七一）六月には、長城の外に取り残されていた民三万二八〇〇戸を北平に移して屯田に従事させ、一三四三頃《けい》（一頃は約五・八ヘクタール）の田土を新たに開墾している。

このほか戦乱を避けて他郷に流れていた農民を積極的に帰郷させたり、人口密度の高い地域（狭郷）から低い地域（寛郷）への移住政策（徙民《しみん》政策）もひんぱんに実施した。とりわけ華北地方はこの徙民政策によって人口を次第に回復させ、農業生産も年を追って増加していった。また屯田・徙民政策と並んで、大規模な水利事業がなされたことも見落とせない。各地で灌漑のための疏水が開鑿《かいさく》されたり、河川の堤防の修築が進められたことは、耕地面積の増大に大きく影響していた。これらの事業は強大な国家権力を背景に、地方官主導のもとに遂行された。

積極的な養民策により、荒廃した国土は飛躍的に復興することになった。耕地面積についていえば、洪武一四年（一三八一）の全国総耕地面積は三六六万七七一五頃であり、この内の約半分の一八〇万三一七一頃は新たに開墾された分であった。わずか一〇数年の間に国初の二倍になっていることが分かる。

また国家の歳入税糧額は洪武二六年段階で三二七八万九八〇〇石《せき》であり、元朝の泰定二年（一三二五）の歳入額一二一一万四七〇八石と比べても約三倍増。人口に至っては同じく洪武二六年の統計では一〇六五万二八七〇戸《こ》、六〇五四万五八一二口《こう》とあり、元朝最盛期の世祖の至元二八年(一二九一)で一三四三万三二二戸、五九八四万八九六四口だから、戸数では減少しているものの、口数では優にしのいでいる。いかに明初に国力の回復が達成されたかがうかがえるだろう。元璋の養民策は確実に成果をあげていたのである。

一〇　明帝国の内部矛盾

中都の建設

洪武三年（一三七〇）五月、応昌で元朝の残党を打ち破った北伐軍は、捕獲した順帝の皇孫マイダリ・バラを六月に都に護送した後、本隊は同年一一月七日に応天に凱旋した。翌日、征虜大将軍徐達は皇帝に「砂漠を平らぐの表」を奉り、そのまた翌日、南郊と太廟で戦勝報告がなされた。さらにそれから二日後、論功行賞が奉天殿で挙行され、開国の功臣として六人の公爵と二八人の侯爵が誕生した。功臣の第一位は韓国公《かんこくこう》李善長・禄四〇〇〇石、第二位は魏国公《ぎこくこう》徐達・禄五〇〇〇石、第三位は北伐中に急死した開平王常遇春の子鄭国公《ていこくこう》常茂《じょうも》・禄三〇〇〇石であった。

この度の論功行賞は三年前の張呉国を滅ぼした時とは異なり、明朝建国という大事業に対する全体的な貢献度を問うものであった。それゆえ今回功臣に封じられた三四人は、すべて元璋が応天に根拠地を定める以前から元璋と苦楽を共にして来た者たちであり、元璋の最も信頼する部下たちであった。その基幹部分は元璋が鳳陽から南下した際に従った二四人衆で、死亡した二人を除く二二名中一四名が受封の対象となっている。また残りも南下の過程で新たに加わった者たちであった。

彼らの出身地を見ると、元璋と同じ鳳陽出身者が三四名中一一名で三分の一を数え、それ以外も大半が定遠・盱眙《くい》・臨淮・五河・和州等の淮西地域の者に占められていた。言い換えれば開国の功臣たちは、元璋の故郷の鳳陽を中心とする同郷人に独占されていたわけで、明朝が彼ら淮西集団の主導のもとに創設されたことを示している。彼らは元璋自ら度々口にしたように固い結束力を持ち、強烈な同郷意識をテコに困難に打ち勝って来た。明朝の成立は、彼ら淮西集団の成功の証しでもあったわけだ。

元璋が彼らを開国の功臣として封じたのは、仲間と勝利の喜びを分かち合おうという元璋の素直な気持の表現だったはずである。それはまさに故郷を離れた同郷集団が、自分たちの成し遂げた成果を高らかに謳歌し、より強固な結束を図っていくためのステップであった。この日から二日後、新たに劉基らに対する封爵がなされたが、劉基は誠意《せいい》伯《はく》に封じられて禄二四〇石を与えられただけで、徐達らとの間に大きな差が設けられていた。明朝創設に多大な貢献をなした劉基にして、この程度の処遇しか受けなかったのは、彼が淮西集団とは異なる浙東の出身者だったからである。そこに元璋の同郷集団に対する強い思い入れを認めないわけにはいかない。

明朝が故郷を離れた同郷集団によって創設された以上、彼らが遠く離れた鳳陽に精神的拠り所を求めたとしても当然であった。そのためには鳳陽自体が帝郷としての威儀を備え、人々の尊崇を受けるような新たな都市へと変貌せねばならない。ところが鳳陽は元末の混乱のあおりをもろにかぶり、人煙も絶えて完全に荒廃しきっていた。一面焼け野原となり、至る所に白骨が散乱しているような状態だったのである。こんな鳳陽を復興させるには、まずは当地への徙民《しみん》を行って人口を増加させ、農業の回復を図ることが急務であった。

すでに呉元年（一三六七）一〇月、張呉国の遺民である蘇州の富豪を鳳陽に移住させたのを皮切りに、洪武三年（一三七〇）六月には、蘇州・松江・嘉興・湖州・杭州の五郡の民四〇〇〇余戸が移住を命じられた。彼らは耕牛・種籾を支給されて開墾に従事し、開いた土地は三年間の税が免除された。さらに洪武七年（一三七四）一〇月には江南の民一四万人を移し、李善長の監督のもとに大々的な開墾事業を行っている。死刑囚の死を一等減じて、鳳陽で労役に就かせるようにしたのもこの頃のことである。鳳陽への移民は総計二〇万人前後に達し、これらの措置を通じて荒廃した都市は次第に回復していった。

この間、元璋はひんぱんに鳳陽に出掛けては、故郷との繋がりを強調して見せた。先に張呉国の蘇州攻撃に向かう直前の至正二六年（一三六六）四月、元璋は鳳陽に出向いて父朱五四の墳墓を整備した。のちの皇陵《こうりょう》である。汪婆さんの子孫に墓守りを命じたのはこの時のことであった。また翌年の呉元年一〇月には、一三歳になった長子朱標と次子朱棡《しゅそう》を鳳陽に遣わし、祖先を祭らせている。彼らの見聞を広めるとともに、元璋の起兵当時の苦労を知らせるためであった。

やがて洪武二年（一三六九）九月、元璋は南京《なんけい》（応天）・北京《ほくけい》（開封）と並んで鳳陽を中《ちゅう》都《と》とすることを発表した。いわゆる「三京体制」の始まりである。このうち北京はまったく名目的な都であったが、中都は首都南京の約二分の一の規模で城壁が造営され、南京と同じ設備が施された。皇城の中には宗廟と社稷壇が設けられ、中央官庁としての中書省・大都督府・御史台までもが新たに置かれることになった。中都造営はその後洪武八年まで継続し、この間功臣に対して中都近辺の土地を賜与したり、彼らの邸宅を築造したりして、

図38　中都の皇陵碑

都としての体裁がつくろわれた。あるいは元璋はこの時、元朝の上都と大都の関係にならい、両京体制の創設を考えていたのかも知れない。

だが洪武八年四月、元璋は功臣全員を引き連れて中都に赴き、圜丘で天地の祭りを行ったあと、突然中都造営の中止を発表した。民衆の負担が重く、かつ経費がかかり過ぎることが理由であった。これ以後中都は名目的な都となり、中央官庁も廃止されて代わって中都留守《りゅうしゅ》のみが置かれるようになる。その後の中都はただ帝郷というだけの、単なる一地方都市へと落ちぶれていった。

淮西集団と浙東集団

淮西集団が我が世の春を謳歌していた頃、明朝政権の内部にはそれに批判的なグループが存在していた。劉基・宋濂を代表とする浙東集団であり、彼らは元璋が浙東に進出してのち参加した者たちであった。淮西集団が李善長ら数人を除けば武人集団であるのに対し、浙東集団は生粋の文人集団であり、元璋の頭脳として明朝創設に貢献してきた。宋濂は「一代の礼楽・制作、濂の裁定する所のもの多きに居りたり」(『明史』宋濂伝)と言われるように、明朝の制度全般にわたって関与したし、劉基に至っては元璋の参謀としてその能力を遺憾なく発揮してきた。

なかでも批判派の急先鋒は劉基であった。彼は中都造営が行われていた洪武四年、元璋を諫めて次のように述べている。

「鳳陽は陛下の故郷ではございますが、天子の都とする地ではございません。すでに中都が置かれたといいましても、陛下はその地に住まわれるべきではないと存じます。なにとぞ北方に逃れた元の将軍ココ・テムルの存在にご留意下さいませ」（『明太祖実録』巻九九）。

劉基は中都が戦略的にいっても決して優れた地ではないことを強調して、両京体制を取ろうとする元璋をたしなめたのである。だが劉基にとりココ・テムルの存在はあくまでも建前で、じつは淮西集団の同郷意識が我慢ならなかったのだ。すでに武力を中心とした時代は去り、文人主導の民政重視の時代が始まろうとしていた。こんな時に中都造営といった大がかりな事業を興すことは、淮西集団が自分たちの武勲を顕彰して故郷に錦を飾るぐらいの意味しかない。それは時代遅れであるとともに、国家を私物化しているように劉基には思われた。

元璋が北京（開封）に行幸して、宰相の李善長と御史中丞の劉基が南京で皇太子を守り立てて留守をしていた時のこと。常日頃から宋・元の滅亡は綱紀の弛緩に原因があると主張していた劉基は、誰はばかることなく配下の御史（監察官）に過失ある者を弾劾させ、皇太子に報告した上で次々と処罰した。あまりの厳格さに人々は色を失うほどであった。この時、たまたま中書省の都事李彬《りひん》の不正が発覚した。李善長は自分の部下であるために彼をかばい、刑を緩くするように劉基に頼んだ。ところが劉基はその申し出をきっぱり断ると、急いで北京に滞在している元璋に報告し、裁可を得て斬刑に処したのである。これ以来李善長は劉基を恨み、折にふれ彼を攻撃するようになった。

その李善長がある時元璋の怒りを買い、叱責されたことがあった。元璋は善長の宰相の任を解くつもりであったが、劉基はそれに反対して言った。

「善長は古くから陛下に仕える功臣であります。彼にして初めて諸将をまとめることができるのです」。

「善長は何度もあなたに害を加えようとしたのに、それでも彼のために弁護されるのか。朕はやはりあなたが宰相になるのがよいと考えるが」(『明史』劉基伝)。

だが劉基は元璋の言葉をさえぎり、あくまでも李善長を推薦した。自分が淮西集団に受け入れられない存在であることを知っていたからである。

やがて洪武四年(一三七一)正月、病のために李善長が宰相を辞職した。元璋が後任として考えたのは、山西出身の中書右丞楊憲《ようけん》であった。もともと劉基は楊憲と懇意の関係にあったが、彼の昇進に断固反対して言った。

「楊憲には宰相としての才能はございますが、宰相としての器量がございません。宰相というものは心を持すること水の如く、義・理を基準として私心をなくさねばなりません。だが楊憲はそうではありません」(『明史』劉基伝)。

続いて元璋が提案した汪広洋《おうこうよう》・胡惟庸《こいよう》についても、ともに楊憲以下だとして斥けた。

「朕の宰相は、先生以上の適任者はおらぬ」(同)。

しかし劉基は体の不調を理由に固辞し、決して宰相になろうとしなかった。

元璋が後任の宰相に楊憲を考えていることを知った胡惟庸は、密かに李善長と相談した。

「楊憲が宰相になれば、我ら淮人は大官につくことができなくなるだろう」(『国初事蹟』)。

彼らは共謀して楊憲を陥れ、その抹殺に成功した。

さらに劉基が自分を非難したことを知った胡惟庸は、のちに左丞になると劉基を誣告し、彼の禄を削ることに成功した。この胡惟庸という男は李善長と同郷の定遠県の出身で、洪武六年(一三七三)に右丞相になり、左丞相の欠員をよいことに宰相と同等の権力をふるうようになった。やがて劉基が病気になると看病のためと偽って医者を派遣し、彼に毒を盛らせて殺してしまった。洪武八年(一三七五)四月のことである。

建国まもない時期の政界内部では、さまざまな権力をめぐる暗闘が渦巻いていた。とりわけ顕著なのが淮西集団と浙東集団の対立であり、浙東集団の意見を代弁していたのが劉基であった。元璋は各集団間の対立を利用することで、明初の政治の舵取りを行っていたのである。逆にいえば、皇帝としての地位は必ずしも強固ではなく、それゆえ元璋は絶対的な権力を握って官僚たちを統制していたのではない。各集団の利害調整をしつつ、そのバランスの上で皇帝の地位を維持しているというのが実状に近かった。

諸王の分封

政界内部とは別に、帝室の中にも将来の破綻を生み出す要因が胚胎していた。先に述べたように洪武二年九月、元璋は開封を北京、応天を南京、鳳陽を中都とする三京体制を開始した。首都はもちろん南京であったが、それが決定するまでにはかなりの紆余曲折があった。最初元璋が大臣に建都の地を諮ったところ、彼らは多くの候補地を主張した。西安、洛陽、開封、北平等々、それぞれがもっともな理由をつけて推薦された。だが元璋は彼らの意見を斥け、最終的には南京を首都とすることに決定した。その最大の理由は、新都を建設すれば新たな土木を興すことになり、民衆への負担が大きすぎるということであった。

この結果、今まで通り南京に都が置かれたが、ここに新たな問題が生じることになった。あまりにも南にある都から、どのようにして北辺に配備された軍隊をコントロールするかという問題である。たしかに現在は徐達や李文忠らがモンゴル人を駆逐して、北辺を軍政下に置いていたため、早急に方策を立てる必要はなかった。だがいつまでも将軍に強大な軍事権を与えて、北方に配置しておくわけにはいかない。いついかなる時に彼らが軍閥化して、中央の脅威となるとも限らなかったからだ。

邵栄らの謀反を経験して以来、元璋はただでさえ功臣や将軍たちの動向に気を配っていた。特に王朝が成立して彼らの特権が確立されると、今まで以上に彼らへの監視の目を光らせるようになった。洪武五年（一三七二）六月には鉄榜（鉄製の掲示板）を掲げて、功臣に対する九カ条の禁令を出したが、その内の三カ条は平時での功臣と軍人との接触を禁止する内容であった。元璋は彼らが独自の勢力を築くことを恐れていたのだ。しかも皇帝権が磐石ではない当時には、その危険性が無いわけではなかった。

けっきょく国防問題を解決するために元璋が打ち出したのは、諸子を北辺に配置して彼らに北方防衛を任せることであった。最も信頼する自分の子供たちなら危険性はないと考えたのである。こうして洪武三年（一三七〇）を皮切りに三度の分封が行われ、合計二四名の王が誕生した（従孫の靖江王を含めれば二五名）。第一回目の分封では第二子秦王《しんおう》から第一〇子魯王《ろおう》まで合計九名の藩王《はんおう》が生まれ、第二子秦王朱樉《しゅそう》は西安《せいあん》（陝西省）、第三子晋《しん》王朱棡《おうしゅこう》は太原《たいげん》（山西省）、第四子燕王朱棣《えんおうしゅてい》は北平（現在の北京）にそれぞれ分封された。彼らは成人するとともに、洪武一一年（一三七八）以後順次分封地に出向き、当地で軍隊を統括するようになった。

諸王は封地では王府を開き、多数の官僚を抱えていた。また護衛の兵として少ない者でも三〇〇〇人、多い者には二万人近くが配属され、一旦緩急あれば付近の軍隊を督率して平定に当たった。特に長城線に配置された諸王は塞王《さいおう》と呼ばれ、強大な軍事権を握ってモンゴルの侵攻に備えていた。なかでも大勢力を築いていたのが秦王・晋王・燕王の三王で、燕王に至ってはたびたび軍隊を率いてモンゴルの地を掃討し、元璋に「砂漠を清する者は燕王なり。朕に北顧《ほっこ》の憂いなし」（『明太祖実録』巻二〇一）と言わせるほどであった。

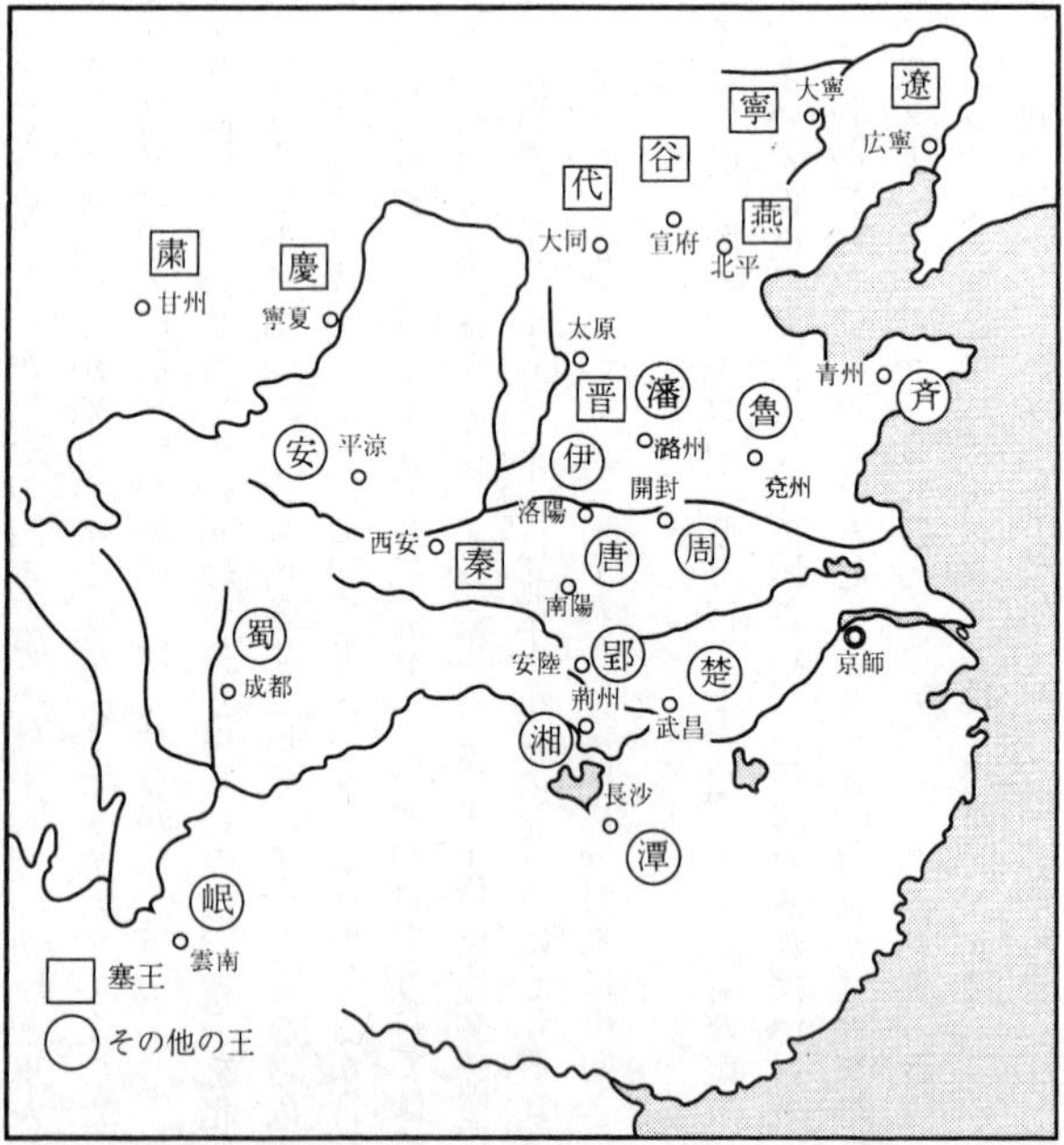

図39　諸王分封図（朱元璋死後の分封者も含む）

だが元璋は、自分の子供である諸王に対しても絶対の信頼を置いていたわけではない。彼は諸王に分封先の土地と人民を直接支配することを決して許さなかった。藩国の人民は中央から派遣された地方官が統治し、諸王には毎年定められた禄米が与えられただけであった。諸王が故なく地方官と接触することすら禁止されていた。彼らは軍政だけを任せられて民政にタッチすることはまったく認められず、いわば帝権に寄生する形で地方にとどめ置かれていた。

洪武一五年（一三八二）八月に馬皇后が亡くなると、元璋はその霊を弔うために各藩王のもとに僧を遣わした。だが実際は、諸王の動向探索という密命が彼らには与えられていた。自分の子供すら信用できなくなる皇帝の地位とは、一体どのようなものなのだろうか。元璋はただただ藩国が中央のコントロールを脱し、独立することを恐れていたのであろう。

元璋がそれだけ注意を払っていたにもかかわらず、元璋の死とともに「靖難《せいなん》の変」と呼ばれる内乱が起こり、燕王が元璋の孫の建文帝から帝位を奪って即位する。第三代皇帝永《えい》楽帝《らくてい》である。だがその下地は明朝成立当初の南京定都の時点で、すでにできあがっていたといわねばならない。帝国の安泰を願って始めた諸王の分封が、逆に帝国の転覆をもたらすとはあまりにも皮肉な現実だが、元璋の存命中でなかったことだけは不幸中の幸いであったかも知れない。

南人政権の自己矛盾

元璋が至正一六年(一三五六)に南京を根拠地として以後、多くの知識人が彼のもとに参集してきた。朱政権の勢力範囲からして当然のことだが、その大半は江南の地主層出身で、いわゆる元朝身分制下の「南人(旧南宋治下の漢族)」たちであった。彼らは朱政権の官僚として元璋を積極的に支援し、経済的にも朱政権の財政を側面から支えていった。特に官僚の用意の無かった朱政権は、城市を攻略するごとに現地の儒士を採用したため、彼らの協力なくして朱政権の維持は不可能であった。また官僚にならない在地の地主にしても、元朝に代わる新たな権威の確立のために、朱政権下での税負担を惜しまなかった。朱政権は彼ら江南地主層の人的・物的援助を受けて、新王朝の創設に成功したといえる。

すでに述べたように元朝治下の南人層は身分的に最下層に置かれ、政治的にもほとんど疎外された立場にあった。元末に近づくにつれその状況は幾分好転してはいたものの、経済的・文化的先進地の南人層からすれば決して満足できるものではない。それゆえ彼らが主体となって明王朝が創設されたことは、従来の冷遇された境遇からの解放を意味した。しかも今度は彼らが政権の担い手となり、政府の要職を独占しているのである。南人にとって好都合な状況が、そこには出現していたといわねばならない。

もともと広大な中国では、北方と南方とで気候・風土等に大きな懸隔が見られ、これに基づき農業様式・生活習慣等の面でも両地の差異は顕著であった。農業についていえば、ほぼ淮水の線を境として北は麦作、南は稲作を主流とし、それを反映して食習慣も北の麵食、南の米食という風に違いを見せていた。こうした相違はそれぞれの地域に同郷意識を芽生えさせ、当然のことながら両者の間に対立を生み出した。歴代王朝の政界内部でも、南人と北人の抗争はひんぱんに起こっている。

中国社会が華北を中心に展開している頃はそうでもなかったが、江南が開発され当地の経済的・文化的重要度が増してくると、その傾向はいっそう強まっていった。特に宋以後になると水利田の開発や二毛作の普及で江南の生産力は飛躍的に増大し、大々的な地主制の展開とともに、文化面でも華北をリードするようになる。政治は北、経済・文化は南というこうした図式も、やがて華北を金に奪われた南宋時代にはすべて江南で一致した。その江南の住民である南人が、元朝治下では冷遇を受けていたのである。

明朝の成立は南人が復権するとともに、政治・経済・文化を江南で一致させた初めての統一王朝の誕生を意味した。たしかに政界内部には淮西集団と浙東集団との軋轢もあり、南人が一つの集団としてまとまっていたわけではない。にもかかわらず南人の間に緩やかな連帯感が存在したことは事実だし、またさまざまな思惑を持って朱政権に参加した南人にとり、南にスタンスを置いた明王朝は明らかに自分たちの利害を代弁する王朝であった。彼らの積年の希望は朱元璋によって達成されたわけで、まさにその限りで明王朝は「南人政権」としての性格を持っていたのである。

だが南人政権は、当初から大きな矛盾を孕んでいた。本来江南地主層は元朝治下で獲得した自分たちの既得権を護持するために、朱政権を積極的に支援してきた。既得権とは元朝支配の間隙を縫って推し進めた大土地所有であり、また郷村で培った郷民への支配力であった。元璋は政権を確立するために、それら既得権には一切手をつけずに彼らの協力を得てきた。それゆえ明王朝の成立時にも、彼らの勢力は温存されたままであった。

彼らにとって最も有利なことは、中央・地方を問わず官僚の多くが南人層だったことだ。江南地主からすれば自分たちの代表が政権に参加しているわけで、当然のことながら両者の間に癒着が生じることになる。税のごまかしはいうに及ばず、さまざまな不正手段で既得権の増大が図られた。地方官の一存で帳簿上の操作など造作なくできたからである。また官僚の方でも政界工作の便を考え、できるだけ南人を新官僚として採用しようとした。当時盛んに行われていた薦挙《せんきょ》という推薦制度を通じ、多くの南人官僚が次々と生まれていった。

建国まもない明朝治下では、江南地主と南人官僚との間に構造的な癒着が成立しており、この状況は一層増幅する傾向にあった。淮西集団に国家の私物化が見られたように、江南地主層にも明朝を自分たちの利権の具として、利用しようという意識が目立ち始めていたのである。新王朝の誕生は、今まで一つの目的に向かって団結していた者たちを、一気に利害関係のうごめく汚辱の世界に放り投げることになった。

改革への着手

こんな事態に頭を痛めていたのが、御史中丞の劉基である。彼はある時元璋に向かって次のように語ったことがある。

「元朝の世の中にありましては法度は弛緩し、上の者も下の者もその弊害をこうむり、ついに元末の反乱が勃発するに至りました。今や維新の政治を為すに当たり、まずは法令によって綱紀の粛正を図ることが肝要かと存じます」。

劉基は元末以来の腐敗の構造を打開するためには、人々の意識改革こそ急務だと考えていた。罪を犯せば罰せられる。この原則が確立されてこそ、人々は罰を恐れて罪を犯さなくなる。「刑は刑無きを期す」(『尚書』大禹謨)と昔からいうではないか。だが元璋の考えは違った。

「そうではあるまい。争乱を経験した民は安定した政治こそ望んでおる。今は彼らを安養生息させることこそ、第一義に考えるべきであろう。新たに法令を厳しくすれば、それは薬で病を治すことと同じで、鶴を救けようとしてかえって殺しかねない。政《まつりごと》は空言ではない。必ず民に実恵を与えねばならぬ。いたずらに名目だけ立てて実がなければ、民は一体何に頼ればよかろう」(『明太祖実録』巻二九)。

多くの儒者の教育によって人間的成長を遂げた元璋は、古代の聖賢に対する強い憧憬があった。新天子となった現在、自ら聖賢となり古代の御代《みよ》を今に再現しようと望んでも不思議ではない。彼は理想に燃えていたのである。また元璋の考えにも一理あった。王朝創設まもないこの時期に、荒療治を行うことは王朝の基礎を揺るがしかねない。今はただひたすらに民力の回復を図る必要があった。

だが現在の状況を黙認すれば、その弊害は増大するばかりである。元璋は当面できる範囲内での改革に着手した。それは官界と郷村との両面で開始された。

まず官界では洪武四年（一三七一）一一月に官僚の収賄を厳禁し、違反した者は厳罰に処することが発表された。官僚と地主との癒着に歯止めをかけようとしたわけだ。さらにこの措置を徹底させるために、翌一二月には「南北更調《なんぼくこうちょう》の制」が実施された。南北更調の制とは一種の回避の制で、南人官僚を北方の地方官に、北人官僚を南方の地方官に任用して、官僚と郷里との結びつきを防ごうというのである。特に従来は江南の地方官に南人が任命され、それが大きな社会問題となっていただけに、南人官僚を江南から遠避けようという意図がそこには込められていた。

在地の地主層に対しては、地道な「訓諭」という方法がとられた。洪武三年（一三七〇）二月、江南地方の富民は各戸一名ずつ南京に出向くように命じられ、奉天門でそろって元璋に謁見した。このとき彼らは元璋から次のような宣諭を受けている。

「汝らは田里の間に居りて豊かな富を享受している者たちである。汝らはそのことを知っているか。古人も次のように述べている。「民は生まれながらにして欲あり。主無ければ乃ち乱る」と。もし天下に一日でも主がいなくなれば、強者は弱者を淩《しの》ぎ、衆《おお》きは寡《すく》なきを暴《そこな》い、富者は自ら安んじることができず、貧者も自ら存することはできぬ。

今朕は汝らの主となり、法令を立て制度を定め、富者にはその富を保たせ、貧者にはその生を全うさせるようにした。汝らは分に順《したが》い法を守るべきである。よく法を守れば、その身を保つことができよう。弱者を淩いではならぬ。貧者を犯してはならぬ。小者を虐げてはならぬ。老人を欺いてはならぬ。父兄を孝敬し、親族と仲睦まじくせよ。すべての貧者を援け、郷里では従順であれ」(『明太祖実録』巻四九)。

元璋は富民たちにあるべき地主像を示し、彼らがおしなべて国家の理想に沿うよう説得を試みたのである。

洪武四年(一三七一)九月、江南地方を対象に糧長《りょうちょう》の制度が始められた。一万石の賦税を出す地域を単位に富民の中から一名糧長を選び、彼に所轄の区域を回って賦税を徴収させ、所定の倉庫まで運搬することを任務として課したのである。従来その役目は地方官庁の胥吏《しょり》(下級役人)が行っていたのだが、彼らの搾取があまりにもひどいことから、民自身に任せる方法が採用されたわけだ。

糧長が富民の中から選ばれたことは、富民が郷里社会で指導的立場に立つよう期待されていたことを示している。じじつ糧長は当時において官僚に準じる待遇を受け、官僚と同等の服装をし、外出時には輿《こし》に乗ることも許されていた。糧長に任命されることは一種の名誉であり、富民の中でも知識人層がその役を担当した。元璋はもともと郷村社会で大きな影響力を行使している富民層に、一つの権威を与えることで官治の補助にしようとしたわけである。

国初に講ぜられた措置は官僚の収賄禁止にせよ、富民への訓諭にせよ、彼らに国家の方針を示して自重は求めているが、現状の弊害に対しては何ら手を下していない。富民を糧長に任命したこと自体、彼らの存在をそのまま認めたことに他ならず、あるがままの彼らを利用しようという元璋の気持を表していた。元璋にすれば新王朝が成立した現在、人々は新たな権威のもとで新国家の建設に邁進するはずであった。向かうべき指針さえ与えれば人々は聖賢の教化に浴し、国家の望む方向に進んでいくに違いない。それは古代の聖王が実現した社会であり、彼が何度も儒者たちから聞かされたことである。聖王にできて自分にできないはずがない。当時の元璋が、かなり楽観的な気持でいたことだけは事実である。

一一　朱元璋の苦悩

矛盾の拡大

　だが状況は元璋の期待に反して、むしろ悪化の一途をたどっていった。官僚と地主の癒着は相変らず改善の兆しを見せず、腐敗は蔓延する一方であった。官僚はその地位を利用して不正蓄財に努め、国家建設など眼中にないといった体《てい》である。地主は地主でしきりに役所に出向き、何かと便宜を図ってもらうために付け届けを繰り返す。元末の官界の状況を知っている彼らは、そのやり方をそっくりそのまま新王朝のもとで踏襲していたわけだ。

　元璋を失望させたのはそれだけではない。期待を込めて設けた糧長制度が、大きな弊害を流し始めたことである。もともと糧長制度は役所の不正に手を焼いた元璋が、民間のことは民間に任せるべきとの方針で開始したものであった。ところが国家の後楯を得た糧長の中には、その特権を背に農民に強圧的な態度で臨む者もあり、刑具を備えて厳しい税の取り立てをしたり、賄賂を強要したりして民衆の怨嗟の的になっていた。

　そんな弊害の特に顕著だったのが、穀倉地帯の蘇州である。元璋は洪武六年（一三七三）に当地に役人を派遣すると、最も罪状の重い糧長数名を杖罪《じょうざい》（棒叩きの刑）に処し、中都で労役に就かせることにした。一種のみせしめにすることで、彼らの行動を抑制しようとしたわけだ。だがこれぐらいの処置で行動を改める彼らではなかった。その後も依然として糧長の弊害は後を絶たず、元璋の苛立ちは増す一方であった。

矛盾の拡大は元璋が最も信頼すべき功臣たちの間でも広がっていた。彼らは洪武三年（一三七〇）に功臣として封じられた際、南京近辺に多くの賜田を与えられて地主階級の仲間入りをした。彼らの土地で小作する佃戸《でんこ》の数は、全部で三万八一九四戸の多きに達し、功臣第七位の湯和ですら一〇〇頃《けい》（一頃は約五・八ヘクタール）の土地を所有していた。また洪武四年には中都の山地が功臣及び宰相らに賜与されたが、その総面積は六五八頃であった。

彼らは今や大地主であり、その土地は自分の家の奴僕を管荘人《かんそうにん》（荘園の管理人）に当てて経営を行わせていた。ところが管荘人らは功臣の権勢を笠に着て人の田地や屋敷を奪い、周辺の民衆に甚大な被害をもたらすありさまであった。功臣の子弟も同様で、彼らは親の七光をバックに郷里社会で不法を働き、民衆を虐待したり婦女を辱めるなどして狼籍が絶えなかった。このため元璋は先述したように洪武五年（一三七二）六月に鉄榜を立て、功臣の家の不法な行いを厳罰でもって取締まるしかなかった。彼らの悪業を放置しておくわけにはいかなかったからである。

図40　徐達の邸宅（現在の太平天国歴史博物館）

富と名声を得た当の功臣たちにも、次第に驕りの心が生じていた。二四人衆に数えられる呉良・呉禎兄弟が、南京にある徐達の屋敷の前を通りかかった時のことである。屋敷は元璋から賜ったもので、徐達の功績を讃えて「大功坊《たいこうぼう》」と書かれた篇額が掛かっていた。その篇額を彼らは酒に酔っ払った勢いで打ち壊してしまったのである。元璋に召し出されてその理由を尋ねられた二人は、次のように答えた。

「我らの功績は徐達とまったく同じでありますのに、徐達一人邸宅を賜って表彰され、大功と称しております。陛下はそれで何にもお感じになりませぬか」（祝允明『野記』巻二）。

かつて天下統一を目指していた頃のひたむきで真摯な気持は、すでに失われていたと言わねばならない。

二四人衆の気の弛みは、呉良兄弟だけにとどまらなかった。華雲竜が元の残党を掃討して北平に滞在していた時、彼は元朝の宰相であったトクトの邸宅を自分の屋敷として使っていた。その際、彼は元朝の宮殿から多くの御物を屋敷に運び込み、元璋の許しを得ないまま私的に使用したのである。明らかに皇帝をないがしろにした行為であった。怒った元璋は即刻彼を南京に召還し、別人を派遣することを決定した。華雲竜は南京に戻って来る途中で急死するが、あるいは元璋の譴責《けんせき》を恐れて自殺したのかも知れない。

この他、費聚の行動も元璋の我慢ならないものであった。当時、北辺地帯では大々的に屯田が行われ、それを指揮する将軍には毎年の収穫額が割り当てられていた。費聚も命を奉じて屯田を監督したが、彼は毎日酒色に溺れて一向に事を見ようとしない。腹を立てた元璋は彼の任を解き、北辺のモンゴル人を招撫することでその罪を償わせようとした。ところが費聚はその任にも不熱心で、何の成果も上げることができなかった。けっきょく彼は南京に呼び戻され、元璋から強い叱責を受けるしかなかった。

このように開国の功臣たちも時間の経過とともに傲慢となり、かつて鉄の規律を誇った朱軍団の面影はすでに消え失せていた。もちろん徐達のように身を謹んで、常に行動を自重している功臣も存在した。だが大半の功臣はおのれの地位を盾に傍若無人に振る舞い、それがまた新たな社会問題となりつつあった。功臣対策は早晩着手せねばならない懸案事項の一つとして、元璋の肩に重たくのし掛かっていたといえる。

科挙の廃止

南人政権の諸矛盾の解決のために、元璋がまず行ったのは科挙の廃止であった。もともと科挙は王朝成立前の呉元年（一三六七）三月に、三年後に実施する旨が発表されたことに始まる。三年間の猶予が設けられたのは、受験者に準備期間を与えるとともに、科挙の制度面の整備を図る必要があったからである。これ以後劉基を中心に試験科目や実施の日程等々について最後の詰めがなされ、答案には八股文《はっこぶん》と呼ばれる対句形式の複雑な文体を使用することも決定された。

予告通りの洪武三年（一三七〇）五月、科挙実施の詔が下った。詔は宋濂と同じ金華出身の王偉《おうい》によって作成された。

朕が聞くところによれば、周代の制度では才能のある人物を貢士《こうし》（諸国が周に送る人材）の中から抜擢したため、賢者が臣下の地位に就き、民もまた士君子の行いがあった。そのため風俗は麗しく、国は治め易く、教化も十分にその効果を発揮したという。漢・唐・宋は士を採用するに定まった制度があったものの、詞章の学だけが貴ばれ、徳行と六芸《りくげい》の完備した者を求めようとはしなかった。また元は士を甚だ丁重に扱ったが、中央・地方の有力者が縁故採用して朝廷の禄を盗んだため、才能ある有徳者は彼らととともに進むことを恥じ、山林に隠れて出仕しようとしなかった。風俗の破壊は元に極まったというべきであろう。

今年八月より特に科挙を設け、才・徳兼備で広く古今に通じ、文章も人格も優れて名実相かなった士を採用しようと思う。朕は自ら宮廷で試問してその優劣を定め、官位を与えるつもりである。今後天下の文臣はすべて科挙を経るようにし、科挙出身者でない者は官に就けないようにせよ」(『明太祖実録』巻五二)。

元璋が並々ならぬ決意で開始した科挙は、「徳行《とくこう》」を重視して「文芸《ぶんげい》」は二の次とするもので、これは明らかに当時の官界の状況に対する反省から生まれた方針であった。いま官僚に最も求められているのは徳行であり、それが失われているからこそ腐敗が蔓延しているのではないか。今後科挙合格者のみを官僚に任命するとの宣言は、科挙を徳行の有無を判断する道具として、有効に活用しようという元璋の意気込みを示すものであった。

元璋のこの主張は、劉基を始めとする浙東学派の考えを代弁したものでもあった。今回の科挙の実施に当たっては、劉基や王偉だけではなく宋濂も一枚嚙んでいた。それゆえ彼らが日頃から抱いていた理想を、この科挙で実現しようと考えても不思議ではない。すでに彼らは国初以来さまざまな国家の礼制度を制定して、徳治国家の実現に努めてきた。あとはその礼に則って国家を運営していくための、官僚の充実を図るだけであった。まさに

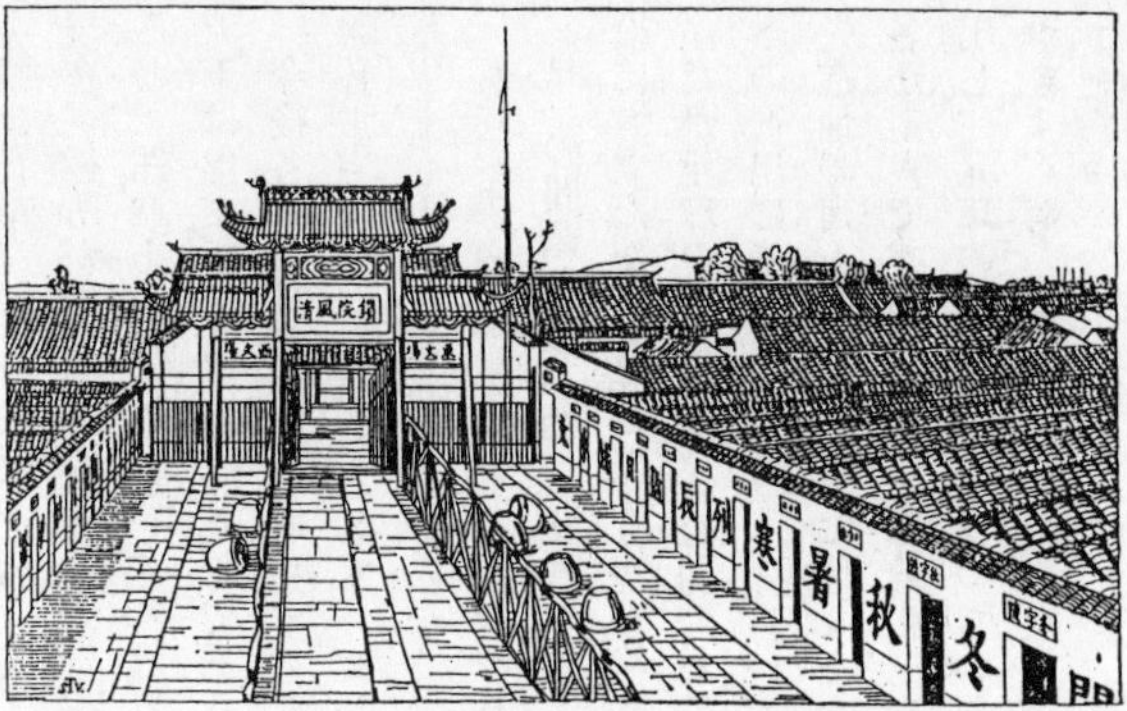

図41　南京の貢院（試験場－清代）

その意味でこの度の方針は、彼ら浙東学派の理念を元璋に託して表明したものでもあったわけだ。

洪武三年八月、各省ごとに一斉に郷試《きょうし》（地方試験）が実施され、翌四年の会試《かいし》（中央の礼部で行う試験）と殿試《でんし》（皇帝が宮中で行う試験）を経て一二〇名の新進士が誕生した。当時は相当の人材不足だったようで、会試に先立ち直隷（首都圏）の郷試合格者七二人には前もって御史の官が与えられたし、四年正月には「連試三年の詔」が下され、三年連続で科挙が実施される旨が発表された。このため四年八月には第二回目の郷試が行われ、しかもこの度の合格者は全員会試を免除して官に任用する措置がとられた。

連試三年目の郷試は、洪武五年（一三七二）八月に挙行された。ところが合格者が翌六年二月の会試のために上京してくると、突然一方的に科挙の廃止が通告された。

「朕は科挙を設けて天下の賢才を求め、彼らを官僚に任命しようと考えていた。ところが現在、役所が採用した者は年若い少年ばかりで、文詞には秀でているが実際に任用してみると、知識を実務に生かせる者はほとんどいない。朕は真心をもって賢者を求めたのに、天下は虚文でそれに応じたのである。朕の期待に反するものといわねばならぬ。

今後各所の科挙は一切廃止すべし。代わりに官僚に賢才を推薦させることとする。その際必ず「徳行」を第一として「文芸」を次に置けば、天下の学者も向かうべきところを知り、士も根本に努めるようになるであろう」(『明太祖実録』巻七九)。

あれだけの意気込みで始められた科挙がわずか三年で廃止された裏には、合格者の「質」の問題があった。元璋の期待した「徳行の士」は集まらず、文詞にのみ長じて何の役にも立たない若造ばかりが合格したからである。元璋の失望は大きかった。

だが元璋の真意は、また別のところにもあった。科挙を廃止することで、南人層の官界への進出に歯止めをかけようとしたことである。「文詞に長じた若造」とはまさに文化的先進地の南人を表す言葉に他ならない。洪武四年の会試合格者を見ても、一二〇名中八八名が南人で、実に全体の四分の三を占めている。その南人こそ現在さまざまな弊害を生み出し、元璋の頭痛の種になっている張本人なのである。このまま科挙を続けることは、けっきょく南人官僚の再生産を繰り返すだけである。こう悟った元璋は、思い切った策に出たわけだ。

元璋のこの考えは、浙東学派の面々の支持を得ていた。科挙廃止通告の一月前、元璋は第三回郷試合格者中の河南と山東出身の北人九名に、あらかじめ翰林院編修の官を授ける措置を取った。少しでも北人を任用しようと考えたのだ。だが彼らの学問は遠く南人に及ぶものではない。元璋は宮中の文華堂《ぶんかどう》で再教育を施すことにし、宋濂にその役を命じた。元璋はたびたび文華堂に出向いては、学問の進み具合を自ら試したという。宋濂も元璋の意を汲んで熱心に教育したため、その成果は大いに上がることになった。

洪武六年四月、全国に向かって薦挙の詔が発せられ、南人に偏らず北人からも採用する方針が具体化された。洪武八年(一三七五)以後には北方の学校への経書《けいしょ》(儒教の経典)の配布や、教師の派遣がたびたび行われ、元璋の意気込みが示された。戦乱で荒廃し、文化的にも劣っていた華北のレベルアップを、元璋は目指していたのである。こうして科挙は洪武一七年(一三八四)に再開されるまで、一〇余年間中断することになる。

紙幣による江南経済の統制

元朝が財政破綻を糊塗するために紙幣を乱発し、社会にインフレーションをはびこらせたことは前に述べた。元末には紙幣は紙屑同様に無価値となり、一般の民衆の間では物々交換が行われて、自然経済の世の中に戻ってしまった。

こんな状況下で朱政権は至正二一年(一三六一)に応天に宝源局《ほうげんきょく》を置き、大中通宝《だいちゅうつうほう》を鋳造して歴代の銅銭とともに使用することを決定した。政権の体裁を整えつつあった朱集団にとり、民間の需要に応える必要があったからである。のちには江西にも貨泉局《かせんきょく》を設置し、同じ大中通宝を鋳造している。

明王朝が成立した洪武元年（一三六八）になると、新たに洪武通宝《こうぶつうほう》の鋳造が始まった。洪武通宝は一文銭から三文銭までの三種と、五文銭と十文銭の都合五種類あり、元年には約八九〇〇万文が鋳造されて歴代の銅銭とともに併用された。その後、洪武八年頃までは毎年約二億文前後が造られたが、北宋全盛期の一〇〇万緡《びん》（一緡は一〇〇〇文）には遠く及ばず、明王朝は常に銅銭不足に悩まされていた。

国内が安定して商工業が活発化してくると、商人の往来もひんぱんになり、取り引き額も当然のことながら高まってきた。だが銅銭は重量があって持ち運びに不便なため、それに代わる貨幣がどうしても必要となる。当時江南地方で一般に使用されていたのは、銀であった。銀は銅銭のようにコインにして用いるのではなく、銀錠《ぎんじょう》と呼ばれる銀塊を取り引きの度に天秤で量って使用するのである。

すでに元の頃から江南では、銀の流通が盛んであった。江南の富豪や大商人たちは競って銀を蓄えたため、多くの銀が各地から江南に流れ込んでいた。例の伝説的な富豪である沈万三は、元璋に降伏したあと毎年五万両（一両は約三七・三グラム）の銀を差し出すように義務付けられていたといわれる。五万両といえば元朝の歳入銀に相当するため、数字には多分におひれが付いていようが、江南の富豪・大商人は沈万三ほどではなくとも、かなりの銀を保有していたことは間違いない。張呉国を滅ぼして多数の富民を移住させたことは、朱呉国の国庫に莫大な銀が接収されたことを意味した。

明王朝が成立しても大勢に変化はなかった。江南地方では大口の取り引きには必ず銀が使用され、銅銭不足は銀で補われていたからである。だが銀は明王朝の公定通貨ではなく、民間で自主的に使われているに過ぎない。それは国家の与り知らぬところで、勝手に流通し始めた私鋳銭にも等しい。銀はそれ自体価値のある貴金属であるため、国家の保障なくして流通していたわけだ。

この現実は、元璋にとって非常に危険な状態に思われた。江南が銀経済で自己完結すれば、国家の関与する余地はなくなってしまう。江南の経済は国家の統制を受けないまま、独自に展開していくことになろう。しかもその江南地方こそ、現在最も手を焼いている地域なのである。南人政権からの脱却を目指す元璋にとり、銀問題を放置しておくわけにはいかなかった。

この事態を打開するために元璋が取った措置は、紙幣を発行して江南経済をコントロールすることであった。洪武七年（一三七四）九月、元璋は南京に宝鈔提挙司《ほうしょうていきょし》を設け、翌八年から紙幣の発行を開始した。紙幣の名は大明通行宝鈔《だいみんつうこうほうしょう》（大明宝鈔）と呼ばれ、元朝の交鈔にならったものであった。その種類は一〇〇文から五〇〇文までの五等と一貫（一〇〇〇

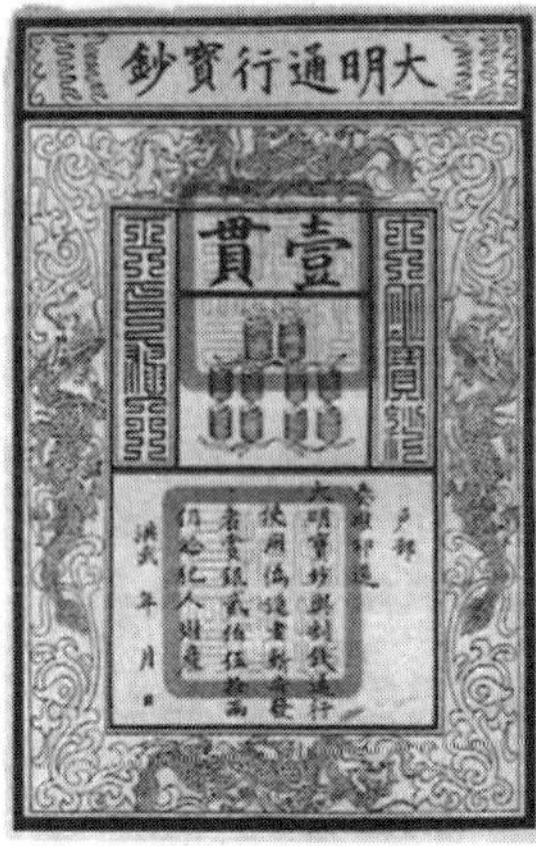

図42　大明通行宝鈔

〇文）の計六等で、一〇〇文以下は銅銭を使用するものとされた。ちなみに当時の鈔・銭・銀・米の比価は、鈔一貫＝銅銭一〇〇〇文＝銀一両＝米一石であった。

大明宝鈔の発行とともに銀による交易は禁止され、民間に対しては金・銀を鈔に交換することが奨励された。先の比価はそのために定められたもので、王朝としてはできるだけ民間に出回っている銀の量を減少させようとしたわけだ。また鈔をスムーズに流通させるために、商税を利用して絶えず回収を図ることとし、その徴収額は鈔七・銭三の割合と決められた。

注目すべきは大明宝鈔が従来の紙幣と異なり、不換紙幣として発行されたことだ。元朝は紙幣一本立ての通貨制度を行うに当たり、兌換準備金（鈔本）に銀や絹を用意して臨んだ。のちには準備金の不足から不換紙幣化したが、最初からそうだったわけではない。しかし明朝は違った。明朝は当初から準備金を用意せずに、不換紙幣である大明宝鈔を発行したのである。銀使用の禁止を徹底させて、南北経済の一元支配を貫徹するためである。強大な国家権力をバックにすれば、不換紙幣でも十分だと考えたのであろう。

だが事態は元璋の思惑通りには進まなかった。不換紙幣という性格はやはり致命的で、大明宝鈔は年々価値を下落させたからである。銅銭との比価でいえば、洪武二三年（一三九〇）には当初の四分の一となり、二六年には約六分の一に下がった。明朝はたびたび銀使用の禁止を打ち出したものの焼け石に水であった。その後も鈔は価値を下落させ、一時王朝のテコ入れで持ち直したこともあったが、明中期以降はほとんど無価値になって銀経済の中に埋没してしまった。大明宝鈔による江南への経済統制は、けっきょく失敗に終わったのであった。

朱元璋の焦り

元璋は悩んでいた。国初以来数々の改革を行ってきたのに、それが目に見えた形で効果を表さないのだ。たびたび訓諭を垂れたにもかかわらず、官僚や富民たちの不正は跡を絶たない。各地では彼らに反発して農民反乱も起こり、その趨勢は一向に止む気配がなかった。苛立ちの昂じた元璋は、いつしか周囲の者に当たり散らすようになっていた。もともと癇癪もちであった元璋は、しばしば怒りを爆発させることがあったが、その傾向が最近とみに増しているのである。

元璋の不満はまず官僚たちに向けられた。官僚は少しでも落ち度があると即刻処罰され、中都で労役に就かされた。翰林編修の張宣《ちょうせん》は『元史』の編纂にもたずさわり、元璋からも

「小秀才」と呼ばれて可愛がられていたが、洪武六年に罪を得て中都に流謫された。彼だけではない。些細なことで流罪や死刑に処せられる者が、日を追って増加した。有名な「呉中の四傑」の一人である高啓は戸部《こぶ》（財務省）侍郎《じろう》（次官）にまでなったが、官を辞して郷里の蘇州に帰っている時に、府の庁舎の棟上げを祝って文をしたためた。これを見た元璋は、その文句に謀反の意図ありとけちをつけ、腰斬の刑に処したのである。洪武八年のことである。

元璋の官僚に対する監視も、今まで以上に厳しいものになった。それに利用されたのは検校《けんこう》と呼ばれる元璋直属のスパイである。彼らは都の大小の役所を監視し、些細なうわさであっても元璋の耳に入れることを命じられていた。スパイの対象は皇帝以外のすべての者で、例外は許されなかった。

宋濂が一夜、訪問客と酒を飲んだことがあった。翌日元璋に呼び出された宋濂は、逐一昨夜のことを尋ねられた。酒を飲んだか否か、客は誰であったか、何を食べたか等々。宋濂がありのまま答えると、元璋は相好を崩して言った。

「まことにその通り。卿は朕を欺いてはおらぬ」（『明史』宋濂伝）。

元璋は宋濂のもとにもスパイを放って、起居を探らせていたのである。

元璋の挙動は明らかに常軌を逸したものになりつつあった。当初理想として掲げた徳治主義は次第に影をひそめ、法令と刑罰によって官僚や民衆を統制しようという姿勢が濃厚になってきていた。それは建国まもない時期に劉基が元璋に求めたことで、元璋自身一度は否定したはずのものである。だがその後の状況は、元璋の考えをそのままにしておくことを許さなかったらしい。劉基の予想だにせぬ苛酷さでもって、元璋は大鉈《なた》を振い始めたのである。

これより以前、劉基は職を辞して郷里に戻っていた。帰郷後の劉基は青田県の片田舎で隠遁生活を送り、毎日酒を飲んだり将棋を指したりして、一切自分の身分を明かそうとしなかった。ある時、青田県の知県《ちけん》(県知事)が農夫の格好をして劉基に会いに来た。ちょうど劉基は家の前で足を洗っていたが、奥に招き入れて一緒に食事をすることになった。しばらくして知県は安心したのか、

「それがしは青田県の知県でござるが……」。

と申し訳なさそうに打ち明けた。驚いた劉基は慌てて立ち上がると、自分は一介の民で知県様にお会いできる筋合いではないと繰り返し、その場を辞去して二度と姿を見せなかった。劉基は元璋にあらぬ疑いをかけられぬよう、細心の注意を払っていたわけだ。

だがそんな劉基も仇怨を抱く胡惟庸によって、誣告されることになる。胡惟庸はかつて劉基が自分をけなしたことを根に持ち、部下に命じて元璋に次のように報告させた。

「劉基の住んでいる場所には王気が立ち籠めております。劉基はそこに墓を作るつもりですが、それこそ謀反を企んでいる証拠でございましょう」(『明史』劉基伝)。

これを聞いた元璋は、劉基を罰しないまでも彼の禄を剝奪してしまった。びっくりした劉基は急いで上京すると元璋に謁見して申し開きをし、そのまま南京に留まってあえて帰郷しようとしなかった。謀反の意志など毛頭ないことを証明するためである。

劉基や宋濂の浙東学派の面々にとり、もはや元璋は昔の元璋ではないように思われた。かつて元璋を守り立てて理想を現実政治に生かそうと考えていたことが夢のようである。天下統一がなった現在、目の前で展開している現実は彼らにとってまさに悪夢であった。たしかに彼らは元璋に権力を集中させ、その権力で秩序の回復を図るつもりであった。だが一旦権力を握った元璋は、その権力を必要以上に行使して、彼らの手の届かない存在になってしまった。元璋はもはや彼らの望み通りには動かなくなったのだ。

それればかりか政界内部には、元璋の機嫌を取って出世を企むような不逞の輩が目立つようになってきた。中書右丞相の胡惟庸《こいよう》しかり。御史大夫の陳寧《ちんねい》しかり。彼らの存在こそ元璋の目を誤らせている張本人だと、劉基には思われた。病を得て帰郷を許された劉基は、次子の劉璟《りゅうけい》に向かって次のように語ったという。

「政を為すには、寛と猛とを交互に行わねばならぬ。現今の務めは徳を修め刑を省き、天命が永久に続くことを祈ることである。私は陛下のために最後の上奏を行いたいのだが、胡惟庸がおる以上それもかなわぬじゃろう。だが胡惟庸が敗れれば、陛下は必ず私のことを思い出されるに違いない。もし御下問があれば、この書状を密奏せよ」(『明史』劉基伝)。

こう言って書状をしたためると、洪武八年（一三七五）四月に世を去った。劉基が南京で病んだ時、胡惟庸が密かに飲ませた毒が原因であったといわれる。劉基の死は一つの時代の終焉を告げるものでもあった。

一二　独裁体制の確立

空印の案

洪武九年（一三七六）前後になると王朝創設期の混乱も癒え、本格的に内政に専念できるような状況が整えられつつあった。大都を逐われて以来カラコルムにとどまっていたモンゴル勢力も、政権の中心人物であったココ・テムルが洪武八年八月に死亡して大きく勢力を後退させていた。それまで華北を軍政下に置いていた明朝政権も、傅友徳《ふゆうとく》一人を残して武将の総引き上げを開始し、外政にいくばくかの余裕を生じるに至った。また国内でも荒廃していた田土が年々回復され、江南地方では糧長等が設けられて賦役制度の面でも充実が図られた。こうした国の内外の安定を待って、元璋はいよいよ一つの政策に着手した。

当時全国には一二の行中書省（行省）があり、その支配下の地域は「省」と呼ばれ、その下に府・州・県の上下の行政区画が敷かれていた。元朝の制度をそっくり踏襲したもので、現在の中国でも採用されている省という行政区画はこの行省に由来する。つまり明初の地方行政区画としては、行中書省を頂点にその下に府・州・県の諸官庁が隷属していたのである。

これらの官庁は年度末に独自に胥吏《しょり》（下級役人）を戸部（財務省）に派遣し、毎年の地方財政の収支報告を行うことが義務づけられていた。ところが戸部で照合して数字に矛盾が出た場合、地方官庁はもう一度地方長官の印を捺した書類を作成し直して、再度提出する必要があった。これは南京から遠く離れている地方官にとっては、時間的にも経済的にも大きな負担となる。そのため地方官庁としては、あらかじめ長官印だけを捺した白紙の書類（空印文書）を用意し、不測の事態に備えることを通例としていたのである。元璋はこの慣行に目を付けた。

彼はこの空印文書によって地方官が不正を働いているとし、単に書類を携帯した胥吏ばかりか、空印にたずさわった行省や府・州・県の官僚に対しても厳しい処罰を加えたのである。地方官への弾圧は洪武九年（一三七六）の初頭から夏頃まで続けられ、ある者は処刑され、また別のある者は左遷されるなどして、けっきょく数千名の地方官や胥吏の首がすげ替えられた。いわゆる「空印の案」と呼ばれる事件である。そのやり方はまったく有無を言わさぬもので、御史（監察官）の告発さえあれば即刻処罰するといった、きわめて手荒い方法がとられた。

元璋がこの事件に込めた意図は、王朝が直面している南人政権としての自己矛盾の解消にあった。現在、元璋が最も頭を悩ませているのは官僚と地主の癒着であり、とりわけ王朝創設過程で官僚を現地採用してきた江南地方にその弊害が顕著であった。その弊害を少しでも減少させるために、南人の官界への進出を抑えてきたのである。だが科挙の廃止にせよ、南北更調の制にせよ、現在の矛盾そのものにメスを入れるものではない。

もちろん官僚・地主に対しては何度も禁令を出し、彼らの癒着を防止する手立ては講じてきた。厳刑に処してみせしめにすることも再三であった。だがそれらは一時的な効果を挙げても、習い性となった彼らの行動を完全に改善させることはできない。業を煮やした元璋は、当の地方官（その多くは南人官僚）の総入れ替えを計画し、新官僚を任命することで弊害の除去をもくろんだのだ。それは建国以来九年経った今も、依然として元末の弊風に染まり切った官僚への、意識改革を求めた荒療治の始まりであった。

空印の案が元璋によって計画的に起こされたことは、事件後に施された処置を見ても理解できる。単に地方官の入れ替えだけにとどまらず、地方行政制度の改革へと発展しているからである。当時地方の最高行政府は、先にも述べたように行中書省であった。行省は中書省の出先機関として軍政・民政の両者を統括し、行省の長官である平章政事は地方で大きな権限を握っていた。中央集権化と皇帝権力の強化を目指す元璋にとり、行省は分権化の危険性を持った元朝の遺制として受けとめられた。しかもその行省の膝元にいる地方官が弊害を垂れ流しているのである。元璋が行省の廃止を決心したのも当然であった。

洪武九年六月、新たに承宣布政使司《しょうせんふせいしし》・提刑按察使司《ていけいあんさつしし》・都指揮使司《としきしし》が各省に設置された。

布政使司は民政全般、按察使司は監察・司法、そして都指揮使司には軍政を担当させて地方政治に当たらせた。今までの行省に代わって三権分立体制がとられたことで、皇帝権力は格段に強化されることになった。元璋は地方政治の刷新を図るとともに元朝的遺制を廃止し、いよいよ明朝独自の制度を打ち出したわけである。

知識人の抵抗

空印の案とそれに続く官僚機構の刷新は、新王朝のもとで地方政治に従事していた官僚たちを大混乱に陥れることになった。当然のことながら彼らの間にはパニックが起こり、冤罪を訴える者が続出した。なかでも元璋の強引な措置に対して敢然と抗議の声を挙げたのは、日頃から不満を抱いていた浙東の知識人である。洪武九年閏九月、星の運行に異変が認められたことから、直言を求める詔が下った。これを機に彼らの不満は一気に爆発する。その代表的人物が、鄭士利《ていしり》という地方学校の生員《せいいん》（学生）であった。

鄭士利は字を好義といい、浙江省寧海《ねいかい》県の人である。その経歴は寧海県学の生員であったということ以外、ほとんど分かっていない。彼が元璋への上奏を決意した直接のきっかけは、兄の不当な逮捕にあった。兄は鄭士原《ていしげん》といい、河南省懐慶府《かいけいふ》同知《どうち》（副知事）等を歴任した実務派の硬骨漢であった。ところがある事件の処置をめぐって御史大夫陳寧の怒りを買い、陳寧にそのかされた胥吏の誣告を受けて、空印使用の罪で投獄されてしまったのである。冤罪であることは明らかであった。

鄭士利は急ぎ上京すると、いつ上奏を行うべきか機会をうかがっていた。そのうちに兄の冤罪も晴れ、流刑地から釈放されて戻ってきたが、鄭士利の決心は変わらなかった。彼は文書をしたためいよいよ直訴しようという当日、兄の子に向かって言った。

「自分は天子の怒りに触れ、間違いなく処罰を受けることになろう。だが自分一人が死ぬことで他の多くの者が助かるのなら、死んでも本望だ」。

こう言い残すと丞相府に出向き、その門を叩いて皇帝への目通りを求めた。報せを受けて奥から出て来たのは宰相の胡惟庸であった。胡惟庸は鄭士利が一向に気後れした様子の無いのを見て、声を荒げて尋ねた。

「一体なんの書状を持って参ったのか」。

鄭士利は毅然として答えた。

「自分は陛下のために一言申し上げようと参上したのであって、宰相閣下には関係ございませぬ」。

その気迫に圧された胡惟庸は、陳寧を介して書状を元璋に取り次ぐしかなかった。

書状には大略次のようなことが書かれていた。一、空印は慣例的に行われていることで、何の予告もなく空印にたずさわった官吏を処罰することは不当。二、文書は上級官庁への移動にともない数量も膨大となり、ミスが出るのも止むを得ない。訂正しに地方へ戻れば日数もかかるので、最初から空印紙を携帯する方が便利。三、官庁間の文書の往来にはさまざまな規定が設けられ、途中で不正を行おうとしても物理的に不可能。以上の三点である。

元璋が激怒したのは、文中の次の言葉を目にした時のことであった。

「誰が陛下のためにこのようなことを画策したのか、詳らかにすることができませぬ」。

この自信からしてきっと首謀者がいるものと信じた元璋は、すぐさま胡惟庸と陳寧に命じて鄭士利を尋問させた。だが彼らの問いに対し、鄭士利は笑いながら次のように答えただけであった。

「自分が知りたいのは、この書状を受け取って頂けるのかどうかであります。すでに国家のために一言を呈した以上、処罰を受ける覚悟はできております。どうして首謀者などおりましょうや」（『明史』鄭士利伝）。

彼は頑なに元璋が過ちを改めるよう求めたのである。だが鄭士利のこの決死の行動も、けっきょくは実を結ぶことはなかった。ほどなく鄭士利は兄とともに罪に処せられ、南京の北にある江浦《こうほ》県に流されて労役に就かされたからである。もはや一介の生員の力ではどうすることもできぬほど、事態は進行していたといわねばならない。

鄭士利よりももっと壮絶を極めたのは、同じ浙江省寧海県出身の葉伯巨《しょうはくきょ》の場合である。当時山西省の平遥《へいよう》県学訓導であった彼は、直言を求める詔に応じて一万字からなる上奏を行った。その内容は三点に要約でき、第一点は諸王分封制度の危険性、第二点は刑罰乱用の弊害、そして第三点は政治に速効性を求める王朝の姿勢を強い口調で指弾したものであった。かれは星変《せいへん》にかこつけて、積もり積もった不満を一気にぶっつけた。

葉伯巨が最も力を入れたのは、諸王の問題であった。彼は諸王が早晩王朝の障害になることを、すでにこの時点で見抜いていた。諸王の権限をもっと制約するよう、先見の明をもって元璋に要求したのである。だが元璋の気持を逆撫でしたのも、葉伯巨のこの発言であった。

「このこわっぱは我が骨肉の仲を裂くつもりか。すぐに捕まえてまいれ。弓で射殺してその肉を食らわねば気がすまぬ」(『明史』葉伯巨伝)。

葉伯巨が逮捕され南京に護送されてくると、元璋は即刻処刑するつもりであった。このとき難色を示したのが胡惟庸である。あまりにも拡大し過ぎた事件の余波に、一抹の不安が過ったのだろうか。いずれにせよ葉伯巨は死刑を免れ、刑部の獄に下されることになった。だが投獄後も満足な食事の与えられなかった彼は、やがて獄中で餓死してしまう。彼の予感が適中したのは、元璋の死後まもなくのことである。

鄭士利・葉伯巨と同じ寧海県の出身で、事件に巻き込まれた著名な人物がいま一人いる。洪武朝の次の建文《けんぶん》朝の名臣として名を知られ、永楽帝(燕王)の簒奪によって非業の死を遂げた方孝孺《ほうこうじゅ》その人である。彼の父方克勤《ほうこくきん》が山東の済寧知府であった時、空印の濡れ衣を着せられ流罪になったため、父の身代わりになろうと上京していたのである。

方孝孺は南京で鄭士利の面識を得、互いに連絡を取り合って釈放運動を続けていた。彼もまた鄭士利と同様、上奏を行うつもりでいた。だがなかなかその機会は巡って来なかった。そんなある日、彼は流刑地からの父の薦めで宋濂のもとを訪ねた。これが彼の将来を決定づけることになった。方孝孺の持参した文章に目を通した宋濂は、彼が大器であることをすぐさま見抜き、即日自分の家に住まわせて学を施すことにしたからである。当時宋濂は齢《よわい》六七歳、方孝孺は二〇歳。ここに金華学派の正統は、宋濂から方孝孺に継承されることになったのである。方孝孺にとって終生の師との出会いであった。

図43　方孝孺

やがて方克勤が獄中で死亡したため、方孝孺は上奏の機会を持たぬまま父の棺を守って寧海に帰郷した。彼はその後、金華の浦江県に戻っていた宋濂のもとを訪ね、三年間寝食を忘れて師から知識を吸収し、再び寧海に帰った。鄭士利が罪を赦されて帰郷してきたのは、ちょうどその頃である。彼らは三年ぶりの再会を祝って、ひとしきり話に花を咲かせた。だがひとたび話題が空印の案に及んだ時、鄭士利の表情が見る見るうちに曇っていくのを方孝孺は見逃さなかった。暫らくの沈黙のあと、鄭士利はさも苦しそうに腹の底から絞り出すように言った。

「浅学非才の身で多言したことは、自分の過ちでありました」（方孝孺『遜志斎集』宜隠軒記）。

そうつぶやいた鄭士利は、かつて丞相府に出向いて直談判した当時の彼とは、まったくの別人の表情になっていた。自分が刑に服している間に父親は死に、兄も配所で没したことを知った鄭士利は、今やもの言わぬ人間に生まれ代わっていたのである。だが鄭士利の変貌を誰が責めることができよう。ものを言うことは死にもつながりかねない状況の中で、さらに何を言えというのか。確実に不穏の度合を強めつつあった当時の世情は、知識人から批判の精神を完全に奪い取ってしまったわけだ。

のちに方孝孺は葉伯巨と鄭士利の伝記を書き、彼ら二人の事績を後世に残している。『遜志斎集』に収める「葉伯巨・鄭士利伝」がそれである。浙東の知識人にとり、せめて将来に記録を留めるぐらいしか、抵抗の姿勢を示すすべはなかったのである。

胡惟庸の獄

この間、政界内部で着実に勢力を伸張させたのは、宰相の胡惟庸と御史大夫の陳寧であった。彼らは空印の案のさなか、元璋の意を汲んで地方官弾圧の先頭に立って働いた。陳寧が鄭士利の兄に私怨を晴らすことができたのも、その地位を利用してのことである。先の方孝孺は「鄭士利伝」の中で、「丞相の胡惟庸や御史大夫の陳寧は、空印を使った者は無罪で即刻赦されるべきだと知りながら、あえて陛下を諫めようとはしなかった」と述べているが、事実は彼らが元璋に代わり率先して事を進めていたといってよい。彼らは逮捕者を次々と御史台の獄に繋いでは、徹底した粛清を施していった。

もともと李善長と同郷の定遠県出身である胡惟庸は、元璋が和州にいた頃に政権に参加し、淮西集団の人脈を利用して次第に頭角を現した。洪武三年（一三七〇）に中書省参知政事となり、右丞相汪広洋の失脚の後を受けて六年七月に右丞相となると、その後は七年間にわたって権力をほしいままにした。彼は人を見るに敏で、巧みに元璋に取り入ってはその機嫌を取り、一旦元璋の寵愛を受けると専権をふるい始めた。官僚への生殺与奪の権はいうに及ばず、内外の上奏文もまず自分が目を通し、もしおのれに不都合なことがあれば匿して報告しようとしなかった。このため仕官希望者や失職中の者は争って金銀財宝を贈り、なんとか知遇を得ようと彼の門前に参集した。

こんな胡惟庸の行動に、眉をひそめる者がいなかったわけではない。徐達はそれとなく元璋に忠告したし、劉基も胡惟庸が宰相になる際には強く反対した。だが彼らの意見はけっきょく採用されず、劉基亡きあと胡惟庸の専横はますます激しさを加えていった。そればかりか、彼は政界内部での自分の地歩を固めるために、元勲の李善長と姻戚関係を結んで淮西集団の後楯を得ることも忘れなかった。その点、胡惟庸はまったく抜け目のない男であった。

この胡惟庸によって御史台の官に抜擢されたのが陳寧である。陳寧は湖南の茶陵《ちゃりょう》の出身で、元末に朱政権に参加して以来、数々の官職を歴任して山西行省の参政にまで出世した。性格は冷酷無比。かつて蘇州知府をしていた時、租税の納入に遅れた農民にみせしめのために焼印を捺し、人々から「陳烙印」と呼ばれて大いに怖れられた経歴を持つ。御史台の官について以後はその本領を発揮し、取り調べにも残酷さが増したため、さすがの元璋もたびたびたしなめたが改めることはなかった。心配した息子の孟麟《もうりん》が再三諫めたところ、怒った陳寧は逆に孟麟を鞭で叩き殺してしまった。我が子をも子と思わぬその振る舞いを見て、人々は震撼せざるを得なかった。

空印の案前後を境として胡惟庸と陳寧の専横は、目に見えて昂じてきた。元璋の寵愛を好いことに、中書省と御史台を側近の者で固めた彼らはその専断ぶりを一段と強めていった。今や明朝の政治は彼らを中心に動いている感があった。そして彼らのそんな専権を、誰も止めることはできなかった。当の元璋もことさら事を荒立てるのを避けている節があった。だがそんな順風満帆に見えた彼らの前途には、思いもかけない落し穴が待ち受けていたのである。

洪武一三年（一三八〇）正月二日、突然胡惟庸と陳寧が逮捕された。罪名は「謀反」であった。彼らの計画に加担していた御史中丞の涂節《とせつ》が、成功の見込みなしと踏んで密告したのだという。さっそく廷臣に命じて調査を行った結果、次のようなことが判明した。

朝廷内で着々と勢力を築いた胡惟庸は、いつしか元璋をもないがしろにするようになった。そんな時、彼の定遠県の旧宅の井戸に筍《たけのこ》が生え、今まで枯れていた井戸に数尺の水が貯まったとか、彼の先祖の墓の上に毎夜光りが現れ、天を煌々と照らしたとかいううわさが広まった。胡惟庸におもねる者はこれは瑞祥に違いないという始末で、そうなると胡惟庸もまんざらではなく、いつしか謀反の野心を抱くようになった。

彼は仲間の陳寧や涂節と謀議をこらし、まず都督僉事《ととくせんじ》（大都督府の官）の毛驤《もうじょう》や李善長の弟李存義《りそんぎ》を味方につけた。さらに元璋に睨まれていた功臣の陸仲亨《りくちゅうこう》や費聚を丸め込んで軍馬を集めさせると、四方の武臣の中からも密かに同調者を募った。その一方で、浙江の明州（寧波《ニンポー》）衛の林賢《りんけん》という者を日本に、元朝の臣下であった封績《ふうせき》という人物をモンゴルの地に遣わし、外部から支援する約束を取りつけた。こうして用意万端の上で決起の日を待つばかりであったが、計画の発覚を恐れた涂節の裏切りにあい、一網打尽にされてしまったのである。

元璋直々の尋問を受けた胡惟庸は、すでに逃れることの不可能を悟り、洗いざらい白状したので四日後に陳寧ともども処刑された。また通報者である涂節も、けっきょくは罪を免れることはできなかった。あれだけ権力をふるった彼らだが、元璋の一存でいとも簡単に命を奪われてしまったのである。

以上は明朝の官撰史料である『明実録《みんじつろく》』に記載された「胡惟庸の獄」と呼ばれる謀反事件の顚末であり、他の多くの史料も似たりよったりの内容である。『明史《みんし》』も胡惟庸の列伝は奸臣伝に収めており、あらゆる非が胡惟庸にあるかのようである。

だが事件を仔細に検討してみると、必ずしも公式の発表を鵜呑みにできない点にこの事件の複雑さがある。先の彼らの供述自体、元璋側からの一方的発表であって、果たして真実であったのかどうかも疑わしい。日本やモンゴルへの支援の要請にしても、事件後数年経ってから発覚したもので、あとから取って付けた感をぬぐいきれない。北方にいまなお居座るモンゴル勢力と、沿海部で跳梁する倭寇を念頭に置いた元璋の捏造ではないかと思われることだ。また陸仲亨や費聚の加担がばれたのは、事件後一〇年も経過してからのことであった。

これらの事情を総合すれば、このたびの事件もまた計画的に起こされた可能性がきわめて高い。たしかに胡惟庸らが不法な行為に走っていたことは事実だろう。朝廷内で独断の振る舞いを見せていたことも、ほぼ間違いない。だがそれが昂じて謀反を計画したかとなると、明確な証拠はなにもない。むしろ正反対の状況証拠の方がはるかに多いのである。

胡惟庸らが処刑された翌日の正月七日、突然宰相府である中書省の廃止が発表された。まったく突発的な通告であった。事態の推移を見守っていた官僚たちは、元璋の真意がどこにあるかをこの段階になってやっと悟った。それは古代以来連綿と続いてきた皇帝と宰相との二頭体制の解消であり、新たな皇帝独裁体制の始まりであったからだ。

その代わって官僚機構の頂点に立ったのは、今まで中書省に隷属していた六部《りくぶ》である。六部とは長官である尚書《しょうしょ》が官僚ポストの最高位に置かれ、皇帝に直属することになった。吏部《りぶ》（人事院）・戸部《こぶ》（財務省）・礼部《れいぶ》（文科省・外務省）・兵部《へいぶ》（防衛省）・刑部《けいぶ》（法務省）・工部《こうぶ》（建設省）の六つの官庁であり、それぞれに新任の尚書が任命された。しかも尚書は全部で六名いるため、誰か一人に権力が集中することがない。中書省の廃止にともなう六部の昇格は、皇帝以外の権力の分散化をも意味したわけだ。

改革はこれだけにとどまらなかった。軍事を統括していた大都督府《だいととくふ》も、中軍・前軍・後軍・左軍・右軍の五軍都督府《ごぐんとくふ》に改組され、各軍ごとに都督を置いて軍事権の分割が図られた。国家の根幹をなすのは官僚機構と軍隊である。とりわけ明朝の軍隊は一般の民戸とは異なる軍戸の中から選ばれ、彼らによって編成された衛所《えいしょ》が軍事組織の基本単位であった。全国に置かれた衛所は中央の五軍のいずれかに分属し、一人の都督に権力が集中しないよう周到な措置が施されたのである。軍事権の独立は、元璋が最も危惧するところであった。

このほか監察機関の御史台を廃止し、二年後に新たに都察院《とさついん》を設けて以前にも増して官僚

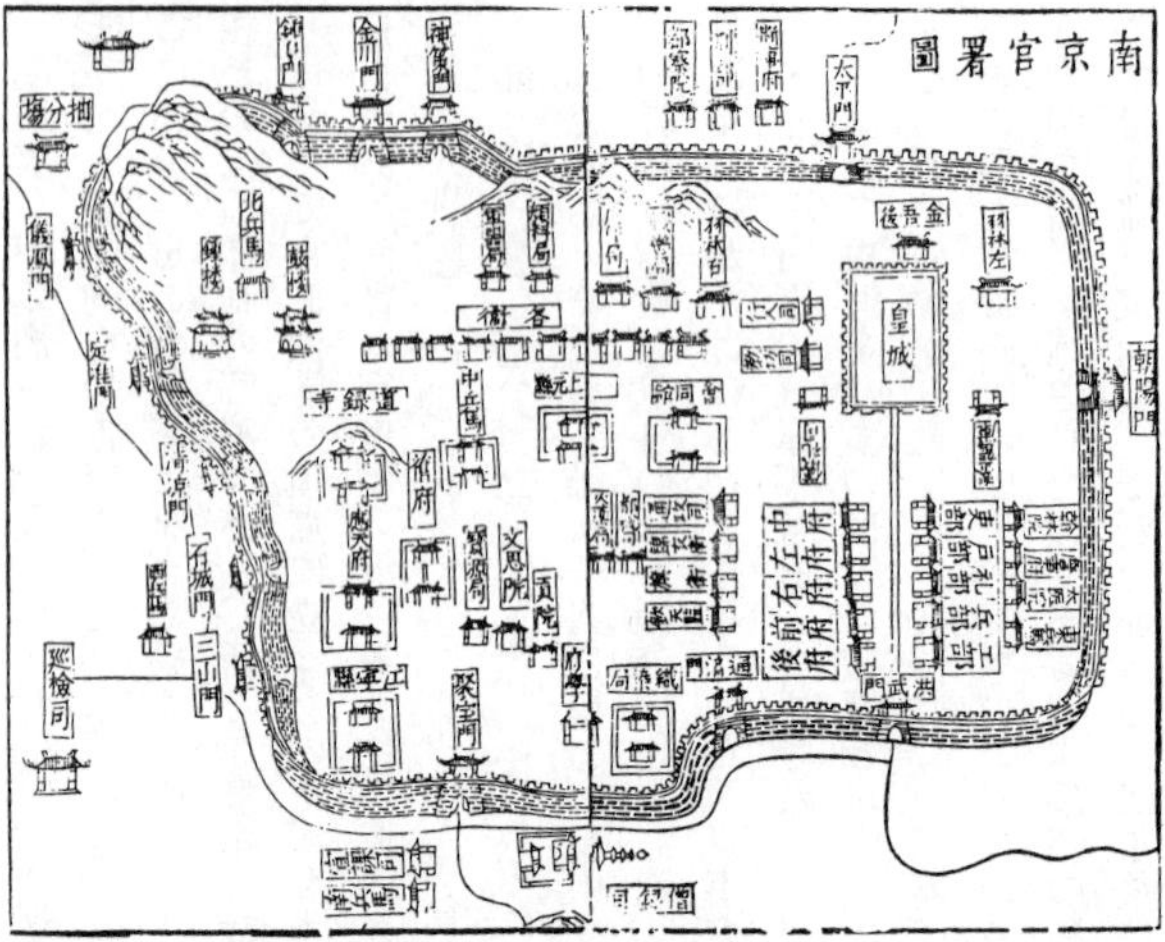

図44　南京の官庁図

に対する監視を強めている。

　以上の改革を通じて皇帝権は比類ないほど強大なものとなった。中国の皇帝権が明初に最終的な確立を見たというのは、これらの事実を指す。単に一王朝の問題ではなく、中国史上でも画期的な意義を持っているのである。しかもこれらの改革が胡惟庸の事件いわゆる「胡惟庸の獄」の後間髪を入れずに実施されたことは、それ以前から着々と準備が進められていたことを物語る。決して胡惟庸の謀反に対処するためだけにとられた措置ではない。

　もはや明らかなように、このたびの改革は四年前の地方の行省の改革に連動するものであった。行省の廃止が地方での三権分立体制を生み出したように、中央の改革は皇帝以外のすべての権力の分散を図るものであった。空印の案が勃発した時点で、今回の事件は予測されていたのである。その意味で空印の案にせよ胡惟庸の獄にせよ、ともに元璋が意図的に起こした捏造事件だと考えざるを得ない。胡惟庸や陳寧らは元璋に利用され、そして捨てられたのである。かつて小明王の始末を命じられた廖永忠の役回りを、今度は彼らが演じたわけだ。

江南地主への弾圧

胡惟庸の獄では機構改革だけに止まらず、多くの官僚が胡惟庸の一党すなわち「胡党《ことう》」という名目で逮捕・処刑された。しかも、中央や地方の官僚たちが恐怖のどん底に突き落とされただけでなく、事件は社会的な広がりを持って無数の者を巻き込んでいった。当初、中央での事件の行方を固唾をのんで見守っていた在地の住民は、その矛先が自分たちに波及するに及んでパニックに陥った。胡党の罪で次々と富豪や地主たちが摘発されだしたからである。彼らは十分な取り調べも受けないまま処刑され、一言の弁明も許されなかった。官僚・知識人等を合わせれば、犠牲者の数は実に一万五〇〇〇人近くにのぼった。空印の案の比どころではなかった。

民間の犠牲者の大半は江南地方の富豪・地主たちで、疑心暗鬼にかられた彼らは盛んに密告を行っては仇敵を陥れようとした。また、身に覚えのない者はただただ身を屈めて嵐の通り過ぎるのを待とうとしたが、それでも万一胡党として誣告されようものなら、彼の運命はそれで終わりであった。それは冤罪か否かの問題ではなく、疑いを持たれた時点ですでに逃れるすべはなかったのである。

元璋にとり、実際に胡党であるかどうかは二の次であった。彼はともかく現在の弊害を取り除くために、徹底して腐敗した江南地主たちに弾圧を加えようとした。官僚との癒着、租税のごまかし、大土地所有の展開等々、これらの弊害の張本人である彼らにもはや説得は通用しない。それはすでに何度も試みて証明ずみである。今となっては刑罰によるみせしめしか彼らの行動を規制する手立てはなく、そのための犠牲者は多ければ多いほど都合がよい。元璋はこう考えたのである。胡党は刑を執行するための単なる口実にすぎなかった。

江南地方の中でも、最も悲惨であったのは最先進地の浙西と浙東である。特に浙西は張呉国滅亡時の富民の強制移住にもかかわらず、その後も多くの富民が存在して広範な大土地所有を展開していた。彼らの多数はこの度の弾圧で死罪や流罪に処せられ、土地と財産を没収されてほとんど勢力を失ってしまった。取り上げられた土地は官田《かんでん》に入れられ、国家が直接経営して一般の民田よりも高い税率で租税を徴収することになった。元璋とすれば一石二鳥を狙ったわけだ。

在地の江南地主もさることながら、当地出身の南人官僚や知識人たちも徹底的に弾圧された。あの宋濂ですら、元璋の嫌疑の目から逃れることはできなかった。宋濂はすでに洪武一〇年六月から故郷の浦江に戻り、当地で弟子の教育に当たっていた。ところが洪武一三年一二月、孫の宋慎《そうしん》が胡惟庸と通謀していたかどで摘発され、処刑されてしまったのである。怒った元璋は故郷に引き籠もっていた宋濂を捕らえ、械《かせ》をはめて南京に護送させた。元璋は宋濂を処刑するつもりであった。この時、必死になって元璋に諫言を呈したのが妻の馬皇后である。

「民間でもひとたび師を招けば、終生その恩を忘れず敬い続けるというではありませぬか。宋先生は太子や諸王に教育を施された方でございます。そのようなお方をどうして殺してよいものでしょう。しかも宋先生はすでに引退されて日が経っております。朝廷の事をご存じのはずがありませぬ」（傅維麟『明書』皇后馬氏伝）。

こう言うと皇后は宋濂のことを思って食膳での酒肉を断ち、元璋を諫めたのである。このため元璋もやむなく死一等を減じ、四川の茂州《もしゅう》に流すことに決定した。

これより以前、宋濂が官を辞して帰郷しようという時、元璋は大臣たちの前で宋濂を次のように絶賛したことがある。

「宋濂は朕に仕えて一九年、いまだかつて一言の虚偽も述べず、一度として他人の短所を誹《そし》ったことがない。終始無二の態度は、君子どころか賢人というべきであろう」（『明史』宋濂伝）。

その口の端も乾かぬ数年後にこんな処置が下されようとは、一体誰が想像しただろうか。元璋は宋濂個人を処罰しようとしたのではない。彼の後に続く多くの知識人、とりわけ元璋の政治に批判的な浙東の知識人に対し、皇帝の権威とその治政方針を知らせる必要があったのだ。

やがて宋濂は茂州へ向う途次、湖北の夔州《きしゅう》で病を得て亡くなった。洪武一四年五月のことである。享年七二。一説では夔州の僧舎で、世をはかなんで首をくくって自殺したとも伝えられる。元璋の仕打ちを考えればあながち無理な解釈ではないが、真相は藪の中である。いずれにせよ劉基とももども終わりを全うしたとは言い難い最後であった。

江南地主への弾圧は元璋にとり、たしかに政権確立のために行わねばならない喫緊の課題であった。もちろんそのことは地主であれば誰であろうと、無差別に弾圧すればよいというものではない。なるほど事件は元璋の予想を越えて、一人歩きした面があった。冤罪でありながら処刑された者も多数にのぼったであろう。だが元璋は弾圧を遂行するに際し、一つの基準を設けていたことも事実であった。

洪武一四年二月、浦江の義門鄭氏が胡惟庸に通じていたとして誣告された。このとき鄭家の家長は鄭濂《ていれん》という人物で、彼は全責任を自分一人で負うつもりでいた。ところが従兄の鄭湜《ていしょく》も譲らず、けっきょく二人とも捕らえられて南京の牢獄に繋がれることになった。この話を聞いた元璋は二人を朝廷に召し出すと、彼らに労いの言葉をかけるとともに側の者に向かって強い口調で言った。

「彼らのように互いに罪をかぶろうとする者が、どうして不正を働くことがあろうか。朕は鄭義門が胡党でないことは重々分かっておる。誰かが誣告したにすぎぬ。即刻釈放せよ」(『遜志斎集』采苓子鄭処士墓碣)。

こう命じると、鄭湜をわざわざ布政司の参議(次官)にまで任命したのである。

元璋にとり鄭氏はまさに理想的な地主であった。自己犠牲をものともせぬ家族愛、郷村の民への強い経世意識、儒教イデオロギーに基づく秩序維持志向等々……。これらは元璋が地主たちに望んで、今なお達成できないでいるものである。それらを命令せずとも進んで実践しているのが、義門鄭氏なのである。そのような一族をどうして処罰してよかろう。

元璋には郷村社会に対する一つのプランができあがっていた。その実現のためには、鄭氏のような地主は是非とも必要であった。否むしろ元璋は、地主はなべて鄭氏のような存在になることを期待していたといってよい。それが不可能だからこそ荒療治を施して、向かうべき指針を与えねばならなかったのである。不正地主を粛清して地ならしをした現在、いよいよそのプランの実現に向けて動き出す時が来た。年来の弊害はこの措置を通じて、必ず解消されるに違いなかった。元璋は昂ぶる気持を抑えつつ、時期の到来を待った。

里甲制の施行

洪武一四年（一三八一）正月、弾圧の余塵がいまなおくすぶる中、郷村組織としての里《り》甲制《こうせい》が全国的に施行された。里甲制とは地域的に隣接する一一〇戸を単位に一里を編成し、その中で富裕な家一〇戸を選んで里長戸《りちょうこ》に当て、残り百戸を甲首戸《こうしゅこ》として一〇戸ずつの一〇甲に分かつ。毎年輪番で一里長戸と一〇甲首戸が里長と甲首の徭役を担い、一〇年で一巡するというものであった。元璋は農民支配の最末端組織として里甲制を敷き、農民自身にその運営を任せたわけである。

里長と甲首（両者を総称して里甲という）の徭役には二種類あり、当番の里甲に課せられたものを里甲正役《りこうせいえき》、非番の里甲に随時割り当てられたものを雑役《ざつえき》と呼んだ。前者には、里内の税糧の徴収・運搬、治安維持、役所の必需品の提供等種々あったが、とりわけ重要なのは、一〇年ごとになされた賦役黄冊《ふえきこうさつ》の作成である。賦役黄冊とは戸籍簿と租税台帳とを兼ねたもので、そこには各戸の人丁数・田土額・税糧額等が登記され、これをもとに農民に対して税糧や徭役が課せられた。賦役黄冊が一〇年ごとに作成されたのは、その間に家族数や土地所有額に異動が生じ、古い黄冊ではその変化に対応できなくなるためである。当番の年の里長と甲首は協力して里内を回り、先の諸項目を調査して新しい黄冊を二部作成せねばならなかった。

このうち里に保管される一部を除き、他の一部は所属の州・県に送られ、州・県では各

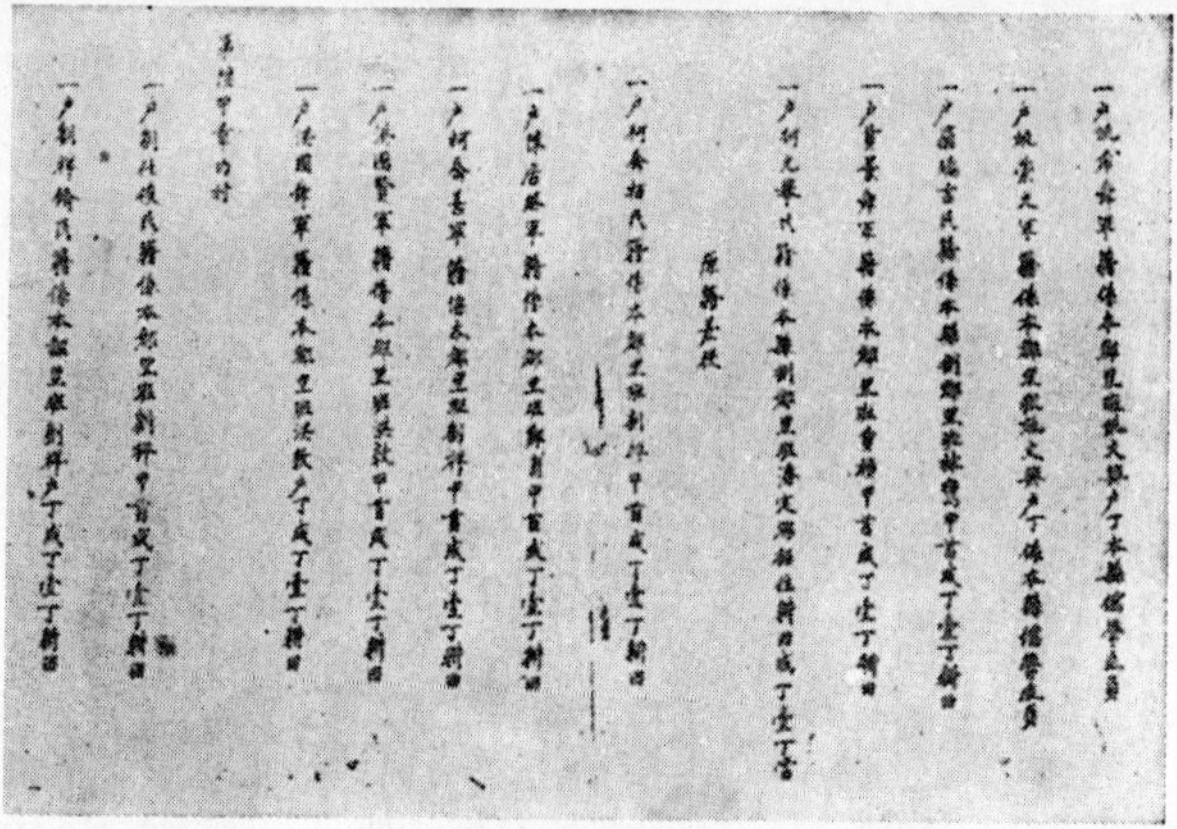

図45　賦役黄冊

里から届けられた黄冊に基づいて州県冊《しゅうけんさつ》を二部作り、その一部をさらに府に送る。府は配下の州・県から受け取った黄冊を整理して一部を布政司に届け、布政司での同様の作業を経て、最後は中央の戸部（財務省）に集められた。戸部に進呈されまとめられた黄冊は、その後南京の後湖《こうこ》にある黄冊庫に収蔵されることになっていた。黄冊の編造は洪武一四年を第一回目とし、第二回目は洪武二四年、第三回目は靖難の変で一年延期されたものの、その後は定期通りに作成され、都合二七回にわたって編造が続けられた。まさに農民支配の根幹をなすのが、賦役黄冊の作成であったわけだ。

　賦役黄冊の編造とは別に、毎年の当番の里甲に課せられたのが租税の徴収・運搬や治安維持である。特に前者については明朝は原額主義を採用したため、徴収額に不足分が生じた時には当番の者が負担せねばならなかった。飢饉や災害のアクシデントも、なんら考慮の対象とならなかった。また中央や地方の官衙《かんが》の必需品は、一里長戸と一〇甲首戸が三対七の割合で納めたため、里長の役につくことは経済的にも大きな負担を強いられることになった。里長が富裕な地主層の中から選ばれたのも、そんな事情を配慮してのことである。

治安維持については、当番の里甲は別に任命された老人（里の職役の一つ）とともに里内の教化・裁判に当たった。老人の設置年次は必ずしも明らかではないが、少なくとも洪武末までには存在しており、年長かつ有徳者の中から選ばれた里内の精神的指導者であった。彼らは里内に設けられた申明亭《しんめいてい》という建物で里甲とともに裁判を行い、軽微な犯罪については官の手を煩わせることなく、独自に刑を施行して郷村の秩序を維持した。また里民に対する教化も彼らに担わされた役割で、里民は彼らの指導のもと自治的に生活を営むものとされた。

元璋が里甲制下の民衆に期待したのは、彼らが各自の「分《ぶん》」に相応した義務と役割を遂行することであった。あるとき元璋は江南地方の農民に向かって、次のような訓諭を垂れたことがある。

「我が民たる者は、おのれの分を知らねばならぬ。租税・力役を供出してお上の御用に役立てるのは、民の分である。おのれの分に安んじさえすれば、父母・妻子を保ち、家も栄え、身も裕かになろう。これこそ仁義忠孝をわきまえた民なのである」(『明太祖実録』巻一五〇)。

農民には農民の、地主には地主の分がある。農民は農業に努めるとともに国家に租税を納め、地主は納税以外に自己の本分として郷里の民衆に関心を払わねばならない。各自がそれぞれ自分の分を尽くすことで、郷村の秩序は維持されるのである。この方針をさらに徹底するために公布したのが、「聖諭六言《せいゆりくげん》」すなわち「六諭《りくゆ》」と呼ばれる教育勅語に他ならない。

「六諭」の原型は洪武三年時の富民に対する訓諭の中に示されているが(二〇四頁参照)、より明確な六カ条の文言にまとめられたのはもう少しのちのことである。

父母に孝順なれ
長上を尊敬せよ
郷里に和睦せよ
子孫を教訓せよ
おのおの生理(生業)に安んぜよ
非為(非行)をなすことなかれ

その内容は、伝統的な儒教道徳を家族・宗族《そうぞく》（男系親族）から郷党（郷里社会）へと発展させるもので、各自の分を固定することで郷村秩序の安定を図ろうというものであった。「六諭」が公布されてのちは里ごとに木鐸一個を置き、高齢者または身障者に、月に六回木鐸をたたいて「六諭」を唱えながら、里内を巡回させるようにした。常に「六諭」を耳にすることで、自然と儒教道徳に馴染むよう仕向けたわけである。のちに「六諭」は『教民榜文《きょうみんぼうぶん》』という法規の中に取り入れられ、農民教化の基本理念として後世にまで影響を持ち続けた。

一言で言って元璋の思い描いた郷村社会とは、郷里の指導者に導かれつつ、各自が自己の分を遵守することで秩序が維持される世界である。それはある意味では、古代の聖王の御代の再現といってよかろう。だが元璋と聖王との根本的な相違点は、元璋が理想世界を力によって他律的に作り出そうとしたことだ。里甲制の実施に先立ち、郷村に徹底した弾圧を加えたことは、理念の実現に向けてまずは地ならしを行っておこうという、元璋の深慮を示すものであった。障害になるものを余すことなく除去せねば、理想社会の実現は不可能だと考えたのである。

元璋によれば、為政者の務めは各自にその分を知らしめ、逸脱しないように導くことである。絶えず教化を施しながら他方では刑罰によって、彼らの行動を規制する。里甲制という郷村モデルに組み込まれた民衆は、与えられた分の中にとどまることで生命と財産を保障されたのである。それはたしかに為政者の側から見た一つの養民策ではあった。

一三　恐怖政治の拡大

馬皇后の死

洪武一五年（一三八二）八月、思いもかけない事件が政務に忙殺される元璋を直撃した。糟糠の妻でありかつ最愛の伴侶であった馬皇后が、突然の病魔に襲われたのだ。元璋の衝撃は大きかった。あれだけ我が身を犠牲にしてまで自分を支えてくれた皇后が、よもや自分よりも先に病に倒れるとは、元璋のいまだ夢想だにせぬことであったからだ。

二人が郭子興のはからいで結婚して三〇年、馬皇后は常に陰となり日向となって元璋を助けてきた。ともすればぎくしゃくしがちであった郭子興との関係を、悪化させずにすんだのも彼女の功績であれば、元璋が一度としてひもじい思いをせずに戦闘に打ち込めたのも、彼女の献身的な努力があればこそであった。元璋は常々馬皇后のことを、皇后の鑑とされる唐の太宗《たいそう》の文徳《ぶんとく》皇后に譬《たと》えて、臣下たちに自慢したものである。そんな時、馬皇后は決して傲ることなく、日頃の自分の考えを控えめに伝えて元璋をたしなめたものである。

「夫婦の関係は保つに易く、君臣の関係は保つに難いとのことでございます。陛下はわたくしと貧賤を共にしたことをお忘れではありません。どうか群臣と困難を共にしたことを、お忘れなきようお願いしとうございます。わたくしなど、どうして文徳皇后に比べられましょうか」（『明史』孝慈高皇后伝）。

じっさい、皇后の日常生活はきわめて質素なもので、ふだんは洗いざらしの粗末な服を着て、破れてもそれを捨てようとはしなかった。こうした節倹ぶりは元璋も同様で、華美な生活を嫌い、すべてにわたって倹約を旨とした。毎日の食事もまことに慎ましやかで、馬皇后が用意することを常とした。そんなある日、皇后の調えた吸い物が少し冷めていたことがあった。虫の居所が悪かった元璋は、怒りにまかせてその器を皇后に投げ付けたため、皇后の衣服は汚れ、飛び散った器の破片で顔に傷がついた。だが皇后は黙って吸い物を温め直すと、再び元璋の前に差し出したのである。

激情にかられてしばしば臣下を処罰した元璋だが、皇后の意見にはよく耳を傾け、彼女のとりなしで命を救われた者も少なくなかった。建国前のこと、甥の李文忠が厳州《げんしゅう》（浙江省）の守備であった時に楊憲が李文忠の不法を訴えた。元璋は即刻南京に召還して処罰するつもりであった。それを聞いて元璋に意見したのが馬皇后である。

「厳州は敵との境界にありますれば、軽々しく将軍を取り換えてはなりませぬ。しかも文忠はもともと賢明な人物ではございませぬか。どうして楊憲の言葉を鵜呑みにしてよいものでしょう」（『明史』孝慈高皇后伝）。

皇后の説得を受けて悟るところがあった元璋は、李文忠を処罰することを取り止めた。のちに李文忠が大功を立てて開国の功臣になったことは、すでに見た通りである。馬皇后は決して政治に容喙《ようかい》することはなかったが、元璋の非に対しては婉曲的に苦言を呈し、彼の行動に行き過ぎがないよう常に心掛けていたのである。

元璋と同じくもともと無学であった皇后だが、暇をみつけては文字を習い、教養を身に付けることに努めた。特に皇后になってのちは宋朝の皇后に賢明な女性が多いということで、女官にその家法を書かせ、朝夕それを読んでは反省を怠らなかった。知識の習得は元来の控え目な性格と相まって、女性としての「分」の観念を彼女の中に育むことになった。彼女もまた元璋がそうであったように、儒教的世界を学ぶことによって、自己の人間形成を達成していったのである。

ある日、皇后は元璋に天下の民の暮らしぶりについて尋ねたことがあった。

「そなたのあずかり知ることではない」。

元璋のそっけない言葉に、

「陛下は天下の父、わたくしは天下の母でございます。子の安否をどうして問わずにいられましょう」(『明史』孝慈高皇后伝)。

皇后はこう答えたという。単に夫に従順なだけでなく、儒教的世界を生きる女性の自負がそこには認められよう。

元璋には全部で男の子が二六人、女の子が一六人いたと伝えられる。歴代の皇帝の中でも子沢山の部類に属するが、もちろん全員が馬皇后の子供であったわけではない。『明史』によれば、このうちの五人が馬皇后の嫡子であったといわれる。五人とは長男の皇太子標、次男の秦王樉《そう》、三男の晋王㭎《こう》、四男の燕王棣《てい》すなわちのちの永楽帝、そして五男の周王橚《しゅく》である。

だが実際は馬皇后には子供はいなかったという説もある。元璋の妃の生んだ子の中から五人を手もとに引き取り、我が子として育てたにすぎないというわけだ。特に四男の燕王についていえば、第二代皇帝建文帝から簒奪して即位したのち、自分の地位を正当化するために、馬皇后の嫡子をことさら強調したとも考えられる。清代以来その点も含めてさまざまな考証がなされ、今日では馬皇后には実子がいなかったというのが定説となっている。もっとも、天下の母を自認した馬皇后からすれば、実子か否かはさしたる問題ではなかったかも知れないが。

元璋にとり、数多い妃の中でも馬皇后はまさに理想的な女性であった。糟糠の妻だという理由もさることながら、馬皇后の全人格そのものがかけがえのないもののように思われた。それは力によって儒教的な秩序世界の創造を目指す元璋にとって、身を以て儒教道徳を実践している生きた鑑に他ならなかったからだ。馬皇后の行動は、まさしく元璋が人々に期待して、いまだ実現できないでいるものだったのだ。

そんな馬皇后が病に犯されたのである。大臣たちは祈禱を願い出、良医を探し求めた。しかし皇后は祈禱を断るとともに、薬が効かなくとも医者たちを罰しないよう重ねて元璋に懇請した。彼女は自分が死地の淵をさ迷っている時ですら、他人のことを気遣うような女性であった。

やがて危篤に陥った皇后に、元璋は何か言い残すことはないかと尋ねた。彼女は苦しい息の下で、最期の声をふりしぼって次のように言った。

「陛下、どうか賢才を求め、諫言を聞き入れて、慎重に最後の仕上げをなさって下さいませ。子孫がみな賢明で、臣民が所を得ることがわたくしの望みでございます」(『明史』孝慈高皇后伝)。

この月の一〇日、皇后は亡くなった。享年五一。さしもの元璋もこの時ばかりは慟哭し、以後二度と皇后を立てようとはしなかった。

郭桓の案

馬皇后の死後、歯止めを失った元璋は以前にも増して官僚・地主への弾圧を推し進めていった。まず槍玉に挙げられたのは、戸部尚書(財務大臣)の郭桓《かくかん》である。洪武一八年(一三八五)三月、郭桓が北平布政司の官吏と結託して官糧を着服したかどで逮捕され、即刻処刑された。この時、贓罪《ぞうざい》の罪を着せられ処刑された者は郭桓個人にとどまらず、六部の官僚を始め地方官・一般民衆にまで及んで、その数数《かず》万人に達するほどの大事件に発展した。世にいう「郭桓の案」の勃発である。

この事件がたとえ郭桓の不正に端を発するものであったにせよ、それを口実にした元璋の政策的な措置であったことは、ほぼ間違いない。同年九月、元璋は「諸司の納賄を禁戒するの詔」を発し、改めて官僚の収賄を厳禁した。そこに述べられているのは上級官庁が下級官庁から、また官僚が地主から賄賂を受け取る構図であり、当時官界と民間のすべてが賄賂をもって結びついていたことを示している。とりわけ六部と布政司の癒着は、両官庁が中央と地方の最高府であり、中書省なきあとの新枢軸であるだけに、問題は深刻であった。

あれだけ胡惟庸の獄に際して徹底した弾圧を施したにもかかわらず、依然として不正が後を絶たない状況を見て、元璋の苛立ちは増すばかりであった。かつて中書省廃止の契機となった弊害が、そのままそっくり六部に受け継がれているのである。今や六部が廃止できない以上、そこに巣くう官僚の入れ替えを行って悪弊の元凶を断つしかない。しかも一部の官僚をすげかえるだけでは効果も期待薄《うす》で、再び同様の弊害が生まれるとも限らない。こう考えた元璋は不正官僚ばかりかその疑いのある者も含めて、一網打尽に厳罰を加えたのである。それは空印の案、胡惟庸の獄と続いてきた恐怖政治の、より徹底化を図ったものでもあった。

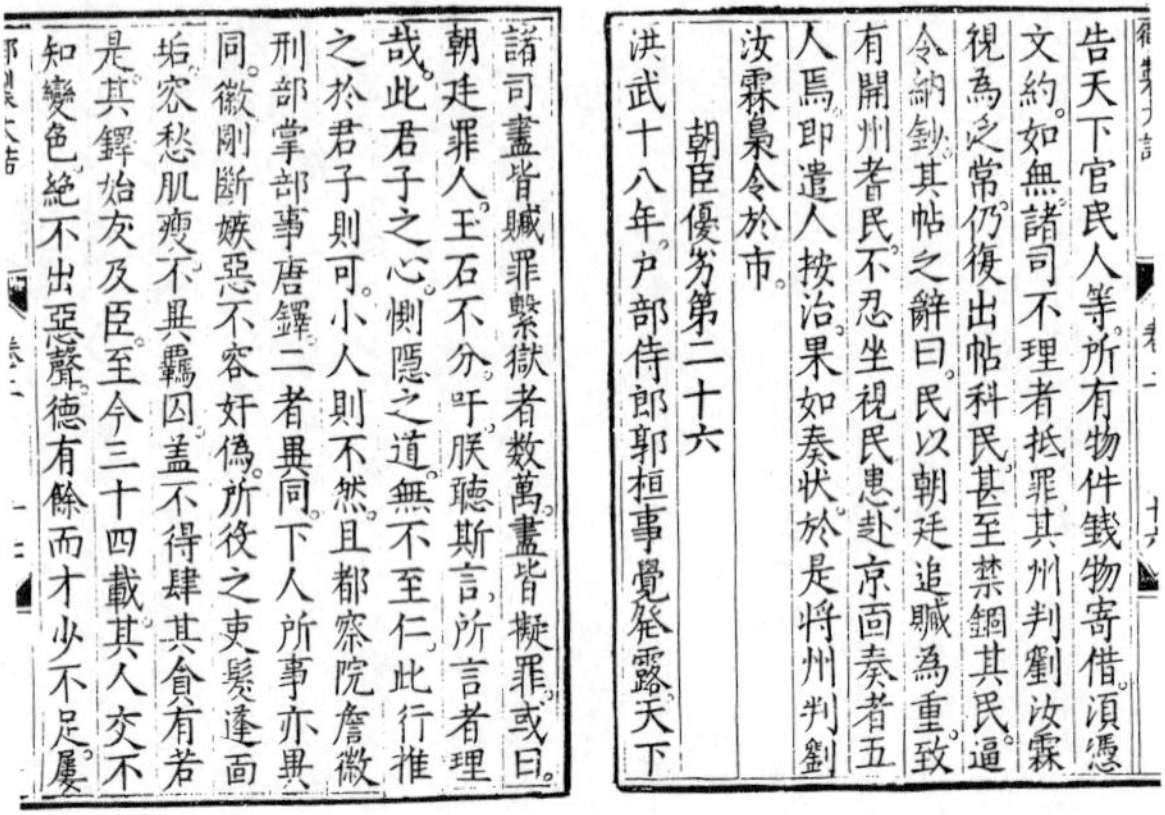
告天下官民人等所有物件錢物寄借須憑文約如無諸司不理者抵罪其州判劉汝霖視為泛常仍復出帖科民甚至禁錮其民逼令納鈔其帖之辭曰民以朝廷追贓為重致有開州耆民不忍坐視民患赴京面奏者五人焉即遣人按治果如奏狀於是將州判劉汝霖梟令於市

朝臣優劣第二十六

洪武十八年戶部侍郎郭桓事覺發露天下諸司盡皆贓罪繫獄者數萬盡皆擬罪或曰朝廷罪人玉石不分吁朕聽斯言所言者理哉此君子之心惻隱之道無不至仁此行推之於君子則可小人則不然且都察院詹徽刑部掌部事唐鐸二者異同下人所事亦異同徽剛斷嫉惡不容奸偽所役之吏鬢逢面垢容愁肌瘦不異羈囚蓋不得肆其貪有若是其鐸始友及臣至今三十四載其人交不知變色絕不出惡聲德有餘而才少不足屢

図46　御製大誥

だが元璋は、それだけの処置を施しながらもまだ安心できなかった。収賄を行う者がいれば贈賄を行う者がいる。国初以来何度も禁令を出しながら弊害が後を絶たないのは、官僚も民衆もその風潮にどっぷりと染まっているからである。長い元朝支配の間に培われてきた腐敗の構造は、一朝一夕に改善できるものではなかった。それを改め元璋の望む方向に向かわせるには、恒久的な策を講じなければならない。それには人々の意識に直接訴える教化に優るものはないだろう。

洪武一八年一〇月の『御製大誥《ぎょせいたいこう》』を皮切りに、続けざまに『御製大誥続編』『御製大誥三編』等の訓戒書が刊行された。そこには官僚・民衆の具体的な不正の事例と懲罰のさまが生々しく述べられており、まさに勧善懲悪の書として人々の心に直接訴えるものであった。元璋はこれらを国子監（都の国立大学）や全国の府・州・県の儒学（地方学校）に配布し、そこで学ぶ監生（国子監の学生）や生員（儒学の学生）に暗唱を義務づけた。いずれ官僚や地方の指導者となる彼らに、国家の治政方針を知らせるためである。

また民間でも里ごとに塾を置いてこれらの諸書を配布し、塾師の指導で生徒に暗唱させたり、一般の民にも農閑期に講読させたりした。塾師は生徒を率いて都に上り、礼部でその成果を披露しては暗唱の多寡に応じて褒賞に与った。洪武二四年には合計一九万人もの者が来朝して、『大誥』を誦和したという。この他、『大誥』を所持していさえすれば、罪を犯しても一等を減じるよう決められた。

元璋は『律令』以外に『大誥』を国家の根本法典と規定し、それに依拠して犯罪を裁くよう常々官僚たちに求めた。まさに法治によって秩序世界の維持を図ろうとしていたことを物語るものであろう。元璋にとり教化は人々の良心に訴えるだけでなく、恐怖心を抱かせて秩序を遵守させることに狙いがあったのだ。

功臣の粛清

順調に事を進めている元璋にとり、ただ一つ気掛かりなことは、功臣に対する処置がいまだ万全でないことであった。彼らはかつて元璋とともに元末の混乱を勝ち抜き、建国後は南京近辺に広大な土地を与えられて新興の大地主となっていた。また政治的にも隠然たる力を保持していたため、元璋も無視できない存在であった。

だが年数の経過とともに、元老的地位を利用しての不正も目立ち、江南の大地主と同様、郷里社会の病弊と化しつつあった。元璋は何度か禁令を出して、その行動に自重を求めようとしたが、彼らの子弟や使用人による横暴は止むことがなかった。功臣は王朝支配の障壁にこそなれ、明朝の前途になんのプラスの作用ももたらさないように元璋には思われてきた。

洪武一八年二月、徐達が背中の腫物《はれもの》の悪化により歩行困難となり、病の床に臥すことになった。元璋はたびたび良医を遣わしては病状を気遣い、さも心配している風であった。そのかいあってか徐達の病気も快方に向かい、このまま持ち直すかに思われた。ところがある日元璋から徐達のもとに、見舞いと称して蒸した鵝鳥が送られてきた。鵝鳥は腫物には禁忌の食べ物だとされる。元璋の意のある所を悟った徐達は、もはや逃れられぬことを知り、使者を前に涙を流しながら鵝鳥を口にしたという。それから数日して容体が急変し、そのまま息をひきとった。李善長に次ぐ功臣第二位の徐達ですら、元璋には目障りな存在でしかなかったのだ。

徐達が死亡するより以前、功臣の幾人かは元璋の毒牙にかかって非業の死を遂げていた。洪武八年には廖永忠、一三年には朱亮祖、一七年には胡美が処刑され、肉親である甥の朱文正や李文忠ですら些細な罪を被せられて、すでにこの世から葬られていた。今や元璋が本格的な功臣の弾圧へと向かうことは、時間の問題と思われた。最も信頼していた徐達に対するこの度の仕打ちは、それが遠くない先であることを暗示するものであった。

郭桓の案から五年経った洪武二三年(一三九〇)、李善長の弟の李存義が胡惟庸と通謀していたかどで逮捕された。取り調べを進めるうちに、李善長も陰謀を知りながら黙認していたことが判明した。李善長の子李祺《りき》の妻は、元璋の娘臨安公主《りんあんこうしゅ》である。

「善長は元勲で朕と姻戚関係にありながら、逆謀を知ってあばかず、かえって洞が峠を決め込んで両端を持していたとは、大逆不道である」(『明史』李善長伝)。

元璋はこう述べると李善長に自殺を命じた。時に李善長はすでに七七歳。怒りに狂う元璋には、年齢など問題ではない。李善長の一族七〇余人も併せて誅殺されたのである。いわゆる「胡惟庸の獄」の蒸し返し、「李善長の獄」の勃発である。

この時「胡党」の名目で処刑されたのは、李善長の他に延安侯唐勝宗《とうしょうそう》・吉安侯陸仲亨《りくちゅうこう》・平涼侯費聚《ひしゅう》等一九名の功臣(襲封者を含む)、及び一般の官僚・地主を合わせた一万五〇〇〇人余りであった。彼らは胡惟庸の獄の時と同様一言の弁明も許されず、次々と処刑された。真相が不明であることも胡惟庸の獄と同じであった。元璋は事件後、彼らの供述と審問の記録をまとめた『昭示姦党録《しょうじかんとうろく》』を刊行し、処罰の正当化を図ることも忘れなかった。残念ながらその書物は今に伝わっていないが、元璋の深謀を示すものといえよう。

それから三年後の洪武二六年（一三九三）二月、新たに「藍玉の獄《らんぎょく》」が発生した。藍玉という人物は李善長や胡惟庸と同郷の定遠県の出身で、常遇春の妻の弟でもある。常遇春の下で頭角を現して以後、洪武四年の四川討伐、同一四年の雲南攻略で手柄を立て、徐達なきあとは北方防衛を一手に引き受け、名将の誉を獲得していた。だが彼はもともと学問がなく、その狡猾な性格と相俟って次第に横暴になっていった。軍中で勝手に将校を任免したり軍士を処罰したり、はては詔を偽って軍隊を出動させるなど、不法な振る舞いが目立ち始めた。

彼は自分の地位が宋国侯馮勝《ふうしょう》や潁国侯傅友徳《ふゆうとく》の下にあることを不満に思い、何度も元璋に訴えたが、色良い返事がもらえなかった。そのうちに元璋が自分を疑っているものと信じ込んだ藍玉は、謀反を計画するようになる。彼は秘密裏に部下の武将を私宅に召集すると、謀議をこらして謀反の準備を整えた。ところがこの計画がスパイ機関の錦衣衛《きんいえい》によって暴かれてしまったのである。

元璋の処置はすばやかった。さっそく首謀者の藍玉は捕らえられ、続いて共謀者の鶴慶侯張翼《ちょうよく》・普定侯陳桓《ちんかん》・景川侯曹震《そうしん》等も藍党《らんとう》という名目で次々と逮捕された。この時事件に連座した者は一万五〇〇〇人。そこには功臣だけでなく、多くの官僚・地主も含まれていた。彼らもまた形式的な取り調べを受けただけで自白を強要され、即刻首をはねられたのである。事件後、『逆臣録《ぎゃくしんろく》』を刊行して罪状を公表したことも、李善長の獄の時と同様であった。そこには公爵一名・侯爵一三名・伯爵二名の都合一六名の功臣の供述が、他の官僚・地主の審問の記録とともに収められている。

藍玉の獄の真相についても、不明な点が多い。実際に藍玉が謀反を企てたのか否か、恐らく事実は限りなく否定的であろう。当時の元璋の権力を考えれば到底信じることはできないからだ。

藍玉の獄の発生する前年の洪武二五年（一三九二）四月、元璋は最愛の皇太子を病で失っていた。代わって後継者に選ばれたのは皇太子の第二子朱允炆《しゆいんぶん》（のちの建文帝）で、わずか一六歳の少年であった。幼い皇太孫の前途を案じた元璋は、将来帝室の障害となりかねない功臣に対し、最後の弾圧を加えようとしたのだろう。功臣たちが現在流している弊害もさることながら、危険性の萌芽を事前に摘み取っておこうと考えたわけだ。功臣たちは元璋の陰謀の前に犠牲となったのである。

洪武一三年の胡惟庸の獄、二三年の李善長の獄、そして二六年の藍玉の獄を総称して一般に「胡藍《こらん》の獄」と呼ぶ。これらの事件で粛清された者の数は計り知れず、先の空印の案・郭桓の案を加えれば犠牲者は一〇万人を下るまい。洪武二六年九月に「胡藍党人を宥《ゆる》すの詔」を発し、胡党、藍党への追及を打ち切ったことは、元璋にとり藍玉の獄が総仕上げの意味を持っていたことを示している。これ以上に弾圧を加えようがない段階に至って、元璋は一連の政策に終止符を打ったわけだ。

胡藍の獄によって功臣たちもあらかた処刑し尽くされ、元璋の不安はひとまず解消した。洪武二七年にはさらに傅友徳が、二八年には馮勝がそれぞれ罪を得て死を賜い、けっきょく洪武末まで存命している開国の功臣は、湯和・耿炳文・郭英等数名を数えるだけとなった。その彼らも徹底して身を持し、元璋の機嫌を損なわぬよう細心の注意を払わねばならなかった。湯和に至っては郷里に引き籠もり、元璋から賜った品物は悉く郷里の民に分配して私心なきことを示していたが、最後は中風を病んで廃人同様の死を遂げた。それでも天寿を全うしただけ、彼の一生は幸福であったというべきであろう。

錦衣衛の獄

弾圧の嵐が吹き荒れていた頃、功臣・官僚を摘発するために多くの監察官が動員された。もともと監察機関としては御史台があり、胡惟庸の獄以後は都察院《とさついん》に改められ、六部の刑部（法務省）・大理寺《だいりじ》（最高裁判所）とともに三法司《さんほうし》と総称されて刑獄を司った。だが元璋の真骨頂は正規の機関とは別に、皇帝直属の特務機関を設け、監察と刑獄を一手に任せて思い通りの政治を行った点にある。錦衣衛と呼ばれるこの特務機関こそ、皇帝が恐怖政治を推進する上での中核的存在であった。

皇帝直属の禁軍の一つであった親軍都尉府が、錦衣衛に改組されたのは洪武一五年（一三八二）四月のことである。改組により従来の任務である儀杖兵あるいは皇帝の護衛に加え、新たに「巡察緝捕《じゅんさつしゅうほ》」というスパイの職務が課せられた。錦衣衛は元璋の信任する皇族の統括の下、将軍・力士《りきし》・校尉《こうい》等の官員を抱え、特に力士・校尉は緹騎《ていき》と呼ばれてスパイ活動に従事した。元璋の頃には五百人近い緹騎が、皇帝の耳目として官・民に対して監視の目を光らせていた。

図47　錦衣衛の印

錦衣衛以前に特務を担当したのは、検校と名付けられた皇帝直属のスパイである。検校は都の大小の役所の不正を偵察し、逐一皇帝に報告するよう義務付けられていた。だが彼らは偵察を命じられただけで、犯人を逮捕し処刑する権限は与えられていなかった。かたや錦衣衛には罪人を収監する監獄や被疑者を裁くための法廷も設けられ、正規の三法司とは別個に独自の権限で罪人を裁き処刑できた。しかも錦衣衛に検挙されようものなら、二度と生きて釈放されることがないほど取り調べは厳格を極めた。人々は「錦衣衛の獄」あるいは「詔獄《しょうごく》」と呼んで、怖れ忌み嫌ったとい

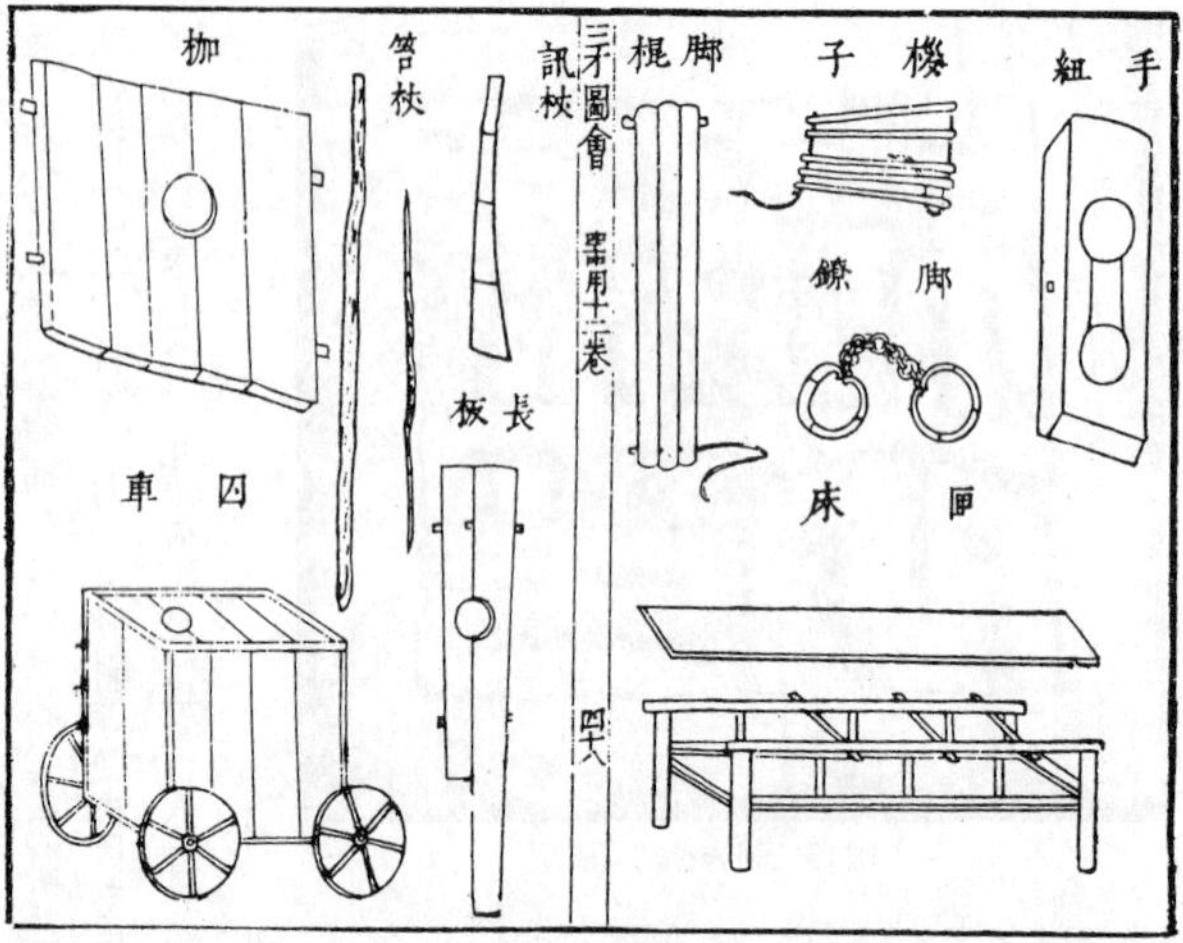

図48　明代の刑具

われる。

錦衣衛に睨まれた被疑者は、まさに蛇に睨まれた蛙に等しかった。誰かの証言あるいは密告だけで被疑者は逮捕され、処刑されたからである。李善長や藍玉が逮捕されたのも、下僕の証言が発端であったらしい。しかもその証言自体、錦衣衛の望むよう強要された可能性が強い。洪武一五年以後には全国の政治犯が錦衣衛に送られ、次々と粛清が行われた。また一般の民でも「不軌・妖言」を図ったといっては錦衣衛の監獄に送り込み、残忍な方法で処刑していった。

審問に際しては、さまざまな拷問が加えられた。錦衣衛の鎮撫司には全部で一八種の刑具が備えられ、錦衣官はそれらを自由に使って被疑者に自白を強制した。苦痛に耐えられず、被疑者は泣く泣く罪を認めては痛みから解放されようとした。だが一旦罪を認めた時には、彼の死はすでに約束されたも同然であった。錦衣官は自白通りに供述書を作成し、あとは刑の執行を待つだけであったからだ。

自白を強いるためには種々の刑具が使用されたが、『明書』刑法志には「琵琶《びわ》」と呼ばれる残酷な拷問法が記されている。その名称から推察するに、容疑者を押さえつけて上着を剝ぎ、一二対の肋骨《ろっこつ》を琵琶の弦に見立てて鋭利な刃物で爪弾《つまび》いたとおぼしい。容疑者は痛さと恐怖で骨がぬけたようにぐったりとし、汗びっしょりになって仮死状態となる。しばらくすると再び正気に戻るのだが、これを二、三度くりかえすだけで、誰であろうと必ず錦衣官の望むような自白を行ったという。なるほどこの所業を見れば、「錦衣衛の獄」と呼ばれて怖れられたのも当然である。

罪人を処刑する方法も残酷極まりないものであった。『御製大誥』の記述によれば、当時『明律』の規定以外に次のような刑罰が行われていた。一つは「族誅《ぞくちゅう》」と呼ばれる一族全員を根絶やしにする刑で、胡藍の獄の被害者があれだけ拡大したのも、これが適用されたからである。「凌遅《りょうち》」は身体の一部を次々と切り刻んで最後は死に至らしめるもので、みせしめのために市中で執行された。この他、「梟令《きゅうれい》」（さらし首）、「墨面文身《ぼくめんぶんしん》」（顔や体に入れ墨をする刑）、「挑筋《ちょうきん》」（足の筋を抜く刑）、「剁指《はくし》」（指のつめを剝ぐ刑）、「断手」「剕《ひ》」（足

図49　凌遅処死（清代）

切りの刑）、「劓《ぎ》」（鼻切り）、「閹割為奴《えんかついど》」（去勢して奴隷にする刑）等々、身の毛もよだつ残酷な刑罰がさかんに行われた。

　錦衣衛とは直接関係ないが、最も残忍な刑罰として有名なのが「剝皮《はくひ》」である。これは地方の貪官汚吏の皮を剝ぐ刑で、府・州・県の役所の側の「皮場廟」で刑が執行された。剝がした皮には藁《わら》を詰めて役所の椅子に掛け、地方官に恐怖心を抱かせて罪を犯さないよう仕向けたという。また「鏟頭《さんとう》」と呼ばれる刑は、罪人を穴埋めにして頭だけ地面から出させ、大斧を振るって頭を削り取って殺す方法。「刷洗《さつせん》」は罪人を裸にして鉄板の上に乗せ、煮えたぎった湯をかけながら鉄の刷毛《はけ》で皮や肉をこすり取って殺す方法である。これを恐怖政治といわずしてなんといおう。

　だがこれらの刑罰は、元璋の治世を通じて行われたわけではない。洪武二〇年（一三八七）正月、元璋は錦衣官が不法に民衆に凌辱を加えていることを聞き、錦衣衛の刑具を焼棄させて収監されていた囚人を刑部に移す措置を取った。恐らく郭桓の案の際に活躍した錦衣衛の活動に、一区切りつける意味があったのであろう。ただし洪武二六年に再度同じ禁令が下されているのをみると、二〇年段階ではまだ徹底していなかったらしい。最後の弾圧である藍玉の獄を経た時点で、その方針が再確認されたのである。

洪武二八年（一三九五）六月、奉天門に出座した元璋は群臣に向かって次のように宣言した。

「起兵より今に至るまで四〇余年、朕は常々奸頑《かんがん》の徒を懲らしめようと思い、法外に刑罰を用いてきた。だがもとよりこれらは定まった法典ではない。朕の後継者は『明律』と『大誥』に依拠して法を適用し、黥刺《げいし》・剕・劓・閹割等の刑を用いてはならぬ。臣下の中であえて請う者がおれば、厳罰をもって処罰せよ」（『明史』太祖本紀）。

元璋があれだけ残酷な刑罰を施したのも、決して彼の残忍な性格だけに基づくものではない。一つの政策として実施されていたことが、この言葉から分かるだろう。

廷杖

元璋の恐怖政治を特徴付けるものに、「廷杖《ていじょう》」と呼ばれる刑罰がある。宮廷で官僚に杖責を加える刑で、もちろん『明律』にも規定はない。官僚の言動に少しでも気にくわぬことがあれば、元璋はたびたびこの刑を命じて官僚に恥辱を与えた。そのやり方は、廷杖を受ける官僚を宮廷のきざはしで背後から押さえ付け、露わにした太股を思い切り杖で打ちのめすのである。受刑者の顔は地面に着き、口中泥だらけになって苦痛の悲鳴を上げるが、手加減することは絶対にない。錦衣衛が設置されて以後は、錦衣官がもっぱら担当し、死者が出ることも再々であった。

廷杖は元璋の時に初めて実施されたのではなく、すでに前王朝の元の時にも漢族官僚に対してしばしば行われた。士大夫たる者が宮廷で杖刑を受けるとは、これ以上の恥辱はない。元朝の皇帝はそれを行うことで、漢族官僚に皇帝の権威を知らしめたのである。元璋はこのやり方をそっくり踏襲し、多くの官僚がその犠牲者になった。

永嘉侯朱亮祖《しゅりょうそ》は、かつて広東の鎮守であった時に不法な振る舞いが多かったとして、子の暹《せん》とともに廷杖を受け命を落とした。工部尚書の薛祥《せつしょう》は胡惟庸に睨まれ左遷されたが、のちに元璋からなぜ弁明しなかったのかと尋ねられ、知らなかったと答えたことで杖死せねばならなかった。また大理寺卿の李仕魯《りしろ》は元璋があまりにも仏教を尊崇していることを諫言し、官を辞して帰郷したい旨を請うた。怒った元璋は錦衣官に命じて、即刻その場で打ち殺してしまった。これを聞いた大理少卿の陳汶輝《ちんぶんき》は、自分もたびたび同じことで諫言を呈していたため、罪の及ぶのを恐れて入水自殺した。

もともと元璋は廷杖という刑罰を、積極的に行使していたわけではない。洪武六年（一三七三）に工部尚書の王肅《おうしゅく》が法に触れて、杖罪に処せられそうになったことがある。この時、元璋は次のように述べて抑えにかかっているほどだ。

「六卿（六部の大臣）の地位は貴く重いものである。些細な理由で軽々しく辱めてはならぬ」（『明史』刑法志）。

だがその後の官界の状況は、元璋の考えに変更を迫ることになったらしい。明代最初の廷杖は、洪武八年（一三七五）正月に行われた。当時元璋は不正官僚の除去に着手しており、多くの者が処刑されたり鳳陽に流されたりしていた。この事態を憂えた刑部侍郎の茹《じょ》太素《たいそ》は万言の書を奉って時務を述べたが、その一節に次のような言葉があった。

「才能の士で数年来幸いにして存する者は百に一、二もなく、現在任命している者はおおむね迂儒俗吏《うじゅぞくり》にすぎませぬ」（『明史』茹太素伝）。

これが元璋の逆鱗に触れた。元璋の面前に呼び出された茹太素は面詰され、官位を降格された上に廷杖を受けたのである。好運にも茹太素は死なずにすんだが、これを機に廷杖の猛威が朝廷内部でふるい始める。

空印の案もほぼ収束した洪武九年（一三七六）の末、詔に応じて上奏した例の葉伯巨は当時の状況を次のように述べている。

「いにしえの士にとり、科挙に合格して仕官することは栄誉であり、免職されることは恥辱でありました。しかるに今の士は、身を汚してでも天子に名の聞こえぬことを望み、名を傷つけても官吏の名簿に登録されないことを願っております。なぜでしょうか。それは一旦官僚となると、屯田や労役の罪から逃れられず、廷杖の恥辱は今や日常茶飯事だからであります」（『明史』葉伯巨伝）。

当時いかに廷杖の刑が行われていたか、葉伯巨の言葉は物語っていよう。趙翼『廿二史箚記』の引用する『草木子』によれば、官僚たちは毎朝入朝するたびに妻子と別れの言葉を交わし、暮れになって無事帰宅すると互いに喜びあい、今日も一日生き延びることができたと言い合ったという。元璋の恣意的な仕打ちを見れば、決して誇張した言い方とは思えないから不思議である（現存する『草木子』にこの記述はない）。

それにしても、廷杖が洪武八年前後から始まったという事実は、それが一つの政策として実施されたことをうかがわせるに十分であろう。まさに国内の改革に歩調を合わせるかのように、元璋は官僚たちに恐怖心を植え付けていったのだ。それが皇帝権の絶対不可侵性を高める措置であったことは、あらためていうまでもない。皇帝に拝謁するたびに跪《ひざまず》いて地面に額《ぬか》ずくあの屈辱的な五拝三叩頭《ごはいさんこうとう》（清代の三跪九叩頭《さんききゅうこうとう》）の礼が、明初の元璋時代に生まれたのもうなずけようというものだ。

文字の獄

同様のことは「文字の獄」についてもいえる。清朝の文字の獄が満洲人による漢人への思想統制の色彩を持つのに対し、元璋の興した文字の獄は先の廷杖とともに、元璋個人の恣意性に基づく面が大きい。元璋は自分の出自への強いコンプレックスがあり、それをうかがわせる文字・言葉を使った文章を見ると、即刻それを作成した学者・文人を処刑したといわれる。

タブーとされたのは「光」「禿」等の僧侶の頭を暗示する文字で、これは彼が乞食坊主であったことを誹《そし》るものとして禁止された。当然のことながら「僧（漢語でseng）」という文字もだめで、それと発音が通じる「生（sheng）」すら禁止の対象であった。また元璋は自身がかつて紅巾軍に参加していたことを恥じ、できるだけその事実を隠そうとしたが、「則」という文字は紅巾軍を意味する「賊」に似ているという理由だけで禁じられた。

浙江府学教授の林元亮《りんげんりょう》は、海門衛の兵士のために増俸を感謝する表（天子に奉る文書）を作ったが、そこに「則《のり》を作りて憲を垂れる」とあったことから、元璋を「紅巾の賊」と誹ったものとして処刑された。また杭州府学教授の徐一夔《じょいっき》が奉った賀表には、「光天の下、天聖人を生み、世の為に則を作らる」と書かれていた。これを見て激怒した元璋は、「光」「生」「則」はすべて自分を誹ったものだと難癖《なんくせ》をつけ、徐一夔を斬刑に処したのである。こんな例は一々数え挙げれば切りがない。

元璋が学者・文人の文章に目を光らせるようになったのは、おのれの無知を認識させられるある事件に原因があった。中断していた科挙が再開された洪武一七年（一三八四）頃のことである。王朝成立から相当時間も経ち、功臣の中には文臣重視の風潮に不満をいう者も出てきていた。そんな彼らに元璋は言った。

「世の中が乱れれば武臣を用い、世の中が治まれば文臣を用いる。これが世の習いではないか」。

「たしかにそうではございます。ところがこの輩ときましたら美辞麗句を連ねながら、その裏で風刺の意図を込めておりますため、なかなか最初は気づかぬものでございます。例えば張九四（張士誠）のごときは文人を礼遇して、自分の名前を命名させたことがありました。この時彼らが与えたのが「士誠」という名前であります」。

「なかなか好い名ではないか」。

「そうではありませぬ。『孟子』に「士は誠に小人なり（士誠小人也）」という言葉があります。士誠は小人（つまらぬ人間）だと彼らが考えていることに、彼は気づかなかったのです」（黄溥『間中今古録摘抄』）。

　これを聞いた元璋は、以後文人の作成する文章を疑いの目をもって眺めるようになったという。

　じっさい、洪武一七年以前の元璋は、自分が僧侶であったことを特別隠しだてしてはいない。洪武八年に公刊された『資世通訓《しせいつうくん》』は官僚や民衆に対する訓戒の書だが、その序文で元璋みずから僧侶であった経歴を告白しているほどである。彼にとって僧侶としての過去は、取り立てて問題となるようなことではなかった。それが問題へと変化した裏には、元璋の文人・士大夫に対する抜き難い不信感の芽生えがあった。

元璋による官僚・知識人への政治弾圧が拡大するにつれ、彼らはもの言わぬ存在と化していた。だがそのことは彼らに不満がなかったということでは、もちろんない。時には元璋に悟られぬように、風刺の文章を書いたことであろう。元璋には確固とした信念があった。今自分が行っている政策は天下国家のためであり、自分を含め一部の特権者の利益を考えてのことではない。口先だけで理想を論じ立てる知識人と、わけが違うのだ。そんな彼らが自分の方針に不満を持つこと自体、元璋には許せないことであった。あらぬなんくせをつけて弾圧を行った裏には、彼らから批判の精神を奪い取ってしまおうという元璋の魂胆が秘められていたのである。

洪武一七年から始まった文字の獄は、一〇余年間にわたって知識人を恐怖のどん底に突き落とし、洪武二九年に至って終息した。この年、元璋は「慶賀謝恩の表箋《ひょうせん》」の定式を頒布し、禁忌の文字四〇〇余字を発表した。いつでもできるこれらの措置をこの時期まで遅延させた事実こそ、文字の獄の政策的意図を裏付けるものであろう。

一四　明王朝よ永遠なれ

法治と徳治の狭間

元璋が目指していたのは、それぞれの人間がおのれの「分」を守り、おのれの場所を得ることで秩序の維持される世界である。父と子、夫と妻、兄と弟、臣と民、長と幼、地主と佃戸（小作人）、主人と奴隷、上位者と下位者、強者と弱者………。それらがそれぞれ分を守って各自の位置にとどまっている限り、秩序が乱れることは絶対にない。それはまさしく儒教の描く、截然と各自の場所が分かたれた秩序世界である。

本来儒教の描く理想世界では、為政者の教化に浴した民衆が、孜々《しし》として秩序を遵守して生活を営んでいる。中には「分」から逸脱して秩序を破壊する者もいるが、彼らに対しては「法（刑罰）」によってその行動を規制してもかまわない。彼らは為政者の「徳」の通用しない「小人」であり、小人には小人に対する治め方があるからだ。それゆえ為政者に求められているのは何よりも「徳」で、それを補完するものとして「法」の行使が認められているにすぎない。

夷狄の支配した元朝は、あらゆる秩序の破壊された時代だと元璋には思われた。皇帝は逸楽に耽って政治から遠ざかり、官吏は官吏で私腹を肥やすことにだけ務め、地主は農民からの搾取にやっきになる。各自が守るべき分を忘れておのれの利益にのみ走ったため、社会は完全に弱肉強食の禽獣の世界に堕落してしまった。しかもそれを取り締まるべき法令は行われず、かえって為政者は罪無き民を法令で縛るばかり。生きるすべを失った民衆にできることは、既存の秩序への反抗でしかない。元末の反乱による秩序の崩壊現象は、まさに各自が分から逸脱したところに生じたものだったのである。

この乱れ切った社会に再び秩序を確立し、人々に自分の場所を与えるには、まずもって現在弊害を流している者を除去して、各自に分を守らせねばならない。そのためには法令を厳格にして、違反者必罰の原則を徹底する必要がある。元璋は即位まもない時期に次のように言っている。

「昔、朕が民間にいたころ目にしたことだが、多くの地方官は民衆をいたわらず、往々にして財を貪り色を好み、酒を飲んでは務めをおろそかにするばかりであった。民衆が疾苦に喘ぐのを見ては、本当に怒りに身が震えたものである。それゆえ朕は法令を厳格にして、民衆の疾苦を取り除いてやるつもりである。貪官汚吏で我が民を害《そこな》う者がおれば、必ず罰して恕《ゆる》してはならぬ」(『明太祖実録』巻三九)。

この方針は元璋の存命中、一貫して変わることはなかった。むしろ厳格さが年々増していったことは何度も述べた通りである。もともと法令に権威を与えているのは、法の制定者としての皇帝である。皇帝の地位が不安定であれば、法自体有効性を発揮することはできない。洪武朝になされた一連の制度的改革は、すべて皇帝権強化の方向に沿って行われたものであった。

元璋は単に制度面だけではなく、皇帝の権威を害うような言動にも注意を怠らなかった。文字の獄はその一例だが、歴史上の書物でも元璋の一存で容赦なく改訂が加えられた。最も有名な事件は『孟子《もうし》』に対して元璋が取った処置である。『孟子』は儒教の経典「四書《ししょ》」の一つで、徹底した「民本思想」を主張したことで知られる。「民を貴しと為し、社稷（国家）これに次ぎ、君を軽しと為す」との言葉にもあるように、民の利益に反する君主は取り換えてもよいという「革命思想」の書でもあった。ある日、元璋は『孟子』中の君主に対する不遜の語を見て、声を荒げて言った。

「この老いぼれが今日生きておったなら、目にもの見せてやるものを」（全祖望『鮚埼亭集』辨銭尚書争孟子事）。

こう叫ぶと、彼は孔子廟に陪祀《ばいし》されている孟子の神主《しんしゅ》（位牌）を撤去させたのである。のちにはその言説の不都合な箇所を削除して『孟子節文《もうしせつぶん》』と名付けて頒布し、科挙のテキストはこれに依拠するよう命令を下した。洪武二七年（一三九四）のことである。元璋にかかっては「亜聖《あせい》」と呼ばれる孟子もかたなしであった。

からだ。元璋が『孟子』にこれだけ注意を払った理由は、孟子流の民本思想に危険性を感じたからだ。元璋自身常に民の立場に立った政治を心掛けており、その点では孟子と違いはなかった。だが元璋にとってそれ以上に重要なのは、君主の地位であった。君主の地位が不安定であれば、秩序の維持はかなわないではないか。民の生活は君主がいてこそ保障されるものである。その君主の地位を否定しかねない思想は、たとえ孟子であろうと容認できないものであった。

たしかに元璋は並々ならぬ努力により、儒教的な秩序世界を知覚するに至った。それをいかにして実現するかに彼は努力を費やした。そして彼の取った方法は「法」によって人々の行動を規制し、他律的に秩序世界を創り上げることであった。それは現在直面している弊害を見ればやむを得ないものであり、決して法家の立場で民衆を支配しようと考えていたわけではない。のちに元璋は皇太孫に向かって次のように語っている。

「わしは乱世を治めたので刑罰を重くせざるを得なかった。汝は平世を治めるのだから、刑罰も当然軽くせねばならぬ。いわゆる刑罰は世に軽く世に重いものじゃ」(『明史』刑法志)。

元璋は法による政治を最善だとみなしていたのではない。本来目指すべきは、やはり徳による政治であった。だが実際に徳治を行うには、いまだ時期尚早である。元末の弊風を引きずっているこんな時期に、いくら徳治を声高に言っても理想倒れに終わってしまうだろう。徳治は次代の皇帝がやればよい。元璋にとって、法治は徳治のための基礎作業でもあったわけだ。

皇太子の死

数々の大事業を成し遂げてきた元璋だが、六〇の坂を越した頃から次第に体力の衰えを実感するようになっていた。鋭い眼光は相変らずであったが、頭には白いものが目立ち、日常の挙動も以前のように自由にいかないのだ。これだけはいくら元璋でもどうすることもできない自然の摂理であった。元璋はまだまだやるべき仕事に思いを致し、自分自身の焦りを隠すことができなかった。

元璋にとって最も気掛かりなのは、後継者の皇太子のことであった。渡江直後に太平で生まれた皇太子も、今や三〇代半ばの壮年期にさしかかっている。すでに洪武一〇年（一三七七）以来政務に直接タッチさせ、帝王学を経験的に学ばせていた。その皇太子に、元璋はかつて次のような心得を説いたことがある。

「いにしえより創業の君主はあらゆる艱難辛苦をなめ、人情・世事にも通じているので、物事の処理も自ずと妥当である。ところが守成の君主ときたら、富貴のうちに成長するものだから、日頃より訓練して熟達しておかねば過ちを犯しかねない。それゆえ私は特に汝に命じて日々群臣に臨ませ、政務を決断させて国政の経験を積ませようと思う」（『明史』

興宗孝康皇帝伝）。

元璋は皇太子に大きな期待を寄せていたのである。

幼少のころから宋濂について学んだ皇太子は、儒学的な教養という点では申し分なかった。だが史書にも「友愛」と記される温厚で柔弱な性格が、元璋に一抹の不安を覚えさせていたことも事実である。宋濂が処刑されようとした時に皇后とともに泣いて赦しを請うた女々しさや、弟の秦王や周王が過ちを犯すたびに庇《かば》い立てする優しさが、逆に皇帝としての厳しさを求められた際に、命取りになるのではないかと思われたのだ。うそかまことか、こんな話も伝えられている。

父親が推し進める恐怖政治をみかねた皇太子が、ある日元璋に諫言を呈した。

「陛下はあまりにも殺戮を行い過ぎます。これでは人の和を損ないかねません」。

元璋はその時には黙ったままであった。翌日、元璋はトゲのついた杖を持ってきて、皇太子に手に取ってみよと命じた。皇太子がためらうと、すかさず元璋は言った。

「汝はトゲを気にして持たないのであろう。私はそのトゲをすっかり取り除いて、汝に遺してやろうと思っているのだ。今処刑している者たちはすべて天下の悪人どもじゃ。彼らはちょうどトゲが手を刺すようなもので、それを除いて渡してやるからこそ、汝は幸福になろうというものじゃ」。

だがこの時ばかりは皇太子も、簡単には引き下がらなかった。

「上に堯・舜の君があれば、下に堯・舜の民がいるものでございます」（『明書』懿文皇太子記）。

君主が立派であれば、民も自ずと正しい行いをするようになるという意味である。これを聞いて怒った元璋は、座っていた椅子を皇太子に投げ付けたため、皇太子は逃げまどうばかりであった。

この話は多分に脚色されている嫌いはあるが、当時の元璋と皇太子との関係を暗示的に語っている。皇太子は決して元璋のやり方に、賛成しているわけではなかった。逆に元璋は皇太子の性格に物足りなさを感じていた。だがいくらそうだとしても次代の皇帝は彼なのである。自分の築き上げた明王朝を託すのは、まぎれもなくわが子皇太子に対してであり、朱家の永続のためにもでき得る限りのことを行っておく必要があった。元璋は明王朝を磐石《ばんじゃく》なものにして、皇太子に継承させたかったのだ。

元璋はいよいよ最後の仕上げに取り掛かることを決心した。今まで内治に追われて顧みるいとまがなかったのだが、今こそ着手しておかねば永遠に実現不可能になるのではないかと思われたからだ。元璋が願ってやまなかった最後の大事業、それは北方への遷都であった。

かつて元璋は王朝創設まもないころ、北京（開封）・南京（応天）・中都（鳳陽）の「三京体制」を取ろうとしたことがあった。南京があまりにも南に偏っていたため、その不備を補うためにさまざまな議論を行った結果でもあった。だが北京は当初から名目的な都にすぎず、また相当の意気込みを持って開始された中都造営計画も中断して以後は、南京京《けい》師《し》体制が確立して首都問題はひとまず決着を見ていた。特にその後は内治が重視され、次々と制度改革が断行されたため、遷都どころではないという実状もあった。

しかし元璋は北方への遷都をあきらめたわけではなかった。真の統一王朝になるためには江南との腐れ縁を完全に断ち切り、北から南を支配する体制を構築せねばならない。そのために江南地主にも弾圧を加え、皇帝権力の強化を図ったのではないか。すでに今まで数度の疑獄事件を起こし、やるべきことはやったという自信が元璋にはあった。しかも自分に残された時間には限りがある。これだけは自分の目の黒いうちにやり遂げておきたいという衝動にも似たものを元璋は覚えていた。

洪武二四年（一三九一）八月、元璋は皇太子に陝西地方の巡察を命じた。元璋が新都の候補地として長年考えていた都市、それは西安であった。西安は山河に囲まれた要害の地で、北方に睨みをきかせるにも恰好の土地である。何よりもかつての漢・唐の都であったことは、「漢・唐の威儀」の復活を標榜する元璋にとり、まことにうってつけの都でもあった。単に都を北に遷すというだけでなく、大義名分上もなんの問題もなかったからだ。

こうして文武の諸臣を引き連れた皇太子一行は、約一カ月かけて九月に西安に到着した。彼らは当地の地理・風俗を観察し、父老の意見も徴集して詳しい地図を作成した。将来遷都を実施する際の、基礎資料とするためである。やがて一一月に帰京した皇太子は、その地図を元璋に献上した。本来これを機に、遷都計画は一気に具体化するはずであった。あとは元璋の決断を待つばかりであった。

ところが事態はそのようには進まなかった。皇太子が突然の病に倒れたからである。息子の資質に一抹の危惧を抱いていた元璋だが、この報に接して衝撃を受けざるを得なかった。彼は良医を動員して治療に当たらせる一方、病床の皇太子を何度も見舞っては励まし続けた。律儀な皇太子はそのつど遷都問題を口にし、任された仕事を果たし得なかった不備を詫びた。元璋にとってもはや遷都などどうでもよいことであった。ひたすら皇太子の治癒を祈るのみであった。

だがそんな元璋の願いも空しく、皇太子は翌洪武二五年四月、三八歳の若さで永遠の眠りについた。元璋の悲しみは大きかった。すでに一〇年前に最愛の妻を失い、今また長男の皇太子を失おうとは、老齢に達した元璋には耐えられないことであった。元璋は人目もはばからず慟哭した。元璋のこんな姿を見るのは、馬皇后が亡くなって以来のことであった。

それから二日後、東角門に出座した元璋は傷悴しきった面持ちで群臣に対面した。

「朕もすでに年をとった。なのに太子が不幸に見舞われるとは、これも運命なのじゃろう」（談遷《だんせん》『国榷《こくかく》』巻九）。

こうつぶやくと皇太子を思い出したのか、声を上げて泣くばかりであった。その後、服喪期間が過ぎても、皇太子を偲んで喪服を脱ごうとしなかった。礼臣が再三要請したため、やっと政務を見るようになったが、それでもこの数日間で元璋はめっきり老けこんでしまったように感じられた。

それからほどなくして遷都の中止が発表された。

「今や朕も年老い、精力もすでに消耗してしまった。また天下も平定されたばかりで、民に労苦を負わせることはしたくない」（顧炎武『天下郡国利病書《てんかぐんこくりへいしょ》』江寧廬安・南京宮殿）。

皇太子を失った元璋は、新たに土木を興して遷都を断行するだけの気力も精力もなくなってしまったのである。以後、元璋の治世中に遷都問題が持ち上がることは二度となかった。

明王朝よ永遠なれ

皇太子朱標に代わって新たに後継者に選ばれたのは、その第二子朱允炆《しゆいんぶん》であった。父の性格をそのまま受け継いで温厚で柔弱であった彼は、皇太子が病に臥せた時には昼夜を問わず側に侍し、死去した際には悲しみのあまり身体が痩せ細ってしまった。心配した元璋が、

「汝は自分の身体のことを考えないのか」（『明史』恭閔帝本紀）。

と注意をうながしたほどであった。

皇太子が亡くなった時、元璋は後継者として北平に分封した燕王を考えないわけではなかった。当時燕王は三三歳の男盛り。彼の努力で北方のモンゴル族は、大きく勢力を後退

図50　燕王（永楽帝）

させていた。我が子の中で一等優れた燕王を後継者に任命したなら、一切の後顧の憂いも解消するに違いない。元璋は真剣に考え続けた。だが近臣の忠告もあり、また亡き皇太子への追慕の情も手伝って、元璋は最終的には允炆を後継者とすることに決定した。皇太子が死去してから五カ月後、允炆は立てられて皇太孫となった。この選択がのちに我が子と孫との間で内乱を惹き起こそうとは、当時の元璋は知るよしもなかった。

允炆が後継者になったことは、かつて皇太子に対して抱いた危惧がそのまま孫に継承されたことを意味する。元璋は皇太孫のあまりにも優し過ぎる性格が、海千山千のうごめく汚辱の世界では、耐え切れないのではないかと気掛かりでならなかった。しかも年若い皇太孫は政務の経験もほとんどなく、これから早急に経験を積ませる必要があった。元璋はかつての皇太子と同様、政治にたずさわらせて帝王学を実地に学ばせることにした。

それでも元璋は安心できなかった。皇太孫は資質としては守成の君として十分やっていけるだろう。だが彼に思うぞんぶん政治を行わせるにはもっと地ならしをして、完璧な形にして政権を委譲してやる必要がある。こう考えた元璋は、翌洪武二六年に藍玉の獄を興し、功臣・官僚等に対して最後の弾圧を加えたのである。明朝の前途に少しでも障壁となる可能性のあるものは、事前にその芽を摘み取っておかねばならなかった。元璋は、ただただ皇太孫の将来と明朝の行く末を案じていたのである。

それにしても元璋の晩年は、まことに寂しいものであった。最愛の妻と皇太子に続き、洪武二八年三月には第二子秦王を、そして三一年三月には第三子晋王を失った。戦友の大半もすでに死に、今いる者はみな元璋の顔色をうかがうような輩ばかり。かつての硬骨漢は一人としていなくなっていた。徐達、常遇春、李善長、鄧愈、李文忠、劉基、宋濂……。彼らとともに戦い、王朝創設に邁進した日々が、今はもうはるか昔の夢のようである。その昔を語ろうにも、もはや彼らはこの世に存在しないのだ。その多くは元璋自らの命令で、命を断った者たちであった。王朝の前途を危惧してのこととはいえ、今さらながら元璋は自分一人だけ取り残されたような寂寞感を覚えずにはおられなかった。

晋王が死んで一カ月ほど経った洪武三一年四月のある日。太廟での祀りを終えて歩いて門から出てきた元璋は、道脇に並んで生えている桐と梓の木を指さしながら、侍臣に向かってつぶやいた。

「昔ここに植えた苗木が、知らぬ間に林のようになってしもうた。鳳陽にある皇陵の樹木も、さぞ成長したことであろうな」(『国権』巻一〇)。

そう語った元璋の頰を、涙が一筋つたって落ちた。元璋は遠い昔に思いを馳せ、今までの道程を思い起こしていたのである。

それから一カ月後の五月八日、元璋は病の床についた。今までめったに病気をしたことのなかった元璋は、それでも病床で政務を見、指示を出し続けた。元璋の側には皇太孫が寄り添い、身の回りの世話は一切彼が行った。深夜になって侍衛の者が寝込んだ時も、元

図51　孝陵

璋が一声皇太孫を呼ぶと、即座に返事ができるほど献身的なものであった。彼は父皇太子の時と同様、寝る間も惜しんで元璋を看病し続けていたのである。

元璋は強靭な精神力で約一カ月間持ちこたえた。肉体は目に見えて衰えていったが、生への執着を最後まで捨て去ろうとしなかった。このままいつまでも生き続けるのではないかと思われたほどだ。だがいよいよ来るべき時が来た。閏五月八日、突然危篤に陥った元璋は、意識が失せる直前、皇太孫に向かって弱々しい声でこう述べた。「燕王に対してぬかるでないぞ」(『国権』巻一〇)。

それから二日後、元璋は西宮で眠るように息を引き取った。享年七一。遺詔には次のように書かれていた。

朕、天命を受け帝位に即いてより三十有一年、常に憂危の心を忘れず、日々政務に励んで怠らず、ただただ民に益あらんことのみを念じてきた。しかしいかんせん微賤の身より起こったため、古人のような博い知識もなく、善を好み悪をにくむことも遠く及ばなかった。今年七一歳となり、気力体力ともに衰え、責務を果たせぬことを恐れるばかりである。自分が死ぬのは万物自然の理なのだから、なんら悲しむものではない。

皇太孫朱允炆は仁明孝友、天下の者も心を寄せておれば、よろしく帝位に登るべし。内外の文武大臣は心を同じくして輔弼《ほひつ》し、我が民の生活を安んぜよ。葬祭の儀物は金・玉を用いてはならぬ。孝陵の山川はあるがままにまかせ、改作を加えぬようにせよ。天下の臣民は哭臨《こくりん》すること三日にして喪をとき、仕事を妨げてはならぬ。諸王は封国で喪に服して、京師に来る必要はない。ここに記されていないことは、この詔を推しはかって行うがよい（『明史』太祖本紀）。

六日後の閏五月一六日、元璋の葬儀は『周礼《しゅらい》』の制に則って荘重に行われ、遺体は南京郊外にある鍾山中腹の孝陵に葬られた。廟号は太祖。すでに孝陵には最愛の妻馬皇后が埋葬されており、彼らは同じ墓所で永遠の眠りにつくことになった。この時、元璋の側に仕えていた女官一〇数名が殉死し、彼らの死後の世話を命じられている。彼女たちの父兄は

図52　孝陵の〝治隆唐宋〟の碑

その後「朝天女戸《ちょうてんじょこ》」として代々錦衣衛の官に任命され、手厚い保護が加えられた。

同日、葬儀が終わると遺詔に基づき、皇太孫は即位して第二代皇帝となった。悲劇の皇帝建文帝である。それからわずか一年足らずで燕王が反旗を翻し、叔父と甥の間で骨肉の争いが展開されようとは、予想以上に早い破綻の訪れであった。「靖難の変」と呼ばれるこの内乱は約三年間続き、最後は燕王が勝利して皇帝に即位する。第三代皇帝永楽帝である。元璋が苦心して築き上げ、磐石のものにして孫に与えたはずの明王朝は、それを補佐すべき我が子によって奪われてしまったのである。

のちに永楽帝は元璋の方針を継承し、王朝の基礎をより強固なものにしたため、明朝はその後も二〇〇余年の命脈を保つ。元璋の遺志は永楽帝によって継承・発展させられたのである。だが永楽帝はのちに北京に遷都したため、南京には元璋を葬る孝陵だけが一つぽつねんと取り残される形となった。

——明王朝よ永遠なれ。

ひたすらそれだけを念じ続けた七一年の生涯の果てが、こんな現実を生み出そうとは誰が想像しただろう。皮肉といえばあまりにも皮肉な歴史の展開であったといわねばならない。

エピローグ

元璋が目指していたのは、一体なんなのか。その疑問に対する私の考えは、すでに本文中に述べた通りである。彼はたしかに子孫の繁栄と朱家の永続を、第一義に考えていた。皇太子が死去して以後の彼の行動には鬼気迫るものがあり、ただただ皇太孫の地位の安定を思って全精力を傾注していった。一人の老人の孫を思う一途な気持が、醜いまでの純粋さをもって彼を駆り立てたように思われる。

だが彼は、単に帝室の安泰のみを願っていたのだろうか。恐らくそうではあるまい。彼自身折にふれて語っているように、彼の脳裏には常に「民」のことがあった。一般の為政者が修辞的に民を口にするのと異なり、彼にはおのれの出自からする民への深い共感があった。官僚や地主の不正がいかに民を苦しめるものか、彼は身をもって経験していたからだ。生涯をかけて不正官僚・地主の粛清に努めた裏には、そんな原体験が大きな影響を与えていたことは間違いない。

彼が作り上げた明王朝は、決して民のための王朝ではなかった。彼は儒教的秩序体系の中で、民の場所を保障することに努めただけで、民が主体となった王朝の創設を考えていたわけではない。民の「分」を犯す者として不正官僚や地主は粛清されたのであり、民はおのれの分以上を望むことは許されなかった。まさに分の中にとどめて養う対象でしかなかったのだ。

だが当時にあって、これ以外に民の立場に立つ方法があっただろうか。人々の意識を規定する儒教的秩序体系の中で、各自の位置を保障するには秩序の固定化しかない。民には民の、地主には地主の、官僚には官僚の分を守らせて初めて秩序は維持される。そのためには教化はもちろん、刑罰であろうと、秩序の固定化に利用できるものなら使わない手はない。それがひいては民の生活保障に繋がるからで、「養民」の一事によってすべての行動は正当化されるはずである。少なくとも元璋の意識下においては、彼は厳格な儒教の徒に違いなかった。

こうして出来上がった明王朝は、皇帝を頂点とした完璧な専制体制を生み出した。秩序の統括者である皇帝の権限は未曾有に強化され、人々は与えられた分の中でのみおのれの世界を確保する。皇帝は分の逸脱者に対するチェック機関の役割を果たし、彼らの行動を絶えず刑罰によって規制した。彼はまさに聖王の御代を、力で強引に作り上げたのである。清朝の皇帝が元璋を高く評価するのは、この点にある。たとえ人為的であろうと、元璋が目指した社会は、民自身の生命と財産とを保障する社会であったからだ。この体制が後世どのような結末を迎えたか、それはまた自ずと別の話である。

朱元璋の伝記は呉晗《ごがん》氏の名著『朱元璋伝』を初め、我が国では谷口規矩雄氏の『朱元璋』もあり、最近では陳梧桐氏も『洪武皇帝大伝』を著している。この他、関連の研究は数多い。本書も一々明記していないが、多くの先学の研究を参考にしている。

ただ私自身の関心は、貧農の子元璋がいかにして儒教的君主へと成長したかを見ることにあるため、他の伝記とは若干視点を変えて書いたつもりである。元末明初の知識人の動向、あるいは元璋と江南地主との絡みに重点を置いており、その点が特徴といえばいえなくもない。本書にいかほどかの価値があるとすれば、一つのテーマで元璋の一生をたどったことであろう。だが逆に焦点を絞り過ぎたため、彼の行った多くの政策や明初の諸事件を省略したことも事実である。それらについては先の伝記を参照して頂きたい。

それにしても朱元璋という人物は、あまりにもスケールの大きな皇帝であるため、凡人には量り知れない部分がある。本書にも私自身の思い込み、誤解等が多々あることであろう。プロローグでできるだけ客観的に書くつもりだと述べながら、あとから見るとかなり主観的に流れている箇所もある。おのれの非力を恥じる次第である。大方のご教示とご批判をお願いしたい。

一九九四年初夏　　檀上　寛

文庫版あとがき

本書は一九九四年七月、白帝社より「中国歴史人物選」全一二冊中の一冊として刊行された。これより以前、中国人物伝のシリーズものでは、六〇年代後半の宮崎市定監修「中国人物叢書」(人物往来社)第一期・第二期全二四冊があるが、その後は同種の企画もなかったことから、本シリーズはいく度か増刷されて好評を博したと聞く。本書も一般向けの書籍であるにもかかわらず、しばしば専門書や論文にも引用され、一定の評価を得ることができた。その後久しく絶版となっていたが、このほどちくま学芸文庫に収められ再び世に出る運びとなったのは、著者としてうれしい限りである。

再刊に当たっては、明らかな間違いや史料の誤読は訂正ないし割愛をし、内容面でも一部手直しをしたが基本的には原著のままである。もともと本シリーズは各時代を象徴する人物を取り上げ、最新の研究成果を織り込みながら、時代背景と絡ませその人物を紹介することに狙いがあった。ただ細部に関しては執筆者の裁量に任されたため、私自身の不慣れもあって、今からみると当然至らぬ点がいくつも存在する。今回ちくま学芸文庫に収載されるのを機に、あらためて本文中の引用史料や会話の出典を明記したほか、末尾に年譜を掲げて読者の便に供することにした。

参考にした史料は多岐にわたるが、特に明代史の根本史料である『明実録』、正史の『明史』、そして明代の著名な事件の顚末を記す谷応泰《こくおうたい》の『明史紀事本末』に基づく記述が多い。じつは本書を執筆する以前、私がまだ大学院生だった頃に関連史料の訳注を現在関西学院大学名誉教授の阪倉篤秀さんと作成したことがある。谷川道雄・森正夫両先生を編者とする『中国民衆叛乱史』第二巻（平凡社東洋文庫、一九七九年）第二章「元末の民衆叛乱」がそれである。阪倉さんは『明史紀事本末』巻一「太祖起兵」を、私は『明史』の列伝すなわち郭子興、韓林児、陳友諒、明玉珍、張士誠、方国珍の各伝を担当した。本書の建国以前の事実経過に関しては、この訳注に負うところが大きい。

また参考文献は、エピローグで呉晗『朱元璋伝（改訂版）』（三聯書店、一九六五年、初版は一九四九年）、谷口規矩雄『朱元璋』（人物往来社、一九六六年）、陳梧桐『洪武皇帝大伝』（河南人民出版社、一九九三年）などを挙げたが、もちろん参照した研究はこれだけではない。例えば三田村泰助『黄土を拓いた人びと』（「生活の世界歴史2」河出書房新社、一九七六年、のち一九九一年に河出文庫に収録）は明という時代を多面的かつ構造的に描いた名著であるし、愛宕松男「朱呉国と張呉国――初期明王朝の性格に関する一考察」（『文化』一七巻六号、一九五三年、のち『愛宕松男東洋史学論集』第四巻、三一書房、一九八八年に収録）、陳高華「元末浙東地主与《と》朱元璋」（『新建設』一九六三年第五期、のち『元史研究論稿』中華書局、一九九一年に収録）などは、私の明初研究に大きな影響を与えた論稿であった。煩雑になるためこれ以上は控えるが、先学の研究なくして本書の完成はあり得ない。

ただ、そんな中であえて本書の種本を明かせば、そうした先行研究を踏まえた私自身の著作、すなわち本書の翌年に出版された『明朝専制支配の史的構造』（汲古書院、一九九五年）所収の各論文である。本書はそこから題材を選び、それを朱元璋という個人に凝縮させて編み直したものだと言ってよい。その作業は今からふり返っても非常に楽しいもので、最初の専著であることと相俟って、本書は私にとってきわめて思い出深いものとなった。

最初に述べたように、本書は今から約四半世紀前に書かれたもので、その間に中国史研究は大きく進展し、中国史学界の問題関心のありようも随分変化した。今日、学界での最もホットなテーマの一つである海域史研究も、本書を執筆した当時は日本史方面に比べて関心はさほど高くなく、私の視点も中国国内に限られていた。本書の中で日本を含む海外諸国を論じた部分はわずかしかなく、朱元璋の対外政策を特徴づける海洋統制策の海禁にいたっては一言の言及もない。

私の関心がようやく国外に向かいだすのは本書執筆以後のことである。ただし、海の視点で陸の歴史を相対化するのが海域史研究の立場であるならば、私の場合、大陸中国の明の国内統治の延長上に海外諸国が現れて来たというのが実情に近い。その限りで、私の問題関心は今でも本書執筆時とほとんど変わらないのだが、私の研究史の上で先の拙著とともに本書が一つの転換点に位置していることは間違いない。なお、明と周辺諸国との関係については、拙著『永楽帝——華夷秩序の完成』（講談社学術文庫、二〇一二年、初版は一九九七年）、『陸海の交錯——明朝の興亡』（「シリーズ　中国の歴史④」岩波新書、二〇二〇年）などを参照していただければ幸いである。

ちくま学芸文庫編集部の藤岡泰介さんから本書再刊の話をうかがったのは、本年（二〇二〇年）三月下旬のことであった。それから約一月半を費やし原著をチェックし直し、五月の連休明けに修正稿をお渡しした。この間、新型コロナウイルスの猛威は拡大し、緊急事態宣言の延長も発表されて、世上は鬱屈した空気が澱んだままであった。そういえば朱元璋の両親や長兄も疫病で亡くなったのだということに思いを致し、再刊の時期との奇妙な巡り会わせに因縁めいたものを感じざるを得なかった。今回もまた思い出深い作業になったが、藤岡さんの行き届いたサポートを得て滞りなく仕上げることができた。藤岡さんの様々なご配慮に対し心よりお礼申し上げたい。また原著執筆時にいろいろとご助力いただいた白帝社編集部の伊佐順子さんにも、この場を借りて感謝の意を表したい。

それにしても、朱元璋は元末の飢饉・疫病を乗り越え天下統一に成功した。もし今の世に朱元璋がいたなら、今回の危機に際してどんな処置を下しただろうか。彼の所業に照らせば、それはそれで考えるだに空恐ろしいことなのだが、そうした想像を掻き立てるだけの人間力が彼にはある。彼の作り上げた専制体制は、その後の中国社会を大きく規定した。明王朝は三〇〇年足らずで滅亡したが、清の皇帝が高く評価するように、彼の遺産は王朝を超えて生き続けたのである。その意味では、彼は無類の暴君であると同時に稀代の名君でもあったというべきか。本書の巻頭で紹介した趙翼の彼に対する評価の妙に、あらためて得心するのは私だけではないはずだ。

二〇二〇年盛夏

檀上　寛

図版出典一覧

中扉裏，図14，16　台北　故宮博物院蔵
図1，10，11，13，20，28，39　著者作成
図2　パリ国立図書館蔵
図3　『明と清』　河出書房　1969年
図4，6，34，36，37，38，40，51　著者撮影
図5　『東洋歴史参考図譜』　東洋歴史参考図譜刊行会　1925年
図7　『世界地理風俗体系』6　誠文堂新光社　1963年
図8，12，27，35，43，47，52　『中華古文明大図集』　聯合出版　1992年
図9　北京　中国国家博物館蔵
図15　『名賢像伝』
図17，18，21，24，26　『中国古代史参考図録』　上海教育出版社　1991年
図19　『上都』　東亜考古学会　1941年
図22，29，44，48　『三才図絵』
図23　『武備志』
図25　『中国人の街づくり』　相模書房　1980年
図30　夫馬進氏撮影
図31　『呉王張士誠載記』
図32　『盛世滋生図』
図33　『朱元璋伝』　生活・読書・新知三聯書店　1965年
図41　『科挙史』　平凡社　1987年
図42　『増補　中国「反日」の源流』　筑摩書房　2019年
図45　『世界の歴史』11　筑摩書房　1961年
図46　『皇明制書』所収『御製大誥』
図49　『中国法制史』　岩波書店　1952年
図50　『永楽帝』　人物往来社　1966年

西暦紀元	元号	朱元璋略年譜（数字は陰暦月を示す）	年齢	関連事項（数字は陰暦月を示す）
一三二八	天暦元	9 朱元璋、濠州（鳳陽）で生まれる。	一	9 天暦の内乱おこる。
一三二九	二		二	5 文宗トク・テムル、兄の明宗コシラを暗殺。 エル・テムルの専権。
一三三三	元統元		六	4 エル・テムル没す。 7 順帝トゴン・テムル即位する。バヤンの専権。
一三三七	至元三		一〇	1 朱光卿、増城（広東省）で反乱をおこし大金国を樹立。 2 棒胡、汝寧（河南省）で反乱をおこす。 4 元朝、漢人・南人の武器の所持を禁止。 韓法師、趙王と称して合州（四川省）で反乱をおこす。 聶秀卿ら、定光仏を奉じて帰善

				(広東省)で反乱をおこす。
一三三八	四		一一	2 順帝とトクト、バヤンを追放する。 6 彭瑩玉・周子旺、袁州(江西省)で反乱をおこす。
一三四四	至正四	9 朱元璋、皇覚寺に入り、ほどなく托鉢の旅に出る。	一七	2 トクト、職を辞す。黄河の大氾濫。
一三四七	七	朱元璋、年末に皇覚寺に戻る。	二〇	
一三四八	八		二一	11 方国珍、台州(浙江省)で反乱をおこす。
一三四九	九		二二	閏7 トクト、再び宰相(中書右丞相)となる。 12 曹七七、平遥(山西省)で反乱をおこす。
一三五一	一一		二四	4 黄河の治水工事はじまる。白蓮教主韓山童、逮捕・処刑される。 5 劉福通・杜遵道等、潁州(安徽省)で反乱をおこす(東系紅巾

				軍)。 8 李二・彭大・趙均用ら徐州（江蘇省）で反乱をおこす。 8 徐寿輝等、蘄州（湖北省）で反乱をおこし天完国を樹立（西系紅巾軍）。「紅巾の乱」勃発。
一三五二	一二	2 郭子興等、反乱に呼応して濠州（鳳陽）で挙兵。 3 朱元璋、郭軍に参加。	二五	
一三五三	一三	12 元璋、二四人衆とともに郭子興のもとを離れ、南下を開始。	二六	5 張士誠、泰州（江蘇省）で反乱をおこす。高郵（江蘇省）で誠王を称し大周国を樹立。
一三五四	一四	元璋、驢牌寨・横澗山等の民兵集団を吸収する。 定遠で馮国用・馮国勝兄弟、民兵を率いて朱集団に参加。 定遠の長者李善長、朱集団に参加。 8 元璋、滁州を下す。甥の朱文	二七	

		正・李文忠、来帰す。		
一三五五	一五	2 朱元璋、和州を取る。 4 常遇春、来帰す。 6 元璋、長江を渡って太平（安徽省）を攻略する。儒者の陶安・李習等、朱元璋集団に参加。 元璋、太平興国翼元帥府を置き大元帥となる。 9 長男朱標誕生。	二八	2 韓林児・劉福通等、亳州（安徽省）で大宋国を樹立。韓林児、小明王と称す。 3 郭子興没す。
一三五六	一六	3 元璋、集慶（南京）を攻略して応天と命名。呉国公となり江南行中書省を設置。	二九	2 張士誠、平江（蘇州）を占領して根拠地とする。
一三五七	一七		三〇	6 小明王・劉福通等の大宋国、元朝に向かって北伐を開始。 9 陳友諒、倪文俊を殺して自立す。 12 明玉珍、重慶を攻略。

一三五八	一八	2 元璋、康茂才を営田使に任じて水利を監督させる。 元璋、浙東攻撃を開始。 12 元璋、金華（浙江省）に中書分省を設置。	三一	5 大宋国、開封（河南省）を奪って都とする。
一三五九	一九		三二	8 元朝のチャガン・テムル、開封を奪回。 小明王等、安豊（安徽省）に逃れる。
一三六〇	二〇	3 元璋、浙東の四先生を応天に招く。 4 元璋の第四子燕王朱棣（後の永楽帝）生まれる。 閏5 元璋、寨糧を廃止。 12 元璋、酒醋の税を定める。	三三	閏5 陳友諒、天完国の徐寿輝を殺して江州（湖北省）で大漢国を樹立。
一三六一	二一	2 元璋、塩法局を設けて塩商から税を徴収。	三四	

		宝源局を設置して大中通宝の鋳造を開始。茶法を立てる。		
一三六二	二二	2 金華・処州（浙江省）で苗族が反乱をおこす。 7 邵栄と趙継祖の謀反発覚、処刑される。	三五	3 明玉珍、重慶（四川省）で大夏国を樹立。
一三六三	二三	2 張士誠の将呂珍、安豊を攻撃。元璋、小明王を救出。 7 朱元璋、大漢国の陳友諒を鄱陽湖で破る。	三六	9 張士誠、平江（蘇州）で呉王を称す。
一三六四	二四	1 元璋、自立して呉王となる。元璋、中書省を設置。李善長と徐達を右・左相国に任命。	三七	2 陳理、元璋に降伏し、大漢国滅ぶ。
一三六六	二六	12 元璋、小明王韓林児を長江で溺死させる。	三九	2 明玉珍没す。
一三六七	呉元	3 元璋、三年後に科挙を実施する	四〇	

西暦	年号	事項	年齢
		旨を発表。 9 元璋、蘇州の張士誠を破り、張呉国滅亡。張呉国の官・民約二〇万人を応天に移住させる。 10 蘇州の富豪を鳳陽に移住させる。大都の元朝に向かって北伐を開始。 11 大統暦を制定。 12 「律令」成立。方国珍、元璋に降伏。	
一三六八	洪武元	1 元璋、皇帝に即位し、国号を「大明」とする。 2 衣冠の制度を唐制にもどす。 3 洪武通宝の鋳造を開始する。 8 応天を南京、開封を北京とする。明軍、元朝の大都を攻略、順帝北方に逃れる。	四一

		11 元璋、周辺諸国に朝貢をうながす。		
一三六九	二	9 鳳陽を中都とする。	四二	
一三七〇	三	2 元璋、江南の富民を都に招集して訓諭。 4 諸王分封の開始。 6 蘇州・松江等五郡の民四千余戸を中都に移す。 8 沙漠平定の詔を下す。第一回科挙の実施。三年連続で科挙を行う。	四三	4 順帝没す。
一三七一	四	10 開国功臣の論功行賞。 9 江南地方に糧長を設置する。 11 官僚の収賄を厳禁。 12 南北更調の制を施行。	四四	
一三七二	五	6 功臣に対し九カ条の禁令を出す。	四五	
一三七三	六	2 科挙を中止し、薦挙の詔を下す。	四六	

一三七四	七	10 江南の民一四万人を中都に移住させる。	四七	
一三七五	八	1 廷杖の刑の開始。 3 大明通行宝鈔の発行。金銀使用の禁止。 4 中都造営の中止。劉基没す。	四八	8 ココ・テムル没す。
一三七六	九	「空印の案」おこる。 6 行中書省の廃止。布政使司・按察使司・都指揮使司の三権分立体制成立。	四九	
一三七八	一一	3 第二子秦王が西安、第三子晋王が太原に就藩。	五一	
一三八〇	一三	1 「胡惟庸の獄」おこる。中書省を廃止し、大都督府を五軍都督府に改組。 3 第四子燕王、北平に就藩。 4 御史台の廃止。	五三	

一三八一	一四	1 里甲制を全国的に実施。 5 宋濂没す。	五四
一三八二	一五	4 錦衣衛の設置。 8 馬皇后没す。 10 都察院の設置。	五五
一三八四	一七	「文字の獄」はじまる。 8 科挙が復活する。	五七
一三八五	一八	2 徐達没す。 3 「郭桓の案」おこる。 9 「諸司の納賄を禁戒するの詔」を下す。 10 『御製大誥』正編・続編・三編等の頒布。	五八
一三九〇	二三	5 「李善長の獄」おこる。	六三
一三九一	二四	8 皇太子、西安を視察して地図を献上。	六四
一三九二	二五	4 皇太子朱標没す。	六五

		9 朱允炆を皇太孫に決定。西安への遷都を中止。	
一三九三	二六	2 「藍玉の獄」おこる。 6 元璋、錦衣衛での残酷な審問を禁止。 9 「胡藍党人を宥すの詔」を下す。	六六
一三九四	二七	『孟子節文』の頒布。	六七
一三九五	二八	3 第二子秦王没す。	六八
一三九六	二九	5 「慶賀謝恩の表箋」の定式を頒布。「文字の獄」終結。	六九
一三九七	三〇	5 『大明律』の最後の改訂。	七〇
一三九八	三一	3 第三子晋王没す。 閏5 元璋没し、孝陵に埋葬される。建文帝即位する。 7 削藩の開始。	七一
一三九九	建文元	7 燕王の起兵。「靖難の変」おこる。	

ら

わ

ま

や

な

は

た

さ

索引

本書は、一九九四年七月一日に、白帝社より『中国歴史人物選』の第九巻として刊行された『明の太祖　朱元璋』を、文庫化したものである。

ちくま学芸文庫

明《みん》の太祖《たいそ》　朱元璋《しゅげんしょう》

二〇二〇年九月十日　第一刷発行

著者　檀上寛（だんじょう・ひろし）

発行者　喜入冬子

発行所　株式会社　筑摩書房
東京都台東区蔵前二―五―三　〒一一一―八七五五
電話番号　〇三―五六八七―二六〇一（代表）

装幀者　安野光雅

印刷所　三松堂印刷株式会社

製本所　三松堂印刷株式会社

ISBN978-4-480-51005-1 C0122